민중사건의 맥 ❶
**그래도
다시 낙원에로 환원시키지 않았다**

민중사건의 맥 ❶

그래도
다시 낙원에로 환원시키지 않았다

안 병 무

한국신학연구소

목차

제 1 부

그래도 다시 낙원에로 환원시키지 않았다 11
　　깨어진 관계 · 13 / 무엇이 선악과인가? · 16 / 사람아! 네가 어디 있느냐? · 18 / 그래도 다시 낙원에로 환원시키지 않았다 · 20

종주권과 민중의 투쟁 22
— 카인과 아벨의 이야기
　　인간사의 출발 · 22 / 카인은 왜 아벨을 죽여야만 했나? · 25 / 네 아우가 어디 있느냐? · 27 / 민중의 다른 해석 · 29

탈-향(脫-向)의 인간사(人間史) 32
　　탈(脫) · 32 / 향(向) · 34 / 기존질서에서의 탈출 · 35 / 脫向者의 하느님 · 39 / 탈향에 실패한 그리스도교 역사 · 40

종주권에 도전한 민중 야곱 46
　　종주권의 갈등 · 46 / 종주권의 대결 · 47 / 도망자의 고통 · 51 / 신과의 결투 · 53

역사의 행렬 56
— 왜곡된 역사에 책임지는 이 하나 없는 세대에
　　역사는 결단으로 점철된다 · 56 / 분계선 앞에 선 모세 · 57 / 악한 역사의 대속자 · 64

다윗왕권의 죄 72

바알 세력과의 투쟁 87
바알과 야훼의 투쟁·88 / 바알의 정체·90 / 엘리야를 오늘에로·97

남은 칠천 명 98
인간의 연대성·98 / 나 홀로?·102 / 바알에 무릎을 꿇지 않는 칠천 명·106

에제키엘이 무등산에서 절규한다 112
— 광주학살사건 10주년에 부쳐

제 2 부

"와서 보라" 131
나면서 인간은 무엇을 찾나·131 / 우리는 무엇을 찾는가?·135 / 이 사람을 보라·139 / 나는 이 사람에게서 민중을 만났다·142

"악마! 그 사람에게서 나오라" 144
— 마르 5,1-15
프로이드와 마르크스의 노력·144 / 소외된 인간·146 / 예수의 민중·151

좁은 문 넓은 문 153
좁은 문으로 · 153 / 넓은 문 · 154 / 살림과 죽임 · 158 / 예수의 길, 우리의 길 · 162

우리에게 일용할 배고픔을! 165
배고픔 · 165 / 그날그날 먹을 양식을! · 170 / 우리에게 그 날그날의 배고픔을 주소서 · 175

다 팔아 보화를 산다 179
— 신부재의 현장에서

神不在의 현장에서 · 179 / 신을 믿기 때문에 · 180 / 간여하지 않음으로써 심판하는 신 · 183 / 가라지 비유 · 188 / 다 팔아서 보화를 산다 · 189 / 우리 시대의 보화들 · 192

분단의 극복 195
— 사마리아 여인과의 대화를 중심으로(요한 4,21-23)

사마리아와 유다 · 195 / 예수운동 · 200 / 예수와 사마리아 사람 · 203 / 평화에의 길 · 205 / 새로 통합된 공동체 · 212

평화와 칼 213
— 마태 10,34-3,9

본문에 대한 분석 · 213 / 구약의 거짓 평화론자에 대한 비판 · 216 / 초대 그리스도교회의 상황 · 218 / 칼을 주려고 왔다는 뜻 · 221 / 마태오복음서의 평화 · 224 / 맺는말 · 225

우리는 모두 사찰당하고 있다 228
— 빌라도의 사찰

감시 혹은 사찰 · 228 / 예수의 경우 · 231 / 오웰의 『1984년』과 한국의 1990년 · 235 / 자성 · 238

단(斷)! 241

이 죄악을 어떻게 할까! · 241 / 예수의 두 모순된 발언 · 243 / 斷의 역사 · 248

살림운동은 죽임의 세력과 투쟁이다 255

주검 · 255 / 죽음 · 258 / 죽임 · 260 / 오늘의 죽임의 현장 · 263 / 제2의 창조 · 265

민중은 '환생'한 예수? 267

제1부

그래도 다시 낙원에로 환원시키지 않았다

종주권과 민중의 투쟁

탈-향의 인간사

종주권에 도전한 민중 야곱

역사의 행렬

다윗왕권의 죄

바알 세력과의 투쟁

남은 칠천 명

에제키엘이 무등산에서 절규한다

제 1 부

그래도 다시
낙원에로 환원시키지 않았다

　낙원과 실락원 얘기 중 특히 실락원 이야기는 하느님을 야훼라고 부르는 신앙공동체의 문서로서 인간 문제를 여러 각도로 묻고 그 대답을 찾고 있다. 이 짧은 글에서 그 내용을 다 표현하기란 어렵다. 이 이야기에서 제기된 문제를 대개 다음 몇 가지로 간추려 볼 수 있을 것이다.

　첫째는 고난의 문제다. 남자는 왜 밤낮 땀흘려 노동해야 하나? 왜 여자는 생명을 잉태하는 큰 일을 담당하고도 그처럼 고통스러운 해산의 수고를 해야 하나? 이 물음과 관련된 것으로 왜 노동의 터전인 땅은 수없는 잡초와 잡목을 내어 농사하는 일을 어렵게만 하나? 왜 여자는 해산의 수고를 하는데도 남녀에게 그 원인이 되는 정욕(그리움)을 주었나? 하는 물음도 따른다.

　둘째, 악의 문제다. 왜 원하는 선 대신 악을 행하게 되는가? 하느님은 선이라는데 악은 도대체 어디서 오나? 내가 왜 '있는 그대로의 나'를 그대로 내놓는 것을 부끄러워하나? 그것은 무엇인가 부끄러운 것을 지닌 증거 아닌가?

내가 의복으로 몸을 가리듯 나를 위장하는 것도 바로 가리려는 행위 아닌가?

셋째, 왜 나는 언제나 안절부절하나? 내게 도사리고 있는 이 불안은 어디서 오는가? 나는 정착을 못하지 않나! 왜 고향을 그리워하면서도 고향에서 도망하고, 하느님의 품을 그리워하면서도 그가 공포의 대상이 되나?

넷째, 왜 너와의 관계에서 언제나 긴장이 있고 충돌이 있나? 나는 홀로 못 산다. 그래서 더불어 살 상대를 찾는다. 그러나 더불어 삶과 더불어 충돌이 된다(결혼을 그렇게 원해서 이루었는데 이렇게 비극의 연속인가?)

다섯째, 왜 사람은 죽어야 하나? 결국 죽음을 향해 가는 게 삶이 아닌가?

이런 질문은 이 창세 이야기에서 끌어낼 수 있지만 여러분이 제기한 문제이기도 하다. 그 밖에도 더 있을 수 있는데 한마디로 종합하면 '내'가 도대체 무엇인가? 산다는 게 무엇인가? 하는 인간 존재 문제이다. '존재'의 문제이기에, 그 점에서는 다른 생물과 다를 바 없으나 인간의 '존재'가 다른 것은 바로 인간은 이 '존재'를 묻기 때문에 다르다.

당신은 이런 물음을 하고 있고 나름대로 어떤 대답을 갖고 있을 터인데 그 대답을 바로 이 창세 이야기에서 찾자는 것이다. 성서는 어떻게 대답하나? 결론부터 말하면 '관계'에 이상이 생긴 탓이라는 것이다.

깨어진 관계

먼저 실락원 이야기를 더듬어 가며 어떤 관계가 어떻게 금이 갔는지를 보기로 하자.

낙원의 특징은 관계의 조화에 있다고 하겠다. 자연과 인간, 인간과 인간, 그 외 그 모든 것을 감싸는 하느님과 사람의 관계가 글자 그대로 자연스럽게 물흐르듯 흐르는 현실. 모든 것은 다 허락되었다. 허락되었다기보다 거기 아무런 인위적인 노력이 필요 없었다. 그런데 그런 관계가 자연스럽게 되는 데는 하나의 조건이 있었다. 그것은 모든 것이 허락된 그 동산 가운데 '선악과' 라는 나무가 있는데 그것만은 손을 대어서는 안된다는 것이다. 절대 자유가 낙원의 본질일텐데 그 자유가 있기 위해서는 절대 금기가 지켜져야 한다는 이야기다. 그런데 아담의 동반자인 하와가 이 금기를 거역함과 더불어 낙원은 무너진다.

그 이야기는 다음과 같이 전개된다. 뱀이 나타나 그 나무의 열매를 만지지도 말고 먹지도 말라는 이유를 따지면서 그건 자유를 구속한 것이라며 너는 절대 자유를 누릴 권리가 있다고 한다. '절대 자유.' 이것은 절대자만이 가질 수 있는 것이다. 그런데 그 유혹자는 그 열매를 먹으면 너는 바로 절대 자유할 수 있는 신 자체가 될 수 있다고 하고 사라졌다. 그 뱀이 무엇인지를 많이 생각할 필요는 없다.

잠깐 고개를 든 또 하나의 자기일 수 있다. 그 '나'가 스스로 유아독존이 되고 싶은 유혹에 잠겼는지 모른다. 하여간 그 뱀은 하나의 엉뚱한 '착상'이라는 알을 낳고 영원히 사라졌다.

이렇게 스쳐가듯 한 착상이라는 말이 감각을 통해 부화했다. 이 이야기꾼은 그 열매를 보니 탐스러웠다고 한다. 하여간 그는 그 열매를 따먹었다. 이와 더불어 어린애기 같은 순진성은 없어졌다. 그의 눈이 밝아졌다. 그러나 그것은 동시에 책임이 안겨지는 순간이었다. 그는 그의 동반자를 끌어들였다. 자기와 같은 숙명 속에 끌어넣으려는 계산에서 나온 지혜다. 물귀신 작전이라고나 할까. 그것은 책임의 분담을 위해서일 수도 있고, 벌써 자기의 실수를 의식했기에 그래도 동반자로 붙잡아 두기 위한 방법이었는지도 모른다.

그러나 그것은 자기 분열의 순간이었다. 그는 갑자기 벌거벗은 것이 부끄러워졌다. 둘이 되어 구경하는 나(主格)와 구경시키는 나(客格)로 나뉘어졌기 때문이리라. 그래서 나뭇잎으로 벗은 몸을 가리고 숲속에 숨는다. 왜? 왜 부끄러울까? 왜 나로서 정정당당하지 못한가? 왜 하느님을 피해야 할까? 왜 한몸이 네 탓이다, 내 탓이다 책임전가하는 분열이 생길까? 이게 관계의 분열을 말하는 것이다.

하여간 이로써 '문제의 세계'의 문이 활짝 열렸다. 이제부터 연속되는 문제 속에서 계속 고투하며 결단으로 그때 그때의 문제에서 벌어지는 슬픔과 책임지는 수고의 길로 들어섰다. 아담(하와)은 신이 될 수 없었다. 그 대신 분열이 왔다. 하나가 둘이 된 채 여자는 아이를 낳아 후손을 잇는 책임을, 아담은 죽는 날까지 가정 전체를 책임지기 위해 즐거움이어야 할 것이 고통이 된 노동을 책임져야 했다. 그 분열의 역사는 마침내 구체적 결과를 가져 온다. 카인과 아벨은 한몸에서 났으나 이미 깨진 관계인데, 질투로 카인은 그 형제 아벨을 죽인다. 아담은 신이 되겠다고 하다 실락원했는데, 카인은 신을 독점하려는 경쟁을 벌이다가 살인을 했다.

이상은 하나의 신화인가? 그러나 그것은 깊이 그리고 오래 경험한 인간을 말한다. 어린애기 때는 낙원이다. 어머니 품이 곧 낙원이다. 그 품이 바로 자유다. 그는 자기 분열도 없고 책임도 없다. 단 하나 조건은 엄마품을 떠나지 않는 것이다. 소년기가 되면 문제가 생긴다. 어머니가 하지 말라는 금령이 그것이다. 왜 하지 말라는 것인가? 바로 그렇기 때문에 호기심이 더해 간다. 그러다가 한 착상이 생긴다. 내 마음대로 해봤으면! 바로 '하지 말라'는 그것을 해봤으면!! 해보자! 그러면 나는 어른이 된다!

성(性)을 느낀다. 탐스럽다. 무엇보다 요구되는 것은 자유다. 결국 성을 따먹는다. 눈이 밝아진다. 가리워져 있던 삶의 비밀이 한꺼번에 시야에 들어온다. 그런데 이상하게 수치스러움이 엄습한다. 그로부터 자기는 단순한 존재가 아니고 여자와 남자가 되며, 그때부터 부끄러움은 더해 가고, 그와 더불어 자기 위장이 시작된다.

이 때는 벌써 엄마품은 낙원이 아니다. 자기 분열과 책임의식이 뒤따른다. 이렇게 인생이라는 역사는 시작된다. 홀로 서야 할 인생의 역사가! 그러나 쉬지 않고 투쟁해야 하는 역사가! 아내가 되고 남편이 되고, 자식을 낳으므로 엄마가 되고 아빠가 되고. 책임과 더불어 문제는 증폭된다.

무엇이 선악과인가?

하느님처럼 눈이 밝아지기 위해, 하느님을 내 것으로 하기 위해 선악과를 따먹었다. 그러나 하느님은 公으로 존재할 때만이 하느님이다. 그러므로 누구의 사유물이 될 수 없다. 그는 어디까지나 公有의 대상이다. 그것은 모든 것 위에, 모든 것을 위해 있을 때 하느님이다. 그런데 아담은 그를 제 것으로 하려고 한 것이다. 이것이 분열의 원인이다. 독점욕은 분열의 원인이다. 자연이든, 성이든 그것은 모두 사유물이어서는 안된다. '公'이 公으로 있을 때만이 낙원이 있다. 거기에 자유가 있고 조화가 있으며, 사랑과 평화가 있다.

그러나 '公'이 있다는 것은 인간은 제한적 존재로 창조됐다는 것을 인정하는 것이다. 제한이 없으면 자유는 문란이 되고 또 인간이란 존재는 증발한다. 그리고 구체적인 것을 인식할 수 없다. 그러므로 자주적일 수도 없다. 인간은 천사도 악마도 아니다. 그러므로 무한한 선도 무한한 악도 아니다. 언제나 두 가능성 사이에서 선택함으로 자기를 찾도록 만들어졌다.

아담이 '公'을 사유화함으로 인간의 긴 역사는 시작됐다. 아담과 하와가 분열된 결과 카인이 아벨을 죽이는 살인이 일어나고, 그후 인간의 역사는 결국 살육의 역사를 전개했다. 그 살육의 이유는 하나같이 '公'을 私有하겠다는 욕구 때문이다. 개인으로 보면 질투/증오/살인, 그것이 집단화되면 약탈/전쟁이 된다. 그래서 인간 역사는 바로 전쟁의 역사이기도 하다. 지금도 이런 역사는 계속된다. 전쟁의 비극은 영원히 없어져야 한다고 모두 공감하면서도, 전쟁이 얼마나 처참한 비극인지 알면서도, 어느 누구도 전쟁을 막지 못했다. 아니 그것은 언제든지 그것으로 인해 얻을 것이 생기는 이익집단에 의해 찬성/지지되어 왔다. 私有化를 권리로 전제하는 한 이것은 막을 수 없는 현상이다.

도대체 네 땅이 어디 있느냐? 누가 그어 준 네 소유의 영역이냐? 결국 뺏은 것이지! 우리들은 백인들이 아메리카 대륙을 점유하던 약탈과정을 통해 가장 대표적 표본을 볼 수 있을 것이다. 저들이 원주민을 어떻게 학살했나! 그리고 백인 사이에 얼마나 치열한 전쟁을 계속했나. 그리고 부자가 된 계층은 권총잡이들을 고용해서 어디고 점유하고 마음대로 경계선을 치고 말뚝을 박기만 하면 자기 것이 되지 않았나? 그런 것이 이런저런 과정을 거쳐 국가임을 선포하고, 하나하나 보다 약한 집단을 잠식해서 큰 나라를 이루고, 그 다음 단계로 식민지 전쟁을 펴서 세계의 재산을 빼앗아 들여 부국이 되지 않았나! 그리고 국경을 만들고 그것을 지키기 위해 살인무기 제조의 선구가 되지 않았나! 이렇게 성장한 것이 대국이며 그것이 한마디로 폭력에 의한 독점 집단이다. 바로 그것을 지키기 위해 세계에서 가장 엄중한 국경을 만든 것이다. 오늘의 국가라는 영역을 형성하는 국경이란 바로 공을 사유화한 가시철망이다. 그것은 결국 하느님의 것, 그의 금기를 거슬러 제 것으로 삼은 것이다.

사람아! 네가 어디 있느냐?

이것은 금기를 어기고 숨은 사람(아담)에게 묻는 질문이다. 물론 이것이 공간적 장소를 묻는 것은 아니다. 네가 너와 어떤 관계에 있느냐, 너가 나와 어떤 관계에 있느냐라는 물음이다. 사람은 "내 벌거벗은 것이 부끄럽고 또 당신이 두려워 숨었습니다"고 대답한다. "누가 그런 것을 알려 주더냐?" 하는 되물음에 아담은 하와에게, 하와는 뱀에게 책임을 전가한다.

아담이 지금 어디 있나? 자기가 자기에게 부끄러운 상태며, 나와 너와의 균열이 생기고, 하느님과의 관계가 공포의 대상이 되고, 짐승과의 관계가 원수처럼 되었다. 실은 하느님의 그 다음의 조치로써 아담은 하와에게 해산의 고통을 주는 원인이 되고, 하와는 아담에게 노동이 고역이 되는 멍에를 씌우게 되고, 의지하고 살아야 할 대지와의 관계도 변질되어 가시덤불과 엉겅퀴를 나게 하여 경작해서 살아야 하는 네게 고통을 주는 원수 같은 관계가 될 것이며, 마침내 너는 죽음에 이르는 존재가 되리라고 한다.

"아담아 지금 네가 어디 있느냐?" 이것은 사람에게 계속 물어 오는 질문이다. 지금 우리는 어디 있나? 나는 나에게 어떤 관계가 있나? 가장 가깝다는 너와 네 남편 또 너와 네 아내와의 관계는 어떠하냐? 너희 자식들 사이는 어떠하냐? 너와 자연과의 관계는 어떠하냐? 이 질문에 우리는 무슨 대답을 할까? 처음 아담은 그 질문의 주체 앞에서 공포를 안았고, 자신이 벌거벗은 것을 부끄러워도 했지만, 지금 너는 그런 아담도 아니지 않느냐?

오늘의 너는 그런 질문을 듣지 않기 위해 적국의 전파를 방해하듯 전파 방해를 하고, 레이다 장치를 하듯 구조적인 장치를 해서 오늘 소리 듣는 귀를 막아 버리고 있지 않나? 인간과의 관계는 단 몇 분 만에 전체를 죽여 버릴 수 있는 무기를 만들어 서로 죽이고 협박하며 그것을 가장 중요한 수출품으로 하고 있지 않나? 지금 한쪽으로는 군비축소의 추파를 던지며 협상을 하면서, 살인무기 만드는 연구소,

제작소는 계속 보다 더 빠르고 보다 더 파괴력이 있어 잘 팔릴 무기제조 경쟁을 계속하고 있지 않나?

자연과의 관계는 정복 대상으로 삼고 파괴하다가 이제는 적대관계를 넘어서 자연과 인간이 함께 망해 버릴 수 있는 위기에까지 몰려와 있지 않나! 그런데도 날로 생산경쟁과 소비성만 늘려서 그런 운명을 재촉하고 있지 않나? 이 마당에 어떻게 이 물음에 대답할까! 더불어 살자는 절실한 절규로 인위적 혁명을 시도했으나 그것마저 일단 실패한 모습으로 노출되고 이기주의에 최대한 편승하여 '보다 더' '보다 많이' 독점하겠다는 체제가 점점 기승을 부리는 판이 지금의 아담 네가 있는 현장이 아니냐?

그래도 다시 낙원에로 환원시키지 않았다

하느님은 창조자라는 신앙을 바탕에 깐 이 이야기꾼은 그러나 그 하느님이 아담의 의식을 다시 무로 돌리어 아무 일 없는 듯이 원상복구를 시도하지 않았다. 그것은 이미 잠이 깼으면 눈을 떠야 하고, 눈을 떴으면 일어나야 하며, 내디딘 길을 가야 한다는 뜻인가? 그는 대지가 아담에 의해서 저주받을 것이며, 뱀은 짐승 중에 가장 저주받은 존재가 될 것을 선언했어도, 아담이나 하와에게 저주하지는 않는다. 하기는 낙원 그대로 있었거나 복구했더라면 이런 이야기도 없었을 것이며 이런 문제제기도 없었으리라.

이 이야기꾼도 이미 저질러진 근원을 물은 것이요, 그가 말하는 그 하느님도 이미 시작된 인간 역사이니 그 다음의 가야 할 길을 가라고 했음이 틀림없다. 전과 달라진 것은 이제는 인간의 역사, 인간이 책임지는 역사가 시작되는 것이다. 이미 돌아올 수 없는 강을 건넜으니 그 앞에 어떤 어려움이 오더라도 그 길을 뚫고 가야 한다. 수없이 곤두박질하면서도, 계속 시행착오를 해도 어느 길이 옳은지 자기의 희생을 통한 실험으로 인식해야 하고, 그때그때 잃음과 동시에 얻는 결단을 통해서 앞으로 나가야 한다.

그 길에서 어떤 고비를 넘으면 교만해져서 신마저 잊어버리기도 하고, 기진맥진하여 신을 원망도 해보고 하소연도 해보겠지. 그러나 어느 때 그는 마침내, 나의 하느님! 하고 탕자가 아버지에게 돌아오듯 돌아올 수도 있겠지. 지구를 몰아가 지구와 더불어 영영 심연에 빠져 사라지고 새로운 생물이 우주에 나타나 새 역사를 시작하게 되든지!?

종주권과 민중의 투쟁
— 카인과 아벨의 이야기

인간사의 출발

실락원 이야기는 하느님의 편에서 보면 추방의 이야기고 아담 부부의 편에서 보면 탈출 이야기다. 낙원에서의 생활은 인류의 유아기로 성격화된다. 벌거벗고 사는 사회, 성의 구별이 없으므로 이른바 성적 수치심이라는 것을 모르는 단계로 묘사되어 있다. 실락원으로 새로운 인간사가 시작된다.

새로운 인간사는 성적 접합으로 시작된다. 이것은 알몸으로 성이라는 의식 없이 낙원을 소요하며 즐기던 그런 사귐과는 다른 것이다. 낙원에서는 자연과 인간이 하나였다. 남자와 여자도 하나고 몸과 마음이 분리되지 않았다. 그러던 관계에 '갈등'이 일어난 것, 그것이 실락원이다. 아담과 이브는 이제 남자와 여자다. 한몸이 아니라 두 몸이다. 그 분열 과정은 아담이 이브에게, 그리고 이브가 아담에게 책임을 떠미는 데서 드러난다. 이브는 선악과를 먼저 따먹고 아담에게도 뒤따라 그것을 먹게 했다. 욕심을 나누자는 것이었다. 공을 함께 나누어 사유하자는 것이었다. 이것은 벌써 원수 관계를 전제한 것이다. 에고(ego)와 에고의 만남이다. 즉 욕심과 욕심의 부딪힘이라는 말이다.

성은 둘을 결합하는 행위이나 그것은 동시에 비극의 씨앗을 잉태했다. 성은 아담과 이브, 즉 사람을 분리시킨 구체적인 증거다. 성은 육체와 정신 또는 육체와 사랑을 분리시킬 수 있다. 카인과 아벨을 낳게 한 성의 관계는 사랑의 결과라고 단정할 수 없다. 성은 사랑과 관계 없이 육적 자율성을 갖고 있기 때문이다. 우리는 원수의 자식을 밴 여인의 이야기를 많이 알고 있다. 강간을 당한 여인들이 임신할 수 있다는 사실이 바로 그것을 입증하며, 성이 얼마나 비극성을 내포했는지 말해 준다. 그것은 분명히 인간이 분열될 수 있는 구체적인 증거다.

그 관계에서 맨 먼저 태어난 것이 카인이다. 둘째 열매가 아벨이다. 이 둘은 비록 때는 달리했으나 똑같은 과정을 거쳐 태어난 형제다. 그런 의미에서 그들은 둘이면서 하나여야 하며 아주 다정해야 할 관계다. 그러나 그들은 동시에 갈등의 관계였다. 이 아들들은 벌어진 아담과 이브의 관계를 묶어 주는 강력한 끈이다. 그러나 동시에 그것은 한없는 고뇌와 슬픔을 안겨 줄 애물이다. 이런 실상을 보여주기라도 하듯이 한몸같이 가장 가까워야 할 형제가 하나가 아니라 어디까지나 둘인 것을 드러낸다. 선악과를 따먹은 다음 순간에 아담과 이브가 하나가 아니라 둘인 것을 보여 준 것처럼 말이다.

카인과 아벨은 제물을 바친다. 그런데 저들은 한 제단 위에 함께 바치지 않고 따로따로 자기의 제단을 만들었다. 둘이 가져 온 제물은 각기 달랐다. 카인은 농산물을 가져다 바쳤고 아벨은 짐승을 제물로 바친다. 저들은 이미 생활 방법이 달랐다는 것을 보여 준다. 하나는 농사를 짓고 하나는 짐승을 길렀다. 하나는 정착민이고 다른 하나는 유랑민이다. 둘은 성격적으로도 달랐다. 카인이란 '창'이라는 뜻이다(삼하 22, 16). 이것은 폭력을 상징한다. 아벨은 숨, 또는 무·허라는 뜻을 지녔다. 형태적으로 보면 숨은 허무와 꼭 같이 보이지 않는 것이다. 그러나 숨은 살리고 관계를 묶어 주는 역할을 하듯이 무나 허는 바로 자체를 비웠기 때문에 그만큼 많은 것을 전체로 품고 받아들일 수 있는 존재성을 나타낸다. 창과는 너무도 대조적이다. 농사꾼이 왜 창으로 이름지어졌으며 짐승을 기르는 목동이 왜 아벨로 이름지어졌을까. 그 이름은 분명히 직업을 나타내는 것이 아니고 갈등구조의 한 면씩을 표출한 것이다.

마침내 카인이 아벨을 죽여 버린다. 갈등관계가 첨예화한 결과다. 창이 숨을 끊어 버린 것이다. 살인사건이 일어났다. 탈출한 아담과 이브의 첫 막은 살인으로 피가 낭자한 장이 되어 버렸다. 그것도 가장 가까운 줄 알았던 형이 아우를 죽이는 비극적인 살인이다. 이렇게 해서 인간 역사는 살인의 역사로 점철되어 간다. 카인은 자기 아우 아벨을 왜 죽여야만 했나?

카인은 왜 아벨을 죽여야만 했나?

성서 기자는 하느님이 카인의 제물은 용납하지 않고 아벨의 제물만 용납했기 때문이라고 한다. 이 표현대로 해석하면 종교 싸움이 살인을 불러일으켰다는 말이 된다. 이 이야기에서 사람들은 제물(또는 예물)이란 말을 지나치게 제사의식적으로 이해하여 그 결론을 성전종교에서 이끌어 오려는 노력을 했다. 유대 성전종교는 짐승을 제물로 받아 그 피를 생명으로 이해하고 제물은 곧 속죄의 제물이라는 인식 밑에서 아벨은 피를 가진 동물을 제물로 바쳤기 때문에 하느님이 아벨의 것만 용납했다는 해석을 즐겨 해왔다.

그러나 이 이야기에서는 제의적 냄새는 전혀 찾아볼 수 없으며 따라서 속죄제물이라는 발상은 발디딜 데가 없다. 이스라엘 전통에는 하느님에게 짐승만 예물로 바친 것이 아니라, 곡식 중 처음 맺히는 것을 바친 경우도 얼마든지 있다. 제물로서 열거된 기록에(출애 22, 28. 29) 짐승, 그리고 맏아들도 나열되어 있지만 타작한 첫 곡식과 술틀에서 나온 포도주들이 그런 것들보다 먼저 서술되어 있다.

어떤 부류에서는 이 이야기에서 신에게 사람을 제물로 바친 원시시대의 흔적이 남아 있다고 보기도 한다. 아브라함이 이사악을 산 채로 제단에 바쳐야만 했던 이야기가 그런 예다. 만약 이 이야기가 본래 그런 것이었다면, 카인이 아벨을 제물로 죽여 바친 원래 이야기가 이렇게 변형된 것이라 하겠다. 그러나 그렇게 보기 어려운 것은 동물이든 식물이든 제물이나 예물로 바칠 때 중요한 것은 첫 것이라는 데 있기 때문에 카인이 그 대상이 되어야 하는데, 그렇다면 카인은 자기의 의무를 전가하여 자기 대신 아우를 잡아 바쳤다는 결론으로 갈 수 있다. 그러나 이런 설들에서 건질 만한 것은 없다.

단 하나 이런 추측에서 인식되는 것은 맏아들의 종주권이 얼마나 큰 위력이었던가 하는 것이다. 카인은 아담의 가계(家系)를 권리로 이을 사람이다. 그는 아버지의 모든 권한을 대리할 수 있으며, 형제에 대해서까지도 종의 주인처럼 군림할 수 있는 위치를 인계받도록 되어 있는 자다. 그런데 그가 하느님에게 드린 예물이 수용되지 않고 아벨의 예물이 수용됐다는 것은 그의 종주권이 박탈되는 것과 다름이 없다. 그것이 바로 하느님이 그의 제물만 수용한다는 인식과 결부될 수 있다. 이것은 그의 종주권에 대한 큰 위협이었다. 그렇기 때문에 그는 아벨을 영원히 없는 것으로 하려고 했을 수 있다.

그러나 이 카인의 행위가 내적 번뇌를 수반했다고 하는 것은 여실하게 서술되어 있다. 신이 카인에게 한 말로 "화를 내고, 고개를 떨어뜨리고, 얼굴을 쳐들지 못하고"라는 표현은 그의 내적 분열을 나타내는 것이다. 결국 그는 한

쪽을 선택하고 아벨을 죽일 만한 장소로 끌고 가서 쳐죽인다. 아벨을 죽이려고 하는 생각은 카인에게는 자기 몸을 자르는 것 같은 아픔이 있었을 것이다. 그것이 신 앞에 드러난 그의 모습이다. 그러나 카인은 그 분신이며 동시에 자기 분열의 한 면을 처단해 버림으로써 온전하게 자기를 살릴 수 있다는 결론에 정착해 버리고 말았다. 이로써 어떤 의미로나 자기의 장자 종주권에 위협이 될 수 있는 아벨을 배제해 버렸다.

그는 그 시체를 보이지 않게 땅에 묻고 흘린 피를 흙으로 덮었을 것이다. 아무도 못 알아보게 하려고, 아무런 증거도 남기지 않으려고.

네 아우가 어디 있느냐?

나무 밑에 숨은 아담 부부에게 신은 "사람아(아담아) 네가 어디 있느냐"고 물었다. 이것은 총체적인 한 존재가 분열된 다음의 인간에게 주어진 첫 질문이었다. 그런데 그 하느님은 자기 분신과 같아야 할 아우를 원수로 단정하고 죽여 버린 카인에게도 "내 아우가 어디 있느냐"고 묻는다. 이것은 공간적인 거리를 묻는 것은 물론 아니다. 이것을 카인 자신의 말로 돌린다면 "이러한 내가 이제 설 자리가 어디냐"로 될 것이다. 경쟁자 없이 자기 입지를 굳히고 내적 평화를 찾으려는 그에게 그와 반대로 불안이 오고 당혹

감에서 안정을 잃어버린 자기를 발견하고 놀랐을 것이다. 그것이 그는 정착하지 못하고 영원히 방랑하는 자들의 선조가 되고 말았다는 서술에서 제시된다.

"네 아우가 어디 있느냐?" 만일 카인이 이 물음에 항복했다면 그에게 구원의 다른 길이 열릴 수 있었을 것이다. 그러나 그는 그렇지 못했다. 그는 그의 부모처럼 이 물음에서 도피해 버렸다. "난 모릅니다. 내가 내 아우를 지키는 사람입니까?" 하면서. '난 몰라'란 나와 그와는 아무 상관도 없다는 말이다. 이미 손을 뻗어도 만져지지 않는 과거에 속한 일이라는 뜻도 있고, 그 시체를 땅에 묻어 버렸으니 아무도 이미 일어났던 일을 들추어 낼 수 없을 것이라는 자신감의 토로라고도 할 수 있을 것이다.

그러나 카인에게는 무와 같이 없어진 사건을 하느님은 사형선고와도 같이 준엄하게 고발한다. "네가 어찌 이런 일을 저질렀느냐. 네 아우의 피가 땅에서 나에게 울부짖고 있다. 땅이 입을 벌려 네 아우의 피를 네 손에서 받았다." 하느님은 아벨의 피를 삼킨 대지(大地)의 뜻을 대변한다. 따라서 "너는 저주를 받은 몸이니 이 땅(大地)에서 물러나야 한다" 하며, 그가 아무리 땅을 갈아도(農耕) 이 땅은 더 이상 소출을 내주지 않을 것이라고 한다.

주목할 것은 추방되는 아담에게도 대지와 갈등 관계가 되어 곡식을 심어도 대지는 가시덤불과 엉겅퀴를 내리라고 했는데 카인도 대지와 대립되리라고 한다. 여기서 동양 사람들의 세계관처럼 사람과 땅과 하느님과의 유기적 관계가 있음을 엿볼 수 있다.

민중의 다른 해석

이제 또 다른 중요한 사실을 밝혀야 할 단계에 왔다. 카인이 아우를 살인했다는 주제에서 그를 죽인 원인을 묻지 않고 카인이 어떻게 그 종주권을 잃어버리게 되었느냐 하는 질문을 하려고 한다. 주목할 것은 이 이야기의 종주권의 원조인 아담이나 이브가 전혀 등장하지 않는다는 사실이다. 야곱과 에사오를 아들로 가진 이사악이 두 자식들의 상속권, 즉 종주권을 자기 마음대로 할 수 있는 것을 보여주듯이 아담도 그런 위치에 있는 것이다. 그러나 이 현장에는 카인 하나밖에 없다. 이 기록에서 아벨은 이름만 등장했을 뿐 존재 없는 자처럼 단 한마디의 말도 남기지 않고 있으며, 저항했다는 흔적도 보여 주지 않는다. 그곳은 카인의 독무대일 따름이다. 그는 홀로 느끼고, 계산하고, 결단하고 아우를 처단한 뒤 매장해 버린다.

이렇게 홀로 있는 그에게 하느님이 등장한다. 그런데 그 신은 사실상 카인이 결정하는 현실에 아무런 개입도 할 수 없는 무능한 존재일 뿐이다. 결단을 앞에 두고 고민하는 카인에게 경고를 주고 있으나 그것이 아무런 영향을 끼치지 못한다. 아벨의 제물을 즐거이 용납한 신이며 그가 지금 죽임을 당할 위협 앞에 있는 것을 아는 신이라면 죽임 당함을 제지할 수 있는 신이라야 한다. 그러나 아벨이 죽어 피를 대지에 쏟고 그 몸이 묻힐 때까지 그는 아무 역할도 하지 못한다. 그 신은 "네 아우의 피가 땅에서 나에게 울부짖고 있다. 땅이 입을 벌려 네 아우의 피를 네 손에서 받았다. 너는 저주를 받은 몸이니 이 땅에서 물러나야 한다"고 한다. 하느님은 땅이 흡수한 아벨의 피의 호소의 전달자다. 그리고 그 호소가 마침내 카인의 종주권을 영원히 무효화시킨다는 것이다. 그를 영원히 추방하는 것으로 바로 이런 뜻을 나타낸다.

아담과 이브의 첫 아들인 카인은 그 족보에서 완전히 삭제됐다. 그것은 창세기 5장에 새로 시작되는 아담의 족보가 분명히 하고 있다. 거기에 카인은 없고 '셋'이 아담의 첫 자식으로 등장한다.

그런데 현실적으로 누가 이런 결과를 가져 왔을까. 이런 이야기를 누가 계속 반복하여 마침내 카인의 종주권을 뺏고 그를 그 계열에서 추방했을까? 누가 그 족보를 다시 쓰게 했을까? 누가 세상에서 영원히 사라진 아벨의 슬픈 이야기를 전승했을까?

이 이야기는 정사(正史)적 성격을 띠지 않는다. 전형적인 민중의 이야기다. 민중의 이야기는 정사가 무시해 버리는 다른 측면의 이야기를 한다. 성덕왕 신종의 이야기를 에밀레종으로 바꾼 것처럼 무쇠가 녹는 데 흡수되어 세상에서 완전히 자취를 감춘 민(民)의 생명과 피와 땀의 이야기를 에밀레의 절규로 되살리듯 땅에 묻혀 영원히 보이지 않을 아벨과 그가 흘린 피의 이야기를 되살려서 카인의 종주권에 대항하여 싸운 것이다. 그런데 에밀레종의 이야기와 다른 점은 하느님을 자기들 이야기의 증언자로 내세운 점이다. 이 이야기를 전한 민중들도 무명의 민중들이다. 땅에 묻힌 아벨과 같이. 이 무명의 민중들은 종주권의 횡포에 짓눌려 다시 아무에게도 보이지 않게 묻혀 버린 희생자의 편에 선 하느님. 그런 의미에서 바로 우리의 하느님이란 신념이 특이하다. 그 뿐만이 아니라 대지마저도 바로 이 수난자의 편에 섰다는 확신도 주목된다. 민중은 표면적인 정사를 마침내 하느님의 이름을 힘입어 바꾸어 놓았다. 그런데 현실적으로는 아무 힘 없이 말 한마디 못한 채 저항 없이 사라져 버린 아벨의 한의 절규를 들을 귀를 가진 민중이 바꾸어 놓은 것이다.

이로써 이 이야기를 만들어 전한 무명의 민중은 무와 같은 존재인 아벨의 한, 그리고 그의 편에 선 하느님이 일체가 되어서 인간의 지배자들의 정사를 바꾸어 놓았다는 이야기가 된다. 여기서 예수가 그를 환영하는 민중들의 환호 소리를 가로막으려는 적대자들에게 "저들이 잠잠하면 돌들이 소리를 지를 것이다"라고 한(루가 19,40) 말과 맥을 같이하는 것으로 볼 수 있다.

탈-향(脫-向)의 인간사(人間史)

탈(脫)

원래 구약의 역사는 출애굽 이야기에서 시작된다는 것이 정설로 되어 있다. 구약성서는 출애굽사건을 기원으로 삼고서, 그 주제를 교향곡의 주 멜로디가 계속 변주되듯이 약간씩 변화시키면서 반복된다. 그런데 아브라함 이야기는 출애굽한 한 집단의 역사적 모형이 되고 있다. 그러므로 아브라함 종족 이야기는 출애굽 집단 이야기와 상호 관련시켜 보면 그 성격이 확실해진다.

출애굽 이야기는 탈출함으로써 새 역사를 시작한다는 내용이다. 야훼는 모세에게 "이스라엘 자손을 에집트의 속박에서 탈출시키라"고 명령한다. 이와 마찬가지로 아브라함의 경우도 탈출로서 그 역사가 시작된다. 이것은 아담, 이브와는 대조적이다. 아담, 이브는 에덴이라는 동산에 정착하여 그것을 가꾸는 인물로 성격화된다. 그런데, 에덴의 아담은 '범죄'함으로써 강제로 추방당한다. 그러나 이와 달리 아브라함은 "네 고향과 친척과 아비의 집을 떠나라"는 명령을 받고 탈출하는 것이다. 이 탈출은 죄로 인한 추방이 아니라 새로운 역사 창조를 위한 출발이다. 아담은 평화로운 낙원에서 정착하도록 지시받았음에 비해 아브라함은 생명을 건 미지의 땅을 향해서 떠나라는 명령을 받는다.

당시에 고향과 친척, 아비의 집, 즉 종족에게서 이탈한다는 것은 죽음을 각오할 때에만 가능한 일이다. 아무런 준비 없이 낯선 땅으로 간다는 것은 목숨을 내거는 일이다. 아브라함은 가나안, 베델, 에집트, 네겝, 다시 가나안 그리고 헤브론 등으로 배회를 계속한다. 이렇게 많은 순례의 지명들을 보면 그것은 끝없이 떠돌아야 하는 유목민족의 어려움을 반영하고 있는 것 같다. 이스라엘은 그들의 조상을 떠돌이 아람 사람들이라고 고백한다(신명 26,5). 떠돌이! 아무 것도 가진 것 없고, 아무런 생명의 보장도 받지 못한 떠돌이. 이러한 떠돌이는 숙명적으로 싸우면서 살 길을 개척해 나가야 한다. 아브라함의 이러한 떠돌이 생활은 탈애굽한 히브리들의 40년 광야생활을 반영하고 있다.

탈출! 그것은 과거를 단절하는 행위다. 탈출은 가진 것에서 해방되는 일이다. 탈출은 자신의 삶을 보장해 준다고 생각되는 모든 것을 과감히 버리는 행위다. 불교에는 이와 같은 전통이 지금도 살아 있다. 저들은 새로운 삶의 결단을 出家라고 한다. 그것은 소유에서 탈출하는 것이고 삶의 보장을 내던지는 것이다. 또 하나의 새로운 인간 아브라함의 특징은 '脫'에서 규정된다.

향(向)

본향을 떠나라고 지시한 하느님은 "내가 장차 보여 줄 땅을 향해 가라"고 한다. 이것도 에집트의 히브리들에게 한 지시와 같다. 히브리들에게 젖과 꿀이 흐르는 가나안 땅을 향해 가라고 한다. '向' 그것은 목표를 내포한 말이다. 그 목표는 "나는 너를 큰 민족이 되게 하리라. 너에게 복을 주어 너의 이름을 떨치게 하리라…"(창세 12, 2-3)는 말에서 드러나고 있다. 이것은 나아가야 할 궁극적 목적을 나타낸다.

그런데 아브라함이 가나안에 이르렀을 때 "내가 이 땅을 네 자손에게 주리라"고 한다. 여기에는 분명히 출애굽의 모티브가 그대로 반영되어 있다. 그것은 가나안 땅을 밟고 있는 아브라함에게 그 땅을 주지 않고 그의 자손들에게 그 땅을 줄 것이라고 약속하는 데서 볼 수 있다. 장차 보여 줄 땅이 가나안이라고 하면서도 그 땅을 밟고 있는 아브라함을 거기에 정착시키지 않고 그 땅을 그의 자손들에게 주겠다고 약속하는 것은 '向'을 나타내는 것이다. 向은 목적지에 도달한 상태가 아니다. 向은 도상의 존재를 나타낸다. 목적을 가진 나그네의 길, 그것이 向의 행태다. 이것은 脫과 마찬가지로 정적인 것이 아니라 동적인 삶의 양태를 말한다. 아브라함 족속 이야기나 출애굽한 히브리 이야기에서도 목적지는 가나안 땅임에도 불구하고, 아브라함의 경우에는 그 곳을 드나들면서도 정착할 수 없는 땅이며, 출애굽한 히브리의 경우에는 애굽에서 가나안이 지리적으로 그렇게 먼 곳도 아니건만 40년을 방랑한 뒤에야 들어갈 수 있었던 땅! 그것은 사막에 나타나는 신기루 오아시스처럼, 보이는 듯하여 잡으려면 잡히지 않는 그런 지점이다. 그것은 일정한 땅이면서 거기에 발을 들여놓으면 도달되는 그런 땅이 아니다. 그러므로 아브라함과 그 자손들의 삶은 向으로 성격지어진다.

이로서 이 마당의 인간사는 脫-向(Aus-Auf)의 역사가 된다. 바울로는 자기의 삶의 자세를 이렇게 말한다. "나는 …오직 한 가지, 뒤에 있는 것을 잊어버리고 앞에 있는 것을 잡으려고 온 몸을 앞으로 기울여…목표를 향하여 달려가는 것뿐입니다."(필립 3, 13-14) 이것이 바로 脫向의 마당에서 사는 인간의 기본적인 자세다.

기존질서에서의 탈출

脫向의 삶은 제 힘으로 삶을 개척해 나가는 길이다. 그 길에는 다툼이 있고 애정이 있는가 하면 웃음과 울음이 교차되고, 폭력과 화해가 있는가 하면 수고와 안식이 있다. 그 상황은 고정되지 않고 계속 바뀌며, 그 길에는 많은 장애물이 있고, 많은 도전과 유혹이 있다. 그러므로 언제나 정착할 수 없고, 결단과 저항으로 자기의 길을 개척해 나가야 한다. 출애굽한 히브리의 행로가 그랬듯이 아브라함, 야곱, 이사악의 역사가 그러했다.

우리는 이른바 족장들의 이야기를 보고 그들의 허물과 비윤리성에 놀란다. 거기에는 거짓과 약탈이 있고, 비겁과 간교가 있다. 아브라함은 자기의 혈족인 롯에게는 소유에 대해서는 그렇게 관대했는가 하면, 적에 대해서는 그렇게 잔인한 살육도 서슴지 않는다. 적과 대항해서 그렇게 용감하게 싸우는가 하면, 자기 생명을 보존하기 위해 자기 아내를 그것도 두 번씩이나 누이라고 속여 남에게 넘겨 주면서 자기 안전을 보전하려고 하였다.

야곱의 이야기도 도상에 있는 인간사의 단면을 잘 보여 준다. 야곱은 에사오와 쌍둥이로 태어난다. 그런데 야곱은 먼저 나온 에서의 발꿈치를 잡고 출생했다. 이것은 벌써 이 역사의 장이 생존경쟁의 마당임을 암시한다. 이사악과 그의 아내 사이에 갈등이 나타난다. 이사악은 장자인 에사오에게 그의 모든 유산을 승계시키려는 반면, 그의 아내는 남편을 속여서까지 야곱에게 유산을 승계시키려고 한다. 야곱은 굶주림에 지친 형의 곤경을 이용하여 팥죽 한 그릇으로 장자의 명분을 뺏는다. 그러나 이 이야기들을 윤리적 차원에서 읽는다면 그 본뜻을 전혀 잘못 파악하는 것이 된다. 이 이야기들은 무엇을 지향하고 있는가? 그것은 脫向의 삶이다.

탈향의 삶은 신천지를 개척하는 개척자의 길이다. 거기에는 기존 체제가 전제되어 있지 않다. 그러므로 윤리나 도덕의 척도로 이들의 삶을 판단하는 것은 옳지 않다. 도대체 윤리, 도덕이 무엇인가? 그것은 이미 정착된 사회를 유지하기 위한 질서가 아닌가? 그러면 누가 이 질서를 만들었는가? 그것은 언제나 강자 즉 지배자에 의해 만들어진 것이다. 윤리는 지배자의 논리로써 피지배자들을 다스리기 위해서 설정된다. 그것을 보다 심화시키면 도덕이 되고, 더 나아가 강제화하면 법이 된다. 그러므로 도덕, 윤리, 법, 그 모든 것이 지배자의 도구가 되어 피지배자에게 무조건적인 순종 또는 복종을 정당화한다.

그렇게 보면 구약 족장들의 이야기에는 어떤 체제에도 매이지 않는 개척자적인 자유의 기상이 면면이 흐르고 있다. 그들에게는 하느님 신앙 즉 종교가 있다. 그러나 모든 종교는 연륜이 깊어지면 깊어질수록 기존체제를 안정시키는 역할을 하게 되며, 기존의 윤리와 도덕을 뒷받침함으로써 인간의 자유를 구속하게 된다. 또 그 자체의 권위를 정립하기 위하여 점점 복잡한 규율이 생기고 의식화되며 율법화된다.

아브라함 일족에게는 그러한 종교적 복종 따위는 없다. 그들은 하느님과 직접적인 살아 있는 관계를 가지고 행동한다. 신과 인간 사이에 사제와 같은 중간자가 허용되지 않는다. 또한 삶 속에서 신을 만나지 종교 안에서 신을 만나는 일이 없다. 그러한 전형적인 이야기는 야뽁나루에서 벌어진 야곱의 이야기에서 볼 수 있다. 야곱은 일반 종교에서 하듯 신을 질서에 따라 경배하지 않고 그와 밤새도록 환도뼈가 부러질 때까지 씨름을 한다. 그는 집요하게 간청함으로 마침내 "너는 하느님과 겨루어 냈고 사람과도 겨루어 낸 사람이다. 그러므로 다시는 너를 야곱이라 하지 말고 이스라엘이라 하여라"(창세 32,29-30) 하는 축복을 얻어 내고 만다. '이스라엘'의 원뜻은 "하느님이여! 통치하소서"다. 이것은 이스라엘 역사를 결정하는 이름이다. 그는 하느님이 통치하는 한 족속의 시조가 된 것이다.

사람과 겨루고 또 하느님과도 겨루는 이것이 개척자의 길이다. 혹은 아브라함이 이사악을 제물로 바치는 이야기는 위의 논지와 다르다고 하는 견해가 있을 수 있다. 이 이야기에서 편집상의 문제를 제기하는 사람도 있지만, 그러나 그 골자는 사람을 제물로 바치는 강요된 종교행위에 종지부를 찍었다는 것이다. 이 마당에는 상전도 귀족도 없다. 따라서 기존적 윤리도 없다. 그러므로 윤리적 차원에서 보면 결코 모범의 대상이 될 수 없는 것이다.

우리는 이러한 삶의 모습을, 생존을 위해서 악착같이 싸우는 민중들에게서 본다. 저들은 제 힘으로 피땀 흘려 삶을 개척해 나간다. 바로 그렇기 때문에 그들의 삶은 이른바 문화인의 눈에는 거칠고 난폭하며 때로는 파렴치하게 보이기까지 한다. 그들은 문화나 윤리, 교양이나 도덕 따위는 거추장스러운 것이다. 하지만 제 힘으로 자기를 산다. 저들은 강자에 의해 착취를 당할지언정 남을 착취할 줄 모른다. 이들을 기존 가치관으로 정죄하는 것은 가진 자 또는 지배자의 횡포 이상 아무 것도 아니다. 脫向의 삶은 정착하면 썩는다. 윤리, 도덕은 정착자를 위한 것이다. 이들의 이러한 유목민적인 삶의 양태와 정착자들의 삶의 양태 사이의 충돌이 역사에 면면이 흐르고 있다.

탈향자(脫向者)의 하느님

脫向의 인간사는 정착을 위한 것이 아니다. 그러므로 고달프고 힘든 삶이다. 자기 힘으로 새로운 역사를 개척해 가는 과정에서 저들은 더러워지고 상처도 받는다. 이런 삶에는 정착의 유혹, 가령 출애굽한 히브리들이 애굽에서 먹던 고기 찌꺼기를 그리워하듯 정착에 대한 동경도 계속된다. 그러므로 그 삶은 지탱하기가 어렵다. 이 삶에는 완충지대가 없고, 멈추면 쓰러지는 삶이기 때문에 인간의 힘의 한계에 부딪힌다. 이런 삶의 도상에 꼭 필요한 것이 있다. 그것은 내가 완전히 신뢰할 수 있는 것, 내가 꼭 붙잡을 수 있는 것이다. 출애굽한 히브리들에게 약속과 계약이 주어졌듯이 아브라함에게도 마침내 약속과 계약이 주어진다. 그것은 아브라함의 만년에 이르러 주어졌다(창세 17, 1이하).

계약이라는 사상은 구약에서 중요한 역할을 하는데, 그

의의는 하느님이 인간을 하나의 주체로서, 상대자(partner)로서 인정한다는 사실이다. 인간은 더 이상 하느님과 주종관계에 있지 않고 그의 파트너다. 계약은 쌍방이 똑같이 구속되는 것이기 때문에 계약을 맺었다는 것은 주종관계를 극복한 동등한 관계를 허용했다는 말이다. 즉 인간은 역사 창조에 있어서 신의 동역자가 된 것이다. 이것은 하느님과 같은 형상으로 지어진 아담과 비슷한 위치로 복귀되었다는 말이다. 이러한 계약은 집요한 脫向의 역사에서 획득한 결과다.

탈향에 실패한 그리스도교 역사

인간의 욕구에는 크게 두 가지 방향이 있다. 하나는 정착하려는 욕구고, 다른 하나는 자유하려는 욕구다. 이 두 방향은 상호긴장 내지 모순의 관계를 빚어 낼 수밖에 없다. 정착의 욕구는 안전하려는 욕구다. 안전하려는 이 욕구에는 벌써 무엇인가 자기의 삶을 보장할 만한 것을 소유했다는 전제가 있다. 안전의 욕구는, 따라서 보수적이 될 수밖에 없다. 보수는 이미 가진 것에 대한 최대의 집착이다. 따라서 보수적인 삶은 폐쇄적이다. 자칫 자기가 가지고 있는 것을 침해받지 않기 위하여 자신의 영역을 구축하고 외부로부터의 침범을 막기 위하여 자신의 영역을 외부와 차단하는 것이다. 안정의 욕구에는, 그러므로 '보다 더'

를 위한 맹목적인 노력이 중심이 되며, 동시에 새것에 대한 공포가 자리하고 있기 때문에 개척적이거나 진취적인 것을 거부한다. 이에 대하여 자유의 욕구는 어떤 속박에서나 해방되려는 욕구가 모든 것에 앞선다.

어떤 것을 소유하려고 할 경우에는 그것을 자신을 해방하는 도구로 사용할 목적으로 소유할 수는 있다. 그러나 그런 경우에도 소유 그 자체에 의해 또다시 포로가 될 수 있다. 이런 상태를 직시한 사람은 또다시 소유한 그것에서 탈출하려고 한다. 또는 자유를 수호하기 위해서 자유할 수 있는 영역을 만들려는 노력에 따라 방위체제로서의 공동체를 형성할 수 있다. 그 이유는 그렇게 함으로써 외부로부터 자유를 침범하는 일을 막아 보기 위해서다. 그런데 그렇게 만든 공동체에 질서가 유지되기 위해서는 권력이 필요하게 된다. 이렇게 해서 그 공동체는 국가 형태가 되고, 국가는 권력으로 치리하는 합법적인 폭력을 사용할 권리를 갖게 된다. 이 권력이 역설이게도 자유를 속박하거나 유린하는 본산이 된다.

또 사람은 경제적 동물이라 한다. 이 말은 생존하기 위하여 자연이 주는 것을 계획성 없이 얻어먹는 것이 아니라, 생존을 위한 계획적인 경제활동을 한다는 말이다. 땅을 개간하는 데 기계를 사용하고 그것을 유용하게 사용하기 위하여 공동으로 작업할 수 있는 조직을 만들며, 그것을 만드는 과정에서 경제활동이 사회성을 지니게 된다. 이런 과정에서 물질이 편중되어 빈부의 차이가 생긴다. 보다 많은 땅을 가진 자와 적은 땅을 가진 자, 나아가서는 전혀 땅을 갖지 못한 자가 생기게 된다. 이것이 산업체제로 전이되면 노동이 곧 생산과 분배를 결정하는 것이 아니라, 자본이라는 것이 개입해 들어옴으로 자본이 돈을 벌고 그 결과 인간을 노예화하기까지 하는데, 이것이 현대 산업사회의 진상이다. 그 결과 처음 추구했던 순수한 자유는 없어지고 돈이 있는 자에게만 자유의 영역이 그만큼 넓어지고, 돈이 없는 자에게는 일체의 자유가 박탈된다.

자유에의 희구는 모든 것에서의 해방을 전제로 하기 때문에 기존적인 것, 가령 그것이 가치든 질서든 재산이든 간에 속박하는 것은 모두 내던져 버린다. 또 자유는 갇힌 것에서의 해방을 희구하기 때문에 언제나 개방적이며 새것을 희구한다. 그러므로 자유의 길에는 언제나 개혁 또는 혁명이 따르게 마련이다. 또한 자유는 기득권을 수호하려는 자세가 아니고 새것을 추구하려는 자세이기 때문에 언제나 가난할 수밖에 없다.

우리는 예수의 비유 가운데서 이러한 전형적인 두 갈래의 사람들을 볼 수 있다. 그것은 바로 만찬초대에 대한 비유다. 이 만찬의 장은 바로 새 나라다. 이 새 나라의 주인은 먼저 이미 초대하기로 약속한 사람들을 부른다. 그러나 그들은 기득권 때문에 그 초대에 응하지 못한다. 한 사람은 밭을 소유했고 또 한 사람은 소를 소유했기 때문에, 다른 한 사람은 여자를 '소유'했기 때문이다. 바로 이러한 이유 때문에 그들은 보수적일 수밖에 없다. 그들은 새것에의 초대에 응할 수 없는 무리들이다. 그들은 또한 기득권에 안주하려는 자들이다. 이에 반하여 그 다음에 초대된 사람들은 기득권이 없는 무리들이다. 초대하는 주인은 거리에 나가 아무나 불러오라고 한다. '아무나', 이것은 바로 기득권이 없는 자라는 의미다(루가복음은 이들을 구체적으로 나타낸다. 즉 가난한 자, 불구자, 맹인들, 절뚝발이들이라고 한다). 다시 말해서 아무 것도 가지지 못한 자들일 뿐 아니라 세상에서 인간으로서의 존엄성마저 빼앗기고 소외된 자들이다. 이들은 가진 것이 없기 때문에 새것을 갈망할 수밖에 없다. 그런 의미에서 그들은 자유한 자들이며, 그러기에 새 나라의 초대에 쉽게 응할 수 있었다.

그리스도교는 가난한 계층에 의해 시작되었다. 바로 그렇기 때문에 그들은 용감할 수 있었다. 저들은 가진 것이 없었다. 그러므로 그들은 새 나라에 대해 진취적일 수 있었다. 그들은 자유했다. 그러므로 낡은 것에 대해 공격적일 수 있었다. 그들의 이러한 조건이 로마제국을 흔들어 놓을 수 있었다. 세계 대제국인 로마, 가진 것이 너무도 많았던 로마, 수호적이고 안전제일주의였고 결코 자기에게서, 그리고 가진 것에서 자유할 수 없었던 로마는 바늘 하나 가지지 않은 예수의 민중에게 패배할 수밖에 없었다.

그런데 이렇게 예수의 민중에 의해 승리한 그리스도교는

로마제국을 정복하는 순간 그것에 예속되고 만다. 저들은 로마제국 안에서 특권계층이 되어 가지지 못한 자로부터 권력, 명예 그리고 재산 등을 가진 자로 변신한 것이다. 이때부터 그리스도교는 정착의 종교가 되고 만다. 그들은 기존체제의 수호자가 되며, 안정논리의 대변자가 된다. 저들은 종교 귀족으로서 권력을 휘둘러 새것은 어떤 것이든지 소탕해 버렸다. 저들의 손에 처형된 수많은 이단자들이 바로 그런 경우다. 그 뿐만 아니다. 저들은 자신의 이익을 수호하기 위해서 교회체제를 권력체제와 똑같이 만들고 국가권력과 긴장 또는 야합하면서, 기득권을 수호하기 위한 전쟁을 일으켜 세계에서 가장 많은 피를 흘린 종교가 되어버렸다.

이에 더 견딜 수 없어 일어난 것이 이른바 종교개혁이다. 종교개혁은 한마디로 안정을 추구함으로써 기성세력화한 체제를 탈출하여 자유를 찾아 나선 운동이다. 종교개혁에 의해 이루어진 신교는 프로테스탄트 교회(Protestant-Reform-Church)라 불리어졌다. 이 칭호를 그대로 살린다면 바로 탈향의 교회라는 말이 될 것이다. 즉 낡은 것에서 탈출하여 새것을 계속 지향하는 교회라는 말이다. 그러나 신교마저도 탈향의 진정한 자유를 구현하지 못했다. 그것은 로마교회의 권력에서는 탈출했으나 그것으로부터 인수받은 많은 유산들을 수호하기 위해서 재빨리 교조적인 교리를 만들고 그것을 무기로 자신을 수호하고 거기서 다시 탈향하려는 세력을 잔인하게 처단하는 보수주의자가 되었다. 이렇게 된 배후에는 당시의 권력과의 야합이 주요인으로 도사리고 있다. 자유에의 길보다 안정을 선택한 신교, 탈향의 길보다 정착을 선택한 신교, 이들은 때를 같이해서 일어난 르네상스 물결, 자유를 생명으로 하는 프랑스혁명과 그 뒤의 산업혁명으로 인해 사회질서의 큰 변동이 일어났을 때에나, 프롤레타리아의 해방을 기치로 내세운 공산혁명이 일어났을 때에도 역사에 대한 새로운 자각을 갖지 못하고 吾不關의 자세를 취하거나 자기방어태세만 견지했기 때문에 하느님에게서 받은 사명을 배신하였고, 역사의 낙오자가 되었다. 그리스도교의 기본자세는 안정이나 정착일 수 없다. 그리스도교가 지향하는 바는 하느님나라의 수립에 있기 때문이다. 이 나라가 현실이 되기까지는 脫向의 길만이 있을 뿐이다.

종주권에 도전한 민중 야곱

종주권의 갈등

둘째 아들로 태어난 아벨이 자기 형의 손에 죽었다. 자기의 기득권인 종주권을 지키려다 살인자가 된 카인은 추방되어 영원한 방랑족의 선조가 되었다. 그러므로 이 형제는 다 함께 망해 버렸다.

아브라함으로 새 시대의 막이 열렸다. 고향과 집과 혈육을 떠난 새 출발이다. 그런데 백 세가 다 되도록 혈육이 없었다. 그것은 새로 시작한 혈맥이 끊기는 것을 의미한다. 그는 아내 사라의 몸종 하갈을 통해서 첫아들을 가지게 된다. 그 아이는 당연히 아브라함의 혈맥을 이을 장자권을 이어받아야 할 것이다. 그런데 이미 신분계급제도가 생긴 것이다. 종과 상전의 철저한 구별이 그중의 하나였다. 아무리 살을 섞고 그의 혈육을 낳았어도 종은 여전히 종이라는 고정관념에 구속된 아브라함이었다. 그러므로 그 사이에서 낳은 이스마엘은 아들이면서도 아들로 인정할 수 없었다. 뒤늦게 본처인 사라에게서 이사악이란 아들을 얻었다.

아브라함은 그에게 종주권을 넘겨 주기 위해 일에 방해

가 될 이스마엘을 그를 낳은 하갈과 더불어 물 한 병과 떡 한 덩이를 주며 내쫓아 버렸다. 정처도 없는 이 추방은 사실상 죽음에로 모는 것이다. 민중은 이 쫓겨 가는 하갈의 뒤를 밟아 그 한 많은 여인과 아이의 걸음을 추적하지만 사라는 물론 아브라함마저도 그들의 운명에 대해 관심을 나타내는 단 한 구절도 찾을 수 없다. 종주권에 대한 관념이 아브라함을 잔인한 사람으로 둔갑하게 한 것이다. 그 뒤에, 단산상태에 있던 사라와의 사이에서 얻은 아들 이사악을 통해 그의 자손이 하늘의 별, 땅의 모래와 같이 번성하리라는 신의 약속을 받는다. 이것은 바로 그의 종주권을 공식화한다는 뜻이 된다. 즉 정처(正妻)에게서 낳은 이사악에게 후손을 잇게 하는 정통적인 종주권이 주어지리라는 것이다.

그런데 이 종주권 약속 바로 앞에는 이 아이도 죽여 제물로 바쳐야 하는 장면이 나온다. 이 이야기는 여러 다른 각도에서 설명할 수 있으나 결국 종주권에 대한 관념이 흔들린 흔적으로 볼 수도 있을 것이다.

종주권의 대결

에사오와 야곱은 쌍둥이로 태어난다. 그들은 동시에 한 어머니의 배에서 출산했으나 먼저 나온 자가 장자(종주)권을 자동적으로 이어받는 것이 관례가 되어 있었다. 에사오가 먼저 나왔으니 그는 종주권을 지니고 태어난 셈이다.

그러나 야곱은 세상이 철칙과 같이 당연시하는 이 관례에 도전한 것이다. 그의 도전은 치열한 과정을 거쳐 마침내 그 장자권을 뺏고 한 종족의 조상이 된다. 그 과정에서 일어난 우여곡절과 야곱의 너무나도 민중적인 삶이 실사적으로 그려져 있다.

그의 싸움은 숙명과 같은 것이었다. 이 이야기를 전하는 사람(들)은 쌍둥이인 에사오가 먼저 나올 때 뒤따라 나오는 야곱이 에사오의 발꿈치를 꼭 틀어쥐고 나왔다고 한다. 이미 태 속에서 장자권의 싸움이 계속됐으며 그 싸움은 피할 수 없는 숙명적인 것임을 민담적으로 표현한다. 그것은 장자권 싸움이 전개될 것을 예고한다. 장자권을 이어 줄 권리를 가진 사람은 부권을 가진 이사악이다. 그는 장자인 에사오를 특히 사랑했다. 이에 대해서 그의 아내면서 이 쌍둥이를 낳은 리브가에게는 장자권에 관여할 아무런 권한도 없었다. 그런 상태에서 그녀는 야곱을 편애했다. 그녀는 기득권적 차원에서 보면 약자의 편에 선 셈이다.

이제 야곱은 리브가와 더불어 정통적인 장자권(종주권)에 도전하는 투사로 등장한다. 에사오는 강대한 몸을 가진 힘센 자로 부각된다. 그가 사냥꾼이라는 것은 그가 무술의 사람이라는 것을 말한다. 그는 몸에 짐승과 혼돈할 만큼 털이 많았다고 한다. 그의 강한 야생성을 나타내는 것이다. 그런데 그는 부모의 뜻을 어기고 이방 여인과 결혼했다. 그는 이미 부모를 떠난 자식이다. 이에 반해 야곱은 장자권에서 밀려난 상태인데 성격마저도 '차분한', 말하자면 온순한 사람이었다는 것이다. 사실상 그가 집안일을 돌보는 사람으로 부각된다. 그가 죽을 끓이고 있었다는 것이 그 일면을 반영한다. 그 후에는 목동이 됐으나 집에 있는 동안에 그의 직업은 특별히 반영된 것이 없다. 그의 유일한 배경은 어머니 리브가다. 에사오와 그가 태 속에서부터 갈등관계에 있는 것이 그대로 현실이 되어 아버지 이사악은 에사오를 사랑하고 어머니 리브가는 야곱을 사랑했다(창세 25,28)는 사실로 그 숙명성이 구체화되었다.

어머니의 위치는 부권에 종속되어 있기 때문에 부권에 맞설 힘이 없다. 야곱은 장자권에 도전해야 할 숙명적인 위치에 있으나 주어진 무기는 없다. 그러므로 민중들이 생존권을 위해서 빈주먹으로 싸워 가듯 그도 스스로 배워 가는 생활의 지혜를 동원할 수밖에 없었다. 그의 첫 도전은 에사오가 장자권을 포기하도록 하는 것이었다. 에사오가 먼 사냥길에서 허기진 상태로 돌아오는 길목에서 야곱은 팥죽을 끓이고 있었다. 이것은 야곱에게는 절호의 기회였다. 허겁지겁 팥죽을 달라는 에사오에게 야곱은 흥정을 한다. 팥죽은 주겠으나 그 대신 장자권을 자신에게 이양해 달라는 것이다. 그런 다짐은 법적 효과가 있는 것은 아니다. 그 결정은 아버지가 하는 것이다. 아니 아버지도 마음대로 못한다. 사회제도가 그것을 허락지 않다. 그러나 장본인인 에사오에게서 이 언질을 받는 것은 이 싸움의 순서

다. 허기진 에사오는 장자권이 안중에 없었다. 그에게는 생존권만이 중요했다. 이렇게 보면 장자권이란 인간 존재에 결부된 필수적인 것이 아니고 한 질서를 위해 덧붙여진 것에 불과하다. 야곱은 에사오의 생존권을 뺏으려는 것이 아니라 그를 포장한 것을 제거함으로써 인간과 인간으로 마주하자는 것 이상의 요구를 한 것이 아니다. 그것은 그가 장자권을 뺏고 도도한 가장이 되어 재회했을 때에 에사오에게 군림하려는 흔적은 전혀 없는 데서 볼 수 있다.

다음에 그에게 보다 더 중요한 과제가 남았다. 그것은 아버지 이사악의 축복을 받는 일이다. 축복의 내용은 거의 고정된 것이다. 그것은 그를 통해 자손이 번성하고 그들이 살 땅(大地)에 대한 축복이다. 이사악은 이런 축복을 장자인 에사오에게만 해주어야 하는 위치에 있었고 또 자신도 그것을 자명한 것으로 알고 있었다. 그런데 야곱은 그의 어머니 리브가의 지시대로 에사오로 분장하여 눈이 흐린 아버지를 속여 이 축복을 가로챘다. 이 축복은 신의 이름으로 하는 것이므로 번복되거나 바꿀 수 없는 것인데, 그것은 다분히 주술적인 성격을 띤 것이었다. 그러므로 속임수로 된 것도 번복할 수 없다고 인식하는 것이다.

이로써 장자권을 뺏는 두번째 관문을 통과했다. 그러나 이 사실을 안 에사오는 이를 용납할 수 없었다. 그는 사냥해온 짐승의 고기로 만든 맛있는 음식을 아버지에게 바치며 자기에게 축복해 줄 것을 간청했다. 그러나 이미 말한 대로 그것은 불가능한 일이다. 울며불며 하는 간청에 마지못해 주는 이사악의 '축복'은 이렇다: "네가 살 곳은 땅이 기름지지 않고 하늘에서 이슬도 내리지 않는 곳이다. 너는 칼을 의지하고 살 것이며, 너의 아우를 섬길 것이다. 그러나 애써 힘을 기르면, 너는 그가 네 목에 씌운 멍에를 부술 것이다."

이것은 축복이 아니라 '저주'다. 그런데 주목할 것이 있다. 그것은 그가 아우를 섬길 것을 '선언'하는데 그것은 바로 '목에 씌운 멍에'라고 한다. 이로써 장자권은 종주권으로 형제라도 노예처럼 혹사할 수 있는 권리임을 밝힌다. 그러나 그 다음 중요한 가능성을 예시한다. 그것은 에사오가 하기에 따라 장자권을 이양받은 야곱이 그의 "목에 씌운 멍에를 부술 것이다"는 말이다. 그를 노예상태에서 해방시킬 열쇠는 야곱에게 있다는 말이다.

에사오는 분노했다. 그는 아버지 이사악이 죽는 날을 야곱을 죽이는 날로 정했다. 그렇게 되면 장자권의 싸움은 카인과 아벨의 경우처럼 둘 다 망해 버리는 결과를 가져올 수밖에 없다. 이것을 예감한 리브가는 야곱을 그의 친가가 있는 먼 곳으로 도피하게 했다.

도망자의 고통

집을 떠난 야곱은 기약 없이 배회해야 하는 나그네의 길에 들어선 것이다. 막연하게 지역과 이름만 알고 떠난 야곱의 길은 험난하고 고달픈 삶이었다. 그런 도상의 삶 한 토막이 이를 잘 반영한다.

어느 날 밤 광야에서 밤을 맞이했다. 인가 없는 광야는 특히 밤이 되면 맹수들의 무대가 된다. 그는 죽음을 각오하고 아무 방비 없이 아무 데나 쓰러져 자야 했다. 그때 베고 잔 돌이 유명해진 '돌베개'였다. 장준하도 일제에 의해 죽음의 길일 수 있는 전쟁터로 끌려갈 때 그의 아내에게 '돌베개'를 암호로 선정했다. '돌베개', 그것은 품이나 가정의 상반개념으로 고독과 공포의 상징이 되었다. 이 돌베개가 바로 집을 떠나 도망치는 야곱의 처지를 잘 드러낸다.

야곱의 은신처는 그의 외가인 라반의 집이다. 외가라고는 하나 그는 외국인으로 고용된 머슴으로 취급당한다. 덕을 볼 장소가 아니라 노동력과 끈질김 그리고 삶에서 얻은 지혜로만 생존할 수 있는 현장이다. 라반은 야곱을 친척이 아니라 노동력으로 수용한다. 당시의 외인 노동자에게는 일정한 일삯을 주고 때로 '데릴사위'로 삼는 경우도 있었다.

라반은 야곱에게 일삯 계약을 하자고 하는데 야곱은 라반의 둘째 딸을 아내로 달라는 조건으로 7년 간의 노동계약을 맺었다. 그러나 라반은 처음부터 지킬 생각이 없는 약속을 수락한다. 우선 그의 노동력을 착취하고 본다는 계산이다. 7년 간 야곱은 성실하고 부지런하게 일하여 라반의 재산을 크게 늘렸다. 그런데 라반은 처음 계획대로 약속을 깨고 신혼 첫날밤에 신부를 맏딸로 교체해 버렸다. 다음날 아침

비로소 이 사실을 안 야곱의 항의에 라반은 "큰 딸을 두고서 작은 딸부터 시집보내는 것은 이 고장의 법이 아닐세"라고 하면서 7년 간 더 일하는 조건으로 둘째 딸을 주겠다는 것이다. 야곱의 노동력의 대가로 딸들을 팔겠다는 것이다.

야곱은 첫사랑을 이루기 위해 머슴생활을 7년 간 더 연장하고 또 늘어난 식구들을 거느릴 가산을 위해 다시 6년을 연장한다. 그때부터 라반과 야곱 사이에 재산증식을 위한 암투가 벌어진다. 고용주와 삯꾼의 싸움이다. 그렇기에 라반이 큰 것만도 열 번이나 약속을 위반했어도(31, 7) 야곱은 감수해야 했다. 이 마당에 야곱에게는 생존을 위한 '꾀' 밖에 다른 무기는 없었다. 그 결과 합리적으로 자기 목축을 늘릴 수 있었다. 이제 그는 자기 고향, "나의 아버지의 집"으로 돌아가야 한다. 그러나 그에게는 아직도 큰 과제가 남았다. 그것은 처자들을 데리고 가는 일이다. 그는 의인인지라 라반의 뜻에 의존할 수밖에 없었다. 그는 노심초사 끝에 온 가족과 짐승들을 거느리고 노예생활을 청산하고 고향으로 향할 수 있었다. 빈주먹으로, 도망자로, 20여 년의 노예생활을 한 민중의 '자수성가', '금의환향'의 전형적 모습이다.

신과의 결투

도망친 그가 이제는 대식구와 재산을 거느리고 고향으로

돌아오는 것이다. 그러나 그에게는 불안한 과제가 있었다. 그것은 형의 분노를 어떻게 무마하고 피할 수 있는가 하는 것이었다. 그는 자기의 양떼들을 여럿으로 나누어 그 일진을 에사오의 마음을 회유하는 선물로 앞세워 보냈다. 그러나 그 전에 장자권에 대한 궁극적인 보장을 재확인하는 것이 결정적으로 중요했다.

그것은 직접 신에게서 다시 다짐을 받는 일이다. 야뽁 강에서의 '신과의 결투' 이야기가 바로 그것이다. 이 이야기야말로 전형적인 민중의 이야기다.

야곱은 그 식구들과 소유물들을 앞세워 보내고 뒤에 처졌다. 그것은 신과의 대결을 위해서였다. 어두운 밤이었다. 그는 신과 결투를 한다. 그가 얼마나 집요하게 싸웠는지를 이 전승은 그 신이 "야곱을 이길 수 없다는 것을 알았다"고 표현하고 있다. 신은 그에게 '반칙'을 한다. 그는 야곱의 엉덩이뼈를 친 것이다. 그래도 야곱은 끝끝내 물고 늘어진다. 도망가려는 신의 다리를 붙잡고 자기에게 종주권을 준다는 약속을 받을 때까지 후퇴하지 않을 기세다. 그 신은 이 민중의 애원에 항복했다. 결국 신은 "너의 이름은 야곱이 아니고 이스라엘이다"(창세 32,28)하고 축복을 한다. 이것은 이스라엘 민족의 조상이 됐다는 선언이다. 그때 "날이 밝고 해가 솟아올라 그를 비추었다"(32,31). 이것은 그의 새로운 희망을 상징하는 것이다. 야곱에게 내린 이 축복이 35장 11절에서 다시 분명하게 반복된다. "너는 생육하고 번성할 것이다. 한 민족과, 많은 갈래의 민족이 너에게서 나오고 너희 자손에게서 왕들이 나올 것이다." 이것은 아브라함에게 말한 것과 내용상 같다. 이리하여 에사오의 기득권을 제치고 아브라함·이사악·야곱이라는 계보를 형성할 수 있었다.

야곱의 이야기는 전형적인 한 민중의 이야기다. 그의 싸움은 기득권을 수호하려는 것이 아니라 기득권에 의해 눌린 상태에서 해방되려는 투쟁이다. 기득권자에게는 자기의 권리를 지키기 위한 여러 가지 무기가 있다. 도덕·윤리·질서·권위·명분 그리고 필요하면 폭력 등등이 그런 것이다. 그러나 민중에게는 아무 무기도 없다. 가진 것이라고는 몸뿐이다. 부지런함과 성실함, 강인함 그리고 투지 등등이 그의 재산이요 무기일 수 있다. 생존권을 위한 싸움을 무력하게 하는 것은 기존의 윤리·도덕 그리고 '양심' 따위다. 그런 것들은 기득권자에 의해서 만들어진 인위성이 많다. 자신들은 그런 것에 구애받지 않으면서 그런 것으로 민중을 묶어 놓는 데 이용한다. 야곱은 이런 그물에 걸려 들지 않았다. 그러므로 그의 속임수·전략 따위를 기존 윤리적 시각에서 비판하는 것은 옳지 않다. 오히려 무에서 유를 창조하고 짓밟힌 상태에서 질식하지 않고 모든 난관을 헤쳐 가며 마침내 신과도 결투하고 신의 축복을 받아 냄으로 이스라엘의 종주권을 차지하는 이 한 민중의 모습에서 역사의 실질적 담지자를 볼 수 있어야 한다.

역사의 행렬
— 왜곡된 역사에 책임지는 이 하나 없는 세대에

역사는 결단으로 점철된다

에집트를 탈출한 히브리들은 40년이라는 긴 세월을 광야에서 헤맸다. 그동안 저들은 많은 우여곡절을 겪었으며, 그럴 때마다 배반도 하고 분열도 일으키고 다시 에집트로 되돌아가겠다는 반동도 삼가하지 않았다. 그러나 저들을 이끄는 모세는 그때마다 책망도 하고 달래기도 하고 하느님의 이름으로 위협도 하면서 저들을 무마했다. 그렇지만 때때로 그의 힘도 한계에 이르러 야훼에게 매달리면서 힘을 구했고, 때로는 저들의 요구가 부당한 것을 알면서도 저들의 뜻을 따를 때도 있었으며, 야훼께 부당한 간구로 저들의 뜻을 관철시킨 때도 한두 번이 아니었다.

광야 40년 동안 히브리들의 역사는 고난을 당하는 다른 민족사에서도 볼 수 있는 그대로다. 광야 40년에 히브리들의 삶은 희망 속에서 자신들의 한계를 극복하면서 전진한 면도 있지만, 목적을 잊어버리고 좌절 또는 방종하는 죄악으로 점철되어 있기도 하다. 성서는, 그럼에도 불구하고 야훼는 히브리와의 약속대로 저들을 목적지로 한 걸음 한

걸음씩 인도했다고 증언한다. 그러한 과정에서 히브리는 한 운명공동체로 성장했으며, 한 민족을 형성할 바탕을 마련하게 되었다. 마침내 저들은 목적지인 가나안 땅을 목전에 두게 되었다. 저들은 그 경계선의 상징처럼 되어 있는 요르단 강을 바라보게 된 것이다.

요르단 강! 요르단 강 이쪽과 저쪽은 이 공동체에 지리적인 차안과 피안만이 아니라 민족적인 미래를 형성하는 분계선이기도 한 것이다. 이 분계선은 히브리에게는 제2의 탈출이 시작되는 분계점이며, 제2의 마당에서 목적지인 제3의 마당으로 옮겨지는 분계선이기도 하다.

역사는 물과 같이 흐르는 것은 아니다. 역사는 결단으로 점철되면서 형성된다. 결단은 脫과 向을 결합시켜 역사적 동력이 되게 하는 연결고리다. 한 민족의 역사가 산 역사로 발전되는 것은 언제나 결단이 있어야 가능하다. 결단해야 할 때 날 세운 칼로 자르듯이 과거를 단절하면 새로운 출발이 가능하며, 그 새 출발의 터 위에서 민족사는 형성될 수 있다. 그러나, 그렇지 못하면 그 민족사는 무의미의 연속이 되거나 소멸되고 만다. 히브리는 이제 결단해야 될 중요한 지점에 섰다.

분계선 앞에 선 모세

우리는 목적지 앞에 선 모세의 행태에서 너무도 성서적

이면서, 한 민족이 가야 할 길을 너무도 분명히 보여 주는 충격적인 사실을 보게 된다. 신명기 32장 48-52절에 다음과 같은 서술이 있다.

> 바로 같은 날, 야훼께서 모세에게 말씀하셨다. "너는 예리고 맞은편 모압 땅에 있는 아바림 산맥을 타고 느보 산 봉우리에 올라가서 내가 이스라엘 백성에게 주어 차지하게 할 가나안 땅을 바라보고, 그 산에서 죽어라. 네 형 아론이, 호르 산에서 죽어 앞서간 겨레에게로 돌아갔듯이 너 또한 앞서간 겨레에게로 돌아가거라. 너는 씬 광야에 있는 카데스의 므리바 샘 가에서 이스라엘 백성이 둘러선 가운데 나를 배신하였다. 내가 하느님인 것을 이스라엘 백성 가운데 드러내지 아니하였다. 내가 이스라엘 백성에게 주는 저 땅을 건너다볼 뿐 들어가지 못하는 것은 그 때문이다."

"바로 같은 날"이라는 것은 32장 47절에서 말씀이 전해진 바로 그날임을 말한다. 그날 모세는 하느님에게 이끌리어 느보 산 봉우리에 올라가서 목적지인 가나안을 바라보고 거기서 그대로 죽었다. 그런데 성서는 그것이 자연사가 아니었다고 한다. 이 이야기는 34장에서 이 책의 마지막 편집자의 손에 의해 약간 다른 표현으로 반복된다. 즉 모세는 에집트를 탈출하여 광야 40년을 배회한 그 시대의 막을 내림과 동시에 그도 그 무대에서 사라져야 한다는 것이다. 이 이야기는 이스라엘 민족에게 여러 형태로 전승되었다. 모세가 느보 산 산맥 서쪽 봉우리인 비스가 산에 묻혔다는 전설(32,50), 그러나 모세의 무덤의 행방을 알 수 없었다는 이야기(34,6), 모세가 사람의 피를 많이 흘렸기 때문에 약속의 땅에 갈 수 없었음에도 불구하고 야훼께 목적지까지 가도록 사정했으나 하느님은 끝내 허락하지 않았다(3,23-26)는 등 많은 전설이 유포되었던 것 같다.

그런데 단편적으로 여기저기에 나오는 전설이 가리키는 공통점은 낡은 세대와 새 세대의 철저한 교체라는 사실이다. 이것은 바로 위에서 말한 역사이해의 철저화다. 역사는 물이 흐르듯 흐르는 것이 아니고 단속적이어야 한다. 한 막이 올랐다가 그 막이 내려짐으로써 새로운 막이 오르듯, 한 마당에서 다른 마당으로 옮겨질 때마다 새로운 사건이 일어난다. 역사는 진전된다. 그러나 이 이야기에서 특수한 것은 한 막에서 다음 막 또는 한 마당에서 다음 마당으로 옮겨질 때마다 한 사건에 계속 이어서 전개되는 것이 아니라 막이 내려지고 새 마당이 끝날 때 그 무대에 섰던 인물들이 모두 함께 사라져야 한다는 것이다.

모세는 연극에서 말하면 주역이다. 일반적으로 한 연극은 막을 바꾸면서도 주역은 계속 상존함으로 그 이야기를 이어 나간다. 그런데 주역인 모세 자신마저도 한 막이 내려짐과 더불어 영원히 사라져야 한다는 것이다. 모세만이 아니다. 탈에집트 세대는 하나도 남김없이 요르단 강 이편에서 사라지는 것이다. 그렇게 보면 한 연극이 다음 막으로 이어지는 것이 아니라, 낡은 무대가 끝나고 새로운 연극의 무대가 펼쳐지는 셈이다. 이것은 과거로부터의 철저한 단절이다. 철저한 단절이 없으면 분명한 연속이 없다는 역사관이다. 전승은 모세의 사라짐이 자연사가 아니라는 것을 강조하기 위하여 그의 눈은 아직 흐리지 아니하였고 그의 기력은 떨어지지 않았다는(신명 34,7) 것을 첨가한다. 왜 이래야만 하는가?

우리는 이 이야기에서 이스라엘의 예언자들을 연상할 수밖에 없다. 이스라엘 예언자들은 그 민족의 운명이 판가름 나는 한복판에서 정신적인 지주로서 그 민족의 갈 길을 지휘했다. 그중의 일부는 고난 속에서 좌절하려는 지배계층이나 자기 민족을 향해 희망을 설교하는 일도 있었으나, 생명을 내놓으면서도 자기 민족이 멸망할 것, 아니 멸망해야 한다는 것을 거듭 예고한 이들이 있다. 저들을 독일어로 Unheilspropheten(不救援 예언자)라 부른다. 가령 예레미야가 그런 인물이다. 저들에게는 분명한 신념이 있었는데, 그것은 하느님은 구원의 뜻과 심판을 뚜렷이 구분함으로써 역사를 이끌어 간다는 것이다. 구원의 뜻은 역사의 궁극적 목적이고 심판은 그 과정마다 결행되는 청산이다. 우리는 성서에 실락원 이야기로부터, 그리고 노아홍수 이야기, 바벨탑, 소돔과 고모라 이야기 같은 前史的인 전설에서부터 이스라엘 역사는 흥망성쇠 과정에서 일어나는 철저한 단절과 새 약속들로 점철된 것을 볼 수 있다. 한마디로 사라져야 할 것은 사라져야 한다는 것이다. 예언자들은, 자신이 속한 민족이라 하여도 이 사실은 실현되어야 한다는 것이다. 그러므로 역사의 목표가 구원이라면 심판이 없는 구원이 없다는 말이다. 새 것은 낡은 것이 소멸될 때만 생겨날 수 있다는 확신이다. 이러한 신학적 역사관은 모세의 구체적 행동을 통해 역사화된다.

모세는 파란만장한 역경을 극복하면서 마침내 자기의 집단 히브리를 목적지 바로 앞에까지 이끌어 왔다. 그것은 중대한 순간이었다. 출애굽한 히브리의 다음의 길을 위해서 홀로 호렙 산에 올라갔던 일이 있는 모세, 그는 이제 이 히브리들을 두고 홀로 요르단 강 동쪽 모압 평지에서 그 강을 끼고 뻗어 있는 느보 산 산맥 서쪽 봉우리 비스가 산 꼭대기에 올랐다. 거기서 그는 이제 진입할 약속의 땅을 바라보았다. 그의 시야에는 서해, 즉 지중해까지 그리고 사해남쪽 소알 평지까지 들어왔다. 얼마나 많은 악전고투 끝에 도달한 땅인가! 이제 눈앞에 보이는 요르단 강만 건너면 젖과 꿀이 흐르는 가나안 땅이다. 그의 감정은 어떠 했을까?

설악산 대청봉에 올라 본 경험이 있다. 내 체력으로서는 악전고투의 노력으로 거기에 올랐다. 도중에 몇 차례씩 오르는 것을 포기하려다가 겨우 정상에 올랐다. 대청봉에 올랐을 때 동해안은 물론, 이북 땅이 한눈에 들어왔다. 저것이 우리의 땅, 나의 본향, 내가 눈을 감기 전에 가 보고 싶은 땅, 저기 나의 친척들이 살고, 나의 동포들이 산다. 오늘의 삶은 바로 통일을 향한 여정에 불과하다. 분단 40년 역사는 바로 히브리들의 광야 40년과 같다. 그런데 저 앞에 분계선만 넘으면 통일이 온다. 우리에게 통일은 다름 아닌 젖과 꿀이 흐르는 현실이다. 그런데 그 무엇이 나를 막는지 나는 분계선 이쪽에서 저쪽을 바라보면서도 꼼짝도 못하고 있다. 이 때에 경험한 절망감!

이 때 나는 비스가 산 봉우리에 선 모세를 연상했다. 물론 전 민족을 이끌고 40년의 진군 끝에 비스가 산 봉우리에 오른 모세와 한 등산객의 감정을 대비하는 것부터가 잘못이다. 그러나 어쩌면 내 생애에는 넘을 수 없을지 모른다는 숙명적인 생각 때문에 모세를 연상하게 되었는지도 모른다.

그러다가 내 상념은 다른 방향으로 전개되었다. 이 설악산은 한때는 외세가 그은 3.8선에 의해 이북에 속했던 땅이다. 한국전쟁 때 악착같은 전투 끝에 남한이 차지한 지역이다. 이런 생각은 한 부대를 이끌고 전선에 나선 어떤 부대장을 연상하게 했다. 한 전위부대를 지휘하던 부대장이 악전고투 끝에 마침내 3.8선을 목전에 두고 중상을 입었다. 그는 더 이상 자기 지휘하에 전진할 수 없다는 것을 알고 지휘봉을 다음 사람에게 넘긴다. 그러면서 그는 한 많은 민족사에서 저 분단선을 넘을 때만 참 해방이 온다고 역설하면서 최후까지 힘을 내서 목적지까지 가도록 독려하고 자신은 상한 몸으로 기관총을 메고 이 고지에 올랐다. 꿈에도 그리던 이북 땅! 민족통일! 바로 그 땅. 그 현실이 그의 시야에 펼쳐진다. 그러나 그는 거기로 갈 수 없다. 이 마지막 순간 그는 3.8선을 넘을 자기 부대를 지원사격하기로 결심하고 거기서 최후까지 할 일을 다하고 숨진다. 물론 이것은 남북의 대치를 전제한 상상이니, 애초에 잘못된 것이긴 하지만.

신명기는 모세가 그 최후에 자신의 부족을 모아 놓고 출애굽 이래 야훼의 역사를 이야기하면서 그들에게 야훼가 준 계명을 지킬 것을 간곡히 부탁한다. 그리고 자신은 요르단 강을 건너지 못할 것이라는 야훼의 말을 전하고 히브리 전체에게 용기를 낼 것을 강조한 다음, 자기 후계자로 여호수아를 결정하여 부족들 앞에 내세우고 그를 독려한다.

"힘을 내라. 용기를 가져라. 야훼께서 이 백성의 선조들에게 주시겠다고 맹세한 땅으로 이 백성을 이끌고 들어갈 사람은 바로 너다. 저 땅을 유산으로 차지하게 해줄 사람은 너다. 야훼께서 몸소 앞장을 서 주시고 너의 곁을 떠나지 않으실 것이다. 너를 포기하지도 버리지도 않으실 것이다. 두려워하지도 겁내지도 말라."(신명 31,7-8)

여기서 그는, 자신은 이미 노쇠해서 전선에 설 수 없다고 말하나, 위에서 언급한 말을 이에 결부시키면 여호수아에게 그 지휘권을 계승하게 하는 것은 그의 자연적 연령이나 건강 때문이 아니다. 위의 문맥에서도 그는 야훼가 허락하지 않으니까 요르단 강을 건널 수 없다는 말을 앞세움으로써 자신의 노쇠가 그 이유가 아니라는 것을 밝히고 있다.

악한 역사의 대속자

이와 관련해서 보아야 할 또 하나의 중요한 다른 측면이 있다. 모세는 왜 요르단 강을 건너서는 안됐는가? 왜 그는 목적지인 마지막 무대에 설 수 없었는가? 성서는 그것을 죄 때문이라고 한다. 어떤 죄인가? 이에 대해 성서에는 두 가지 다른 대답이 있다. 하나는 모세 자신이 지은 죄 때문이라는 것이고(신명 32,48-52; 민수 20,11-12;17,12-14), 다른 하나는 히브리 전체의 죄 때문이라는 것이다(신명 1, 37;3,23-29;4,21). 이 둘은 원래 자료상 다른 계열이다. 전자는 이른바 사제자료에 속하고 후자는 야위스트 자료에 속한다. 그런데 어느 것이 옳은 해답인가? 이 둘의 차이는 단수와 복수의 차이가 아닌 중요한 문제를 제기한다.

모세 개인의 죄란 무엇인가? 씬 광야의 사건에서 모세가 범죄한 것이 그 이유라고 한다. 그런데 모세가 무슨 잘못을 저질렀는지는 극히 모호하다. 씬 광야에서 일어난 사건의 내용은 출애굽기 17장 1절 이하에 서술되어 있다. 이스라엘 회중이 씬 광야를 떠나 야훼의 지시대로 전진했는데 로비딤이라는 지역에 이르러 물이 없어 목마른 이 히브리들이 "어쩌자고 우리를 에집트에서 데려왔느냐? 자식들과 가축들을 목말라 죽게 할 작정이냐"고 대들었다. 모세에 대한 일종의 봉기인 셈이다. 모세는 저들의 부당한 공격을 책망하는 일면 야훼에게 부르짖으면서 저들의 소원을 이루어 주지 않으면 자신은 그들에게 죽임을 당할지 모른다고 호소했다. 이에 야훼는 모세에게 그가 들고 있는 지팡이로 호렙 산의 바위를 쳐서 물을 내어 저들에게 공급하라고 하였다. 야훼의 지시대로 따르자 바위에서 생수가 터져 나와 저들의 반란은 해소되었다. 이 이야기의 내용에서는 모세의 잘못을 찾아낼 길이 없다.

이 이야기는 민수기에도 전승되는데(민수 20,1-11) 그 과정을 비교적 더 세밀하게 서술하고 있지만 내용상 출애굽기의 이야기와 별로 다르지 않다. 그럼에도 불구하고 그 뒤를 잇는 말 즉 "너희는(복수로 된 것은 아론을 포함한 것임) 나를 믿지 못하여 이스라엘 백성 앞에서 내 영광을 드러내지 못하였다"고 하면서 그것이 바로 약속의 땅으로 갈 수 없는 죄라고 하는데, 이 구절은 위의 이야기와 어떤 측면에서 보아도 부합되지 않는다. 그러므로 이러한 해답은 이른바 사제 집단의 입장을 표명하기 위해 첨가된 것이라고 볼 수밖에 없다.

모세 개인에게 집중하는 이런 해석에 반해, 모세가 문책당한 것은 실상 모세 개인의 죄가 아니라 히브리라는 집단의 죄를 책임진 것이라는 생각이 성서의 밑바닥에 흐르고 있는 중요한 해답이다. 성서는 도대체 개인의 역사가 아니고 집단의 역사다. 아담이 개인이 아니고 인간이라는 집단의 대표였듯이 모세 역시 개인이 아니라 집단의 대표다. 그런데 대표라는 말은 지배자와 피지배자의 관계처럼 주객의 관계가 아니라 '우리'의 관계다. 그 점에서 성서의 모든 인물이 그렇듯이 모세도 헬라적 의미의 영웅이 아니다.

한 사람의 고통을 한 집단 전체의 고통으로 보며 그 전체의 고통이 한 사람의 고통으로 응결된다는 생각은, 그 한 집단을 필요에 의해 인위적으로 만들어진 기능적 집단으로 보지 않고 생사를 같이해야 하는 숙명적인 공동체로 볼 때에 자연스럽게 받아들여질 수 있는 사상이다. 이러한 사상이 이른바 '수난의 종'이라는 사상으로 제2 이사야서에서 뚜렷이 부각되고 마침내 예수의 죽음에 대한 해석에 절대적인 의미를 창출한다. 그런데 현대인이 이해하기 힘든 것은 죄라는 개념이다. 십계명에서 주목할 것은 한 개인이 지은 죄라 하더라도 그 죄의 책임을 그 개인에 국한하지 않고 연대적으로 물어 벌하리라고 하는 것이다. (출애 20,5; 신명 5,9) 그것은 한 사람의 의로운 행위가 후대의 축복의 근원이 되는 것과 마찬가지다.

그러나 서구인들은 이런 사상을 교리적으로는 수용하면서도 현실적으로는 그런 사고를 거부한다. 까닭은 서구인들에게 개인(individium) 또는 인격(persona)이라는 사고가 지나치게 발달되었기 때문이다. 그러므로 마틴 노트는 '남 대신 벌받는다'는 이 사상에 대해서, 그렇게 되면 의로운 개인이 하느님에게 부당하게 징벌받게 된다는 문제를 미처

깨닫지 못한 미성숙한 발상이라고 한다.

성서에도 십계명의 약속과는 달리 사람은 자신의 책임만 지게 된다는 언명이 있다. "아비가 설익은 포도를 먹으면 아들들의 이가 시큼해진다"는 속담을 경계하면서, "사람의 목숨은 다 나(하느님)에게 달렸다. 그러므로 죄지은 장본인 외에는 아무도 죽을 까닭이 없다"(에제 18,1-2)는 말이 그것이다. 이것은 언뜻 보면 개인주의의 근거가 될 만해 보인다. 그러나 엄밀하게 보면 그것은 개인주의를 조장한다기보다는 오히려 잘못된 역사, 죄의 역사에 휘말리지 않고 그것을 전환시킬 수 있는 가능성이 사람들에게 주어져 있다는 사실을 강조하고 있는 것이다.

현대인은 죄와 벌을 개인에게 적용시킬 때에는 인과응보의 논리에 따라 쉽게 납득하나, 집단의 죄(잘못)를 어떤 소수나 개인이 책임(벌)진다는 사실은 얼른 받아들이지 않는 것은 서구 정신의 개인주의의 영향 때문이다. 죄와 벌을 개인에게 국한시키는 경우는 쉽게 받아들여지나, 집단의 죄를 어느 개인이나 어떤 소수가 책임(벌)을 진다는 사실이 쉽게 받아들여지지 않는다는 점 때문에 현대인은 성서가 말하는 죄를 이해하기 어렵다. 그리스도교에서 주장하는 이른바 속죄 또는 대속자라는 말을 납득하기 어려운 것도 이 때문이다.

그러나 역사에는 이런 사건이 지금도 계속해서 일어나고 있다. 죄는 결코 종교적인 개념에 국한시킬 수 있는 것이 아니라 사회성을 띠고 있는 것이다. 한 개인의 수난도, 그것이 개인의 죄에 대한 벌이라고 보는 경우에도 그 개인이 지은 죄는 엄밀한 의미에서 혼자의 죄 때문이 아니다. 어떤 죄를 범한 책임을 그 개인에게만 돌릴 수 없다. 아니 그 사회가 그를 그렇게 할 수밖에 없도록 몰아넣은 측면을 절대로 부정할 수 없는 것이다. 가령 어떤 사람이 도둑질을 했다고 할 때, 그 도둑질의 책임을 그 개인에게 국한하여 묻는 것이 윤리 또는 법에서 말하는 원칙이나, 그것으로 그 실상이 다 설명된 것은 절대로 아니다. 즉 그로 하여금 도둑질할 수밖에 없도록 한 책임은 여전히 남는다. 이 책임을 누가 질 것인가?

역사에서 법률적이건 윤리적이건 또는 종교적이건 일정한 행위를 죄로 규정한 것은 누구며 그 규정은 어떻게 만들어졌나? 일반적으로 법이나 윤리는 관습을 바탕으로 형성되기 때문에 누구에게나 자명적인 것으로 거의 자연법과 유사하게 받아들여진다. 이처럼 자명적인 것으로 받아들이게 하는 데는 종교도 한몫 해왔다. 어떤 종교도 기존의 법이나 윤리를 보장하는 데 적지 않은 역할을 하기 때문이다. 그런데 자연법처럼 보이는 그 관습에는 실은 오랜 지배와 피지배의 관계에서 이루어진 후천적 사고가 크게 작용하고 있다. 강한 자의 주장, 지배자의 논리, 그들이 지배하기 편리한 제도를 만들고 그 제도에 순응하도록 하기 위해서 온갖 방법을 동원하여 설득한 결과가 관습으로 고정된 것이다. 이렇게 보면 규정된 죄란 대부분이 잘못된 역사에 따라 형성된 체제에 의해서 인위적으로 만들어졌으며, 그 죄를 심판하는 자는 바로 지배층이다. 구조적인 죄는 바로 이와 같은 제도를 만들고 권력으로 자기의 기득권을 보장하기 위해서, 또는 기득권을 남용하여 피지배자의 인권이나 재산을 박탈한 그런 죄다. 이것을 크게 말하면 역사를 잘못되게 한 죄다. 성서는 바로 역사를 잘못되게 한 죄를 심판하는 하느님을 크게 부각시키고 있다.

하느님의 뜻을 거역했다는 것은 바로 옳은 역사의 길을 방해했다는 말로 바꿀 수 있을 것이다. 이같은 죄가 역사를 오염시키거나 잘못된 방향으로 이끌어 가는 것이다. 한 역사가 잘못된 방향으로 진전되었다면 그 책임은 누구에게 있을까? 그것은 결코 한 개인에게가 아니라, 그 세대 그 체제에 있다. 비록 어떤 개인 또는 한 소수가 강제로 역사를 왜곡하는 데 주역을 담당했다고 해도 그것을 방지하지 못한 책임이 그 세대 전체에 있는 것이다. 여기에서 이 죄의 책임을 묻는 데 새로운 시각이 생겨난다.

그런데 이런 그릇된 역사를 바로 잡기 위해서는 위에서 말한 죄를 청산해야 한다. 낡은 것에 대한 청산 없이 새출발은 불가능하다. 잘못된 데 대한 책임을 척결하지 않고서는 잘못된 역사를 바로잡을 수 없다. 가령 民에 의한 혁명이 일어나면 숙청의 대상이 있게 마련이다. 이같은 숙청 없이는 낡은 것으로 쉽게 되돌아가 버리기 때문이다. 그런데 이처럼 일부만 수술하듯 제거하면 과거의 범죄는 청산될 수 있을까? 그럴 수는 없으며 그렇게 되지도 않는다. 그들은 이유야 어떻든 간에 전 세대의 책임을 떠맡아 진 제물들이다. 다른 한편 역사가 일부 특권층에 의해 잘못된 방향으로 흐를 때 이것을 바로잡기 위해서 봉기하는 세력은 소수다. 그 과정에서 희생되는 자들도 극히 소수며 저들은 절대 다수의 뜻을 등에 지고 앞장서는 자들이다. 그럼에도 불구하고 저들만이 희생된다. 이 희생을 어떻게 보아야 할 것인가? 이 희생은 어느 쪽에서 누가 일으켰든지 잘못된 것(죄)을 책임지는 대속적 의미를 갖는다. 그러므로 이렇게 보면 현대 사회에서도 대속의 의미를 이해하는 것은 그렇게 어렵지 않다.

좀더 구체적으로 말해 보자. 가령 전태일이 어린 한 노동자로서 부당한 착취에 저항하다가 저항의 마지막 수단으로 분신자살을 하였다. 이 행위는 가깝게 보면 자기 권익을 위한 투쟁이며, 동시에 자기와 같은 처지에 있는 노동자들의 권익을 위한 투쟁이다. 그러나 넓은 시야에서 보면 그는 잘못 돌아가는 역사에 맞섬으로 희생된 제물이다. 그는 노동자들을 착취하는 구조적 죄에 의해서 희생된 것이다. 그런데 그의 희생이 지향하는 바는 노동자의 노동력을 마음대로 착취하는 역사 마당의 막을 내리자는 데 있다. 그런 마당을 끝맺기 위해서 그 마당의 막을 내림과 동시에 자신도 사라진 것이다. 그렇게 되어야만 그의 뜻이 실현되는 것이다. 그의 죽음은 결코 모든 노동자들이 그의 뒤를 따라 그렇게 죽어 가라고 하는 것이 아니다. 자기 희생으로 그런 시대를 끝마치려고 하는 것이 목적이다. 그런데 그런 시대가 막을 내리지 않으니까 계속 제2, 제3의 전태일이 나오는 것이다.

모세가 새 마당, 궁극적 목적지를 앞에 두고 죽은 것은 그 개인의 죄 때문이라고도 하고, 히브리 집단 전체의 죄 때문이었다고도 하는 이 엇갈림은 결국 낡은 역사의 잘못에 대한 책임을 전체에게 묻느냐 아니면 어느 소수 또는 개인에게로 축소시키느냐 하는 판단에 따른 것이다. 모세가 진실한 지도자였다면 모든 책임이 자기 개인에게 있다고 고백하고 자신을 희생의 제물로 바쳤을 것이며, 히브리가 건전한 집단이었다면 과거의 책임을 자신들 전체에게 돌렸을 것이다. 그런 시각에서 모세는 우리 전체의 잘못(죄)을 등에 지고 순직했다고 해석했을 것이다.

모세의 순직과 이스라엘 역사의 斷 앞에서, 책임질 사람 하나 없는 오늘의 우리 현실은 우리를 부끄럽게 한다.

다윗왕권의 죄

1.

낙원은 왜 깨졌는가? 사유하면 안되는 것을 사유화했기 때문이다. 그것을 일컬어 죄이라 한다. 세상의 평화를 누가 깨나? 그것은 침략자들의 손에 의해서다. 땅이나 인간은 하느님에게 직접 속한 공적인 것이다. 그것은 어느 누구도 자기 것으로 할 수 없다. 그런데 세상에 폭력이 등장해서 공적인 것을 사유화함으로 평화는 깨지고 비극이 일어난다. 고대에 이른바 국가는 땅과 그 위에 사는 사람들로 이루어졌다. 어떤 힘센 자가 폭력을 휘둘러 땅을 구획하여 자기의 판도로 선포하고, 그 지역에 사는 사람들 위에 군림하여 노동과 생명을 온통 자기 것인 양 선포하고 그것을 일컬어 국가라고 부르면서부터 세계에는 분열이 일어나고 전쟁이 일어났다. 나라나 국가 따위의 개념은 지배자가 만든 것이고, 신하·백성·국민 따위는 내용상으로는 아무런 차이가 없는 통치체제에 예속된 인간을 말한다. 지배욕 그것은 인간에게 주어진 가장 악마적인 것인데 언제나 공적인 권력을 사유화함으로 성취한다.

고대 이스라엘은 권력에 저항하여 탈출한 하삐루와 소군

주들 밑에서 타율적으로 농노가 된 가나안 땅의 하삐루가 해후하여 군주들의 손아귀에서 벗어나 함께 인간 위에 인간이 없고 인간 아래 인간이 없는 평등의 사회를 이루었다. 저들이 주변 군주들의 거듭되는 침략에도 불구하고 그와 같은 평등사회를 200년이나 지속한 데에는 그들의 "야훼만"(mono Yahwism)의 신앙을 빼고는 생각할 수 없다. 그러나 이러한 평등사회가 약화되기 시작했다. 그 주범은 '나라' 사랑을 빙자한 군국주의자들이었다. 어쩌면 저들은 권력으로 이 평등사회를 지배하려는 야심가들인지 모른다. 저들은 계속 군주제를 들고 나와 민중을 현혹시키며, 점차 그 세력을 펴서 압력 단체를 이루었다.

이러한 이야기가 사무엘상 8장에 나온다. 저들은 이스라엘의 마지막 판관인 사무엘을 굴복시켜 마침내 사울을 왕으로 임명하게 한다. 계속되는 외세 침범으로 사울은 상비군을 두고 전쟁을 지휘하기는 했으나 군주로서 민에 군림하는 사람은 아니었다. 말하자면 사울 시대는 정상적인 군주국가가 아니었다. 이스라엘이 본격적으로 군주국이 된 것은 다윗에 의해 비롯된 것이며, 그는 이스라엘의 판도를 넓히고 강대국을 만든 반면 이스라엘을 치명적인 방향으로 오도한 인물이다.

다윗 성, 예루살렘, 이런 것들이 얼마나 역사적 사실(史實)에 반하여 미화되었는가? 유대인들에게 그리고 그리스도인들에게까지 깊이 뿌리를 박고 있는 잘못된 다윗과 그 왕

조상이 언제 무너질 것인가? 언제 다윗이 평화의 적이며 이스라엘을 패망의 길로 인도한 장본인이며 야훼의 철천지 배반자라는 사실을 깨달을 것인가? 이 깨달음 없이는 성서를 제대로 보는 눈도 뜨이지 않을 것이며 야훼의 참뜻을 가려낼 능력도 생겨나지 않을 것이다.

2.

다윗은 본래 우리 역사에서 활약한 임꺽정이나 장길산처럼 비천한 출신이었다(삼상 18,17-23). 어쩌면 그는 의적이었는지도 모른다. 그가 나발이라는 부농을 직접 약탈하지 않고 부하를 보내어 군량을 구걸하는 장면 같은 것은 이러한 가능성을 상상해 보게도 한다. 그러나 그 외 어디에도 의적의 흔적은 보이지 않는다. 그는 아둘람이라는 산굴을 근거로 하고 "억눌려 지내는 사람, 빚을 지고 허덕이는 사람, 그 밖에 불평을 품은 사람들이 다윗 주변에 몰려들었으며 그가 저들의 우두머리가 되었는데"(삼상 22,1-2), 그 수는 400명이라 전한다. 이런 것을 보아서 그는 한때는 의협심이 있고 용맹을 떨쳤던 사람인 모양이다. 그가 광야에 살았다(삼상 23,14)는 것이 자주 지적되는데, 실은 그만이 아니라 그러한 패들이 난무한 시대였다. 다윗의 요청을 거부한 나발이 "도대체 다윗이 누구냐? 요즈음은 주인에게서 뛰쳐나온 종들이 저마다 우두머리가 되는 세상인데…"(삼상 25, 10)라고 하는 말은 그 시대상을 잘 반영하고 있다. 그는 무도한 비적이 아님을 변명한다. 그러나 필요하면 칼을 휘두르는 잔인한 사람이었다.

그가 자기 부하와 더불어 엔게디 근방 산 속에 은거하고 있을 때였다. 가르멜에 나발이라는 부농이 양 삼천 마리와 염소 천 마리를 기르고 있었다. 따라서 많은 목동도 거느리고 있었다. 다윗은 부하들에게 재산을 함부로 약탈하는 것을 금했던 모양이다. 그러나 그는 식량이 떨어진 어느 날 부하를 보내 정중한 인사로 자발적인 지원을 청하였다. 나발은 그의 청을 일거에 거절한다. 그때 다윗의 부하는 이미 600명으로 늘어났는데 그중 400명을 거느리고 나발을 위시한 사내놈들은 하나도 남김없이 죽이겠다고 맹세하고 그의 재산을 뺏기 위해 진격한다. 그러나 나발의 아내 아비가일의 재치있는 개입으로 폭력행사는 하지 않는 것으로 되어 있으나 그 후 나발은 수수께끼 같은 죽임을 당하고, 아비가일은 다윗의 첩이 된다. 이런 것을 보아 비록 서술상에는 다윗과 나발의 죽음이 아무 관계가 없는 듯 되어 있으나 그의 아내를 자기의 첩으로 만드는 위인이라는 것을 생각하면 그와 같은 서술을 액면대로 받아들일 수 없다. 그것은 뒤에서 언급될 그의 행태를 미루어 보아서도 단순한 짐작만일 수만은 없다.

이처럼 그는 무력부대를 거느리고 약탈을 하거나 아니면 여러 군주들과의 협상에서 용병도 되며, 때로는 세력을 잡아 봉신도 된다. 그가 사울 왕국에 접근한 것도 이러한 형식이었을 것이다. 그가 어떻게 사울 왕에게 접근했는지에 대한 기록은 엇갈려 있다. 소년으로 불레셋의 장군 골리앗을 쳐부숴 그의 능력이 사울에게 인정되었다는 기록이 있는가 하면(삼상 17장), 그가 거문고를 잘 타서 사울에게 추천되었다는 기록도 있으며(삼상 16, 14-23), 아무 전후맥락도 없이 그가 사울의 사령관의 위치에 있었다는 것도 전해진다(삼상 18, 13). 그가 무력으로 접근하여 용병이 됨으로써 세력을 얻었다는 상상이 가장 합리적일 것이다. 그는 이스라엘의 지배권에 도전한 것이다.

그 첫 길로 그는 정략 결혼을 꾀했다. 그는 사울의 첫 딸 메랍을 아내로 얻지 못하게 되니까 둘째 딸 미갈을 유혹했다는 것이 이러한 상상을 뒷받침한다. 다윗왕조의 사가들은 미갈이 다윗에게 반했다고 하고 사울이 다윗을 부마로 삼기로 했다고 서술하는데, 다윗이 미갈을 얻기 위해 부하를 거느리고 불레셋을 습격하여 남자 백 명의 생식기를 잘라서 사울에게 바치고 부마가 되었다는(삼상 18, 26-27) 이야기는 이를 반증한다. 그래도 대권을 잡지 못하자 그의 음모가 노골화되면서 마침내 병력으로 대결하다가 힘에 부치게 되자 그는 불레셋 왕 아기스에게 피신처를 요청한다. 그런데 아기스 휘하에 피신하고 있을 때 아기스의 신하들이 저가 사울의 부하였다는 사실을 알리므로 생명의 위협이 닥치자 갑자기 간질병자로 둔갑해서 사람 앞에서 기절해 보이기도 하고, 미친 사람 연극을 용하게 해서 정말 미친 자로 추방되어 살게 되었다는 이야기, 또는 부하 600명과 그 가족을 거느리고 이스라엘의 숙적인 불레셋에 투항하여 아기스의 봉신이 되고 그의 이스라엘 원정에 나설 것을 지원했다는 이야기, 그러나 불레셋의 다른 장군들이 불신하여 출정을 못하고 불레셋 내에 머물러 있는 동안 인근 소종족들을 습격하여 남녀를 다 죽여 버리고 전리품을 실어 왔다는 등의 이야기(삼상 27,8-9) 등은 그의 사람됨을 잘 드러낸다.

이러한 방법으로 유대의 한 부족 지방인 헤브론에 침입하여 그 지방의 왕으로 군림한다. 그것을 발판으로 이미 불레셋과의 싸움으로 지치고, 사울의 죽음으로 지리멸렬되어 가는 이스라엘을 계속 공격한다. 그러던 중 이스라엘의 명장 아브넬과 만나 밀담하고 그가 돌아가는 길에 자객을 보내 그를 죽여 버렸다(기록에는 아브넬을 죽인 사실을 나무라면서 슬퍼했다고 하나 그 자객을 처단했다는 기록은 없다). 이렇게 해서 이스라엘을 마침내 삼키게 됨으로 통일 이스라엘국을 선포한 것이다. 그는 여부스족의 성인 예루살렘을 뺏어 사영화하고 거기에 거대한 궁성을 지어 왕국의 위치를 유지하기 위해 계속 전쟁으로 긴장된 분위기를 유지함과 동시에, 다른 한편으로 자신의 왕가의 정통성을 세우기 위해 야훼 신의 상징이던 법궤를 예루살렘에 안치함으로 종교를 정권유지의 이데올로기로 삼을 수 있는 근거를 마련했다. 이것이 후에 그의 세습왕인 솔로몬에 의해 지어진 성전의 근거가 되었는데 현실적으로는 역사의 신 야훼가 다윗 왕가에 납치된 것이다. 그는 어찌 인간의 손으로 지은 집에 야훼를 모실 수 있느냐라는 반대의 소리를 물리치고(삼하 7,6-7) 그 일을 감행했다.

그는 한편 대단한 호색가로서 수많은 여인을 거느렸는데 예루살렘에서만 여러 후궁에게서 12명의 아들을 낳았다. 그런 그가 자신의 부하 우리야의 아내를 뺏기 위해 추악한 방법으로 자기 부하인 우리야를 전선에서 죽여 버린다. 기록에는 이 일에 대해 그가 참회하는 장면이 서술되어 있으나 사실은 상반되게도 우리야의 아내를 끝까지 가장 사랑했으며, 온갖 장애를 물리치고 그와의 사이에서 난 자식인 솔로몬에게 대를 잇게 한 것이다.

그는 민의에 의해 왕위를 지킨 것이 아니라 무력으로 그것을 유지했다. 그러한 대표적 증거로는 그의 아들 압살롬이 반란을 일으켰을 때 하루아침에 민심이 그에게로 쏠리므로 있을 곳을 잃어버린 그는 예루살렘을 탈출하여 맨발의 패잔병 신세가 된 일이다. 기록은 온 이스라엘이 다윗을 떠났다고 전한다(삼하 20,2)

다윗! 비천한 출신으로 이스라엘을 부강한 나라로 만든 것을 유대인들이 극구 찬양하는 것은 이해할 만하다. 그러나 권력을 손에 잡자 그는 야훼 신까지 자신을 위해 동원했으니 이스라엘의 정체는 어떻게 되었겠는가!

그를 세습한 왕, 다윗이 저지른 불륜의 자식 솔로몬은 성전을 지은 왕으로 유명하다. 그러나 그 성전은 사실상 궁전의 일부에 속하는 것으로 궁중예배실과 같은 것이었다. 그는 궁전을 짓는 데만 13년, 성전을 위해서 7년간 18만 명을 강제 징발하여 노동력을 착취했다. 그는 자기 아버지보다 더 호색가로 에집트·모압·암몬·에돔·시돈·셋 등에서 여인들을 끌어 들였다. 그리하여 후궁만 7백 명, 수청드는 여인 3백 명 등 천여 명의 여인들을 희롱했다. 뿐만 아니라 외국 여인들을 위해서 그는 그들이 믿는 신을 위한 신전도 세워 주었다. 결국 개인의 향락을 위해서 이스라엘의 기본정신 따위는 아랑곳없다는 것이다.

우리는 미화된 그의 삶을 폭로하기 위해 그의 호화로운 생활을 폭로해야 한다. 그의 하루생활을 위한 식량은 고운 밀가루 30섬, 거친 밀가루 60섬, 소 열 마리, 목장소 20마리, 양 100마리, 그 밖의 숫사슴, 산양, 숫노루, 날짐승 등 등 무수하게 많다(열상 4,22-23). 또 자기 성을 요새화하기 위해 기마대만 만이천 명을 세웠고, 정치적으로는 다윗이 유다계와 이스라엘계를 반씩 요직에 앉히던 전통을 깨고 이스라엘계는 모두 제거하고 유다계만 등용했다. 그는 모든 권리를 손 안에 넣었을 뿐 아니라 종교도 완전히 그 손에 넣어 버렸다. 그 자신은 많은 잡신을 위한 신전을 세웠는데 아무런 가책도 느끼지 않을 만큼 반이스라엘적이었다. 그러한 그가 대사제직마저 겸하고 있었다. 그에게는 종교가 자신의 왕권을 유지하기 위한 이용물 이상 아무 것도 아니었다.

이처럼 권력이 한 사람에게 집중하면 그 권력을 장악한 자신은 물론 그 사회의 비극이 오기 마련이다. 그러므로 절대권력에서 탈출하여 야훼만을 절규하므로 출발한 이스라엘은 군주국으로 둔갑한 지 2대 만에 돌이킬 수 없는 파국을 초래하였다. 민족의 영구적 분단 사건이 그것이다.

3.

다윗과 솔로몬 등의 무제한적 권력에 맞선 이들이 있었다. 예언자들이다. 다윗 시대에는 나단, 솔로몬 시대에는 아히야가 그들이다. 저들은 무관의 왕자처럼 도도히 왕권에 도전했으나 그들을 개인으로 보아서는 안될 것이다. 그들 배후에는 저항세력이 있었음에 틀림없다. 나단은 다윗이 우리야의 아내 바쎄바를 가장 파렴치한 방법으로 탈취했을 때 도도하게 다윗을 규탄했다. 반면에 그러한 그가 다윗 왕권을 인정하고 야훼와의 새로운 계약이 이 왕권을 통해서 이루어졌다는 사실을 입증하는 데 주역으로 서술되어 있으나 이것은 다윗 왕조 사가들에 의해서 왜곡된 보도거나 아니면 왕권에 매수된 결과라고 볼 수밖에 없다.

아히야는 솔로몬이 그의 궁전을 보수·확대하는 현장에 나타나서 그 일을 책임진 여로보암을 만나 솔로몬 왕국의 멸망을 구체적으로 예언하며, 여로보암의 편에 설 것을 확실히 한다. 그가 바로 궁전을 보수하는 현장에 출현했다는 것은 의미심장하다. 그것은 바로 수많은 민중들이 노동착취를 당하는 현장이다. 솔로몬이 세운 궁전이나 신전 자체가 화려하면 화려할수록 민중의 피땀을 쏟게 했던 증거가 된다. 아히야는 그의 신탁에서 솔로몬이 시돈 사람이 섬기는 여신 아스도렛, 모압의 신 그모스, 암몬 사람의 신 밀곰을 섬긴 것을 그 죄목으로 들고 있다.

그런데 이런 것들이 죄로 간주되는 것은 종교적인 시각에서 우상을 섬긴 것이라고 간단하게 보아 버린 경향이 있으나 그보다는 더 근본적인 죄가 있다. 그것은 일차적으로 '야훼만'의 신앙을 흔드는 행위다. '야훼만'의 신앙은 권력이 집중한 군주체제에 항거하는 발판이었다. 따라서 다른 잡신을 섬기는 것은 야훼만의 신앙을 상대화해 버리는 것으로 야훼의 절대주권에 도전하는 일이다. 둘째는 이방의 잡신들을 섬긴 동기와 현실이다. 그는 주변 국가들과 교류를 함으로써 정략적인 결혼도 하고 자기 왕권을 수호하기 위해 이방의 세력을 이용하였는데, 그것을 위한 방법의 하나가 이방신을 수용하는 일이었다. 이방신을 수용한다는 것은 구체적으로 그 여러 신들을 위한 신전을 세우는 일이다. 이 신전들을 세우는 데 또다시 민중의 노동력이 착취되었음은 두말할 나위가 없다.

아히야가 받은 신탁의 배후에 있는 이러한 정치·경제 내지 문화적 동기를 배제해서는 안될 것이다. 그렇게 보면 아히야는 솔로몬 왕가 밑에서 신음하는 민중의 대변자로 민중 편에 서서 왕국과 저항하여 싸웠다고 보아야 할 것이다. 아히야는 솔로몬 왕가에 의해서 열두 지파 중에서 단 한 지파만이 남을 것이라고 했는데 그것은 예루살렘을 지칭한 것이리라.

4.

예루살렘은 그 이후에 외세에 의한 침공으로 많은 우여곡절을 겪기는 했으나 다윗왕조의 계승, 솔로몬이 건설한 신전수호의 장으로서 흔들리지 않았고, 오랫동안 구조적으로 이스라엘 전체의 중심지로 유지되어 왔다. 그런데 이 예루살렘의 기득권을 수호하기 위하여 그것의 지배층은 대대로 대속물을 바쳐 왔다. 즉 이스라엘의 특권을 유지하기 위해서는 어떠한 대가도 주저없이 치뤘다는 말이다. 다윗성 예루살렘, 야훼 성전을 가진 성도 예루살렘, 이곳은 또한 예루살렘 중심의 이데올로기를 창출하는 장이 되었다. 예루살렘 중심의 이 이데올로기는 신약 시대에 이르기까지 영향을 끼칠 만큼 확고한 것이었다.

우리는 마태오와 루가에서 예수의 혈통을 다윗에게 연결시키려는 족보를 볼 수 있다. 그러나 두 복음서를 비교할 때 그 무리함을 볼 수 있으며, 마리아 수태고지를 전제할 때 요셉 계보는 무의미해진다는 등 그 어설픔을 볼 수 있고, 예수의 탄생설화에 나타난 베들레헴 모티브도 역사적으로 볼 때 현실성이 없는 인위적인 것이다. 이 모두가 다윗 왕조 이데올로기의 영향이라는 것은 너무도 분명하다. 예루살렘에서 창출된 메시아주의가 편만해서, 신약 시대에 와서는 예수를 다윗의 자손으로서의 메시아라는 주장을 하기에까지 이른 것이다. 그러나 민중의 복음인 마르코에는 이러한 흔적은 전혀 없다. 족보는 물론 베들레헴 모티브도 없다. 예수를 다윗의 자손이라 부르는 데가 두 번 나오기는 하나 그것은 모두 예수를 만난 자들의 입을 통해서 나온 말이고 예수 자신은 물론 그의 제자들은 단 한번도 그런 암시를 하는 곳이 없다. 오히려 마르코에는 메시아가 다윗의 자손일 수 없다는 분명한 선언이 있다(마르 12,35-37). "왜 율법학자들은 그리스도가 다윗의 자손이라고 말하느냐? 다윗이 성령의 감동을 받아 이렇게 말했다. 주께서 내 주께 말씀하셨다. 내가 네 원수를 네 발 아래 굴복시킬 때까지 너는 내 오른편에 앉아 있으라. 다윗자손이 그를 주라고 불렀는데 어떻게 그가 다윗의 자손이 되겠느냐?" 이것은 재래의 메시아상에 대한 전적인 거부며, 좀더 깊이 보면 다윗왕조에서 형성된 이데올로기에 대한 거부다.

예루살렘을 향한 비판의 소리도 그친 일이 없었으며, 예수 시대에는 탈예루살렘파들이 있어 예루살렘을 장악한 무리들을 숙청하기 위해 칼을 갈고 있었다. 이러한 맥락에서 볼 때 갈릴래아에서 활동한 예수가 그 최후를 예루살렘에 진격해서 그 곳에서 처형당함으로 마쳤다는 것은 의미심장하다. 그는 민중의 땅 갈릴래아에서는 환영을 받고 다윗 왕의 왕도 예루살렘에서 처형되었다. 예루살렘에서 처형되고 부활한 예수는 예루살렘에서가 아니라 그의 제자들을 찾아 갈릴래아로 갔다는 마르코의 전승은 반예루살렘, 나아가서는 반다윗 이데올로기적 입장을 뚜렷이 보여 주고 있다. 이 다윗성 예루살렘과 솔로몬 성전이 마침내 예수의 예언대로 돌 위에 돌 하나 놓이지 않고 다 무너져 버린 것이다.

우리는 예수운동이 반예루살렘운동으로 성격화된 것을 어떻게 보아야 할 것인가? 단적으로 말하면 "하느님의 것은 하느님에게"라는 운동이라 할 것이다. 권력은 어디까지나 하느님에게 속했다(로마 13,1). 그런 의미에서 권력은 공적인 것으로 어느 집단이나 개인이 사유화할 수 없다. 그런데 다윗은 예루살렘을 거점으로 권력의 사유화를 꾀했다. 동시에 법궤를 예루살렘에 안치함으로 야훼를 자기 정권을 위한 이데올로기로 삼았다. 즉 하느님의 사유화다. 솔로몬에 의해서 세워진 신전은 바로 야훼를 연금한 감옥과 같은 것이다. 이로써 사실상 야훼의 권한을 사취한 것이다. 한 손에 통치권을, 다른 한 손에는 대사제권을 장악한 솔로몬은 公을 송두리째 사유화함으로써 철저한 범죄를 감행한 자다.

그러므로 반예루살렘 내지 반다윗 운동은 '야훼만'의

전통적인 신앙을 회복하기 위한 투쟁이다. 그것은 사유화된 공으로서의 권력을 뺏는 운동이다. 그러므로 이것은 하느님의 주권만이 실현되는 하느님 나라의 도래 운동과 같은 맥락에서 보아야 할 것이다. 예루살렘에 올라간 예수가 성전을 숙청하면서 성전을 도적놈의 소굴로 만든다는 예레미야 7장 11절을 인용하였다는 것은 또하나의 중요한 암시를 준다. 예언자 예레미야는 참된 예배를 강조하는 맥락 속에서 당시 사람들이 이것은 야훼 성전이다는 말만 반복하는 동시에 그들의 생활은 전혀 그와 다른 방향으로 줄달음치는 것을 고발하면서, 너희 눈에는 이 집이 도둑의 소굴로 보이느냐고 한다. 그런데 저들의 잘못된 생활에 관해서는 구체적으로 억울한 일을 자행하는 것, 유랑인 그리고 고아와 과부를 억누르는 일, 죄 없는 사람의 피를 흘리는 일 등을 다른 잡신을 섬기는 일과 더불어 들고 있다. 그러므로 성전 앞에서 비둘기 등 짐승들을 팔고 사며 돈을 바꾸는 등의 행위를 규탄한 것은 예레미야에서 지적한 것과 같은 보다 더 깊은 범죄를 성전의 이름으로 성전을 통해서 자행한 데 대한 공격이었다고 보아야 할 것이다. 애당초 성전 자체는 민중의 노동력과 경제력을 착취하여 건설된 것이다. 그 뿐만 아니라 성전 자체가 야훼 이름으로 종교 귀족들이 민중들을 착취하는 도구 구실을 계속해 왔던 것이다. 그러므로 저항운동이란 바로 성전을 통한 경제적 착취를 저지함으로 민중을 해방시키려는 운동이기도 하다.

그리스도교는 이와 같은 확고하고 분명한 반왕권주의로 출발했음에도 불구하고 서구 사회에 들어오면서부터 권력과 제휴하여 자신을 비대시켜 왔으며, 마침내는 권력의 시녀로서 자족하는 긴 역사 속에서 '야훼만'의 신앙을 유린했을 뿐 아니라 반민중적인 집단이 되어 버렸다.

우리는 역사적으로 계속 부패한 왕권에 시달려 왔으며 마침내는 외세의 왕권에까지 유린되는 역사를 가졌는데, 해방 이후에도 비록 형태상으로는 왕권은 없어졌으나 그에 못지않은 아니 그보다 더 잔인하고 교활한 독재정권들에 의해서 시달림을 받아 왔다. 그런데 그리스도인의 대다수는 정교분리라는 지배자의 조정에 의해서 형성된 이데올로기에 세뇌되어 권력의 난무에 대해서 무감각한 채 오늘에 이르고 있다. 그리스도인은 정치에 간여하지 않는 것이 자기를 순수하게 지키는 것이라는 주장과 자세는 현실적으로 불의한 정권의 편에 서는 결과를 초래한다는 사실도 모르고 있다. 그러나 독재체제나 불의한 정권에 대한 싸움은 바로 '야훼만'을 위한 싸움이며, 그것은 동시에 그 밑에서 신음하고 있는 눌린 자와 가난한 자들 편에 서야 한다는 하느님의 뜻을 이룩하는 일이다. 그러므로 우리가 공 즉 하느님의 질서가 사유화되고 독점화되는 것에 맞서서 싸우는 것은 이른바 정치적 행위가 아니고 예언자와 예수운동에서 계승된 야훼운동, 궁극적으로는 하느님의 나라를 위한 싸움이다.

바알 세력과의 투쟁

역사는 투쟁으로 전개된다. 역사에 만일 종국이 없다면 그것은 단순히 투쟁의 악순환을 계속할 것이다. 구약에서는 샬롬(Shalom) 즉 평화를 매우 희구한다. 그런데 그것은 궁극적인 평화로서 이 역사가 끝날 때 비로소 실현될 수 있다는 것이 그들의 신앙이다. 그렇다면 역사가 진행되는 한 투쟁은 불가피하다는 말이 된다.

다윈은 자연현상을 관찰함으로써 약육강식, 생존경쟁이 바로 삶의 현장인 것을 입증했는데 칼 맑스는 역사가 계급투쟁을 통해 전개된다고 보았다. 다윈은 자연을 관찰함으로 결론을 얻었고 맑스는 사회분석을 통해 그런 결론을 얻었다. 우리는 우리 현장에서 계속적인 충돌현상을 보고 있다. 남자와 여자, 기성세대와 젊은이, 가진 자와 못 가진 자, 지배자와 피지배자 등의 사이에서 불꽃튀는 대결과 알력을 목격하고 있다. 민주화의 물결과 더불어 노사간의 치열한 투쟁이 연속되고 있다. 무엇이 투쟁의 원인인가? 성서는 그것을 어떻게 설명하고 있으며 무엇을 우리에게 증언하고 있는가?

바알과 야훼의 투쟁

엘리야라는 한 위대한 인물의 이야기가 있다. 그는 예언자 중에서도 가장 생동하는 삶을 보여 주고 있으며 많은 사건을 유발한 인물이다. 그중의 하나가 저 유명한 바알 신과의 대결이다.

엘리야에 대한 이야기는 열왕기상 17장에서 열왕기하 2장에 이르기까지 전승되고 있다. 그러나 그가 길르앗의 티스베 사람이라는 것 외에는 그의 신분에 관해 전해 주는 것이 없고 다만 그의 행적만 전한다. 그는 오므리의 아들 아합 왕 시대에 등장했다. 아합은 페니키아의 도시국가 시돈의 왕 에드바알의 딸, 이세벨과 정략결혼을 했다(열상 16, 31). 에드바알이란 "바알과 더불어"라는 의미인데, 그가 지배하는 페니키아는 그 당시의 지중해 전반을 제패한 신흥 제국이었다. 그러므로 그의 딸과 결혼한 것은 일면 정략성이 있겠지만 또 한 면으로는 종속관계를 반영하는 것이다. 그 당시의 관례로 보면 한 왕이 이방의 여인을 왕비로 맞아들이는 경우 그 왕비의 종교를 존중해서 그를 위한 예배처를 건설해 주는 것을 의무로 알았다. 따라서 아합은 이세벨을 위해서 바알 신전을 사마리아에 세워 준 것이다. 그런데 아합은 이세벨의 종교를 존중해 주는 데 그치지 않고 그 자신이 솔선해서 바알을 예배하였다. 그리고 이세벨의 종교적 횡포를 두둔했다. 그러자 기세등등한 이세벨은 바알로 야훼를 대치하려고까지 하게 되었다. 그녀는 곳곳에 바알 신전을 세우고 바알 사제를 두어 지원하는 한편 야훼의 사제들을 학살하기에 이른 것이다. 아합의 신하 오바디야가 야훼의 사제 백 명을 오십 명씩 어떤 동굴에 피신하게 했다는 이야기(열상 18, 13)는 그와 같은 사태의 단면을 전한다.

강대국을 등에 업은 이세벨은 개인의 신앙의 자유만을 향유한 것이 아니라 왕권을 빌어 바알 종교를 이스라엘에 확대해 나간다. 이것은 물론 이세벨이란 한 여인 개인의 행동으로 국한해 볼 수 있는 것이 아니고, 시돈 대국의 이데올로기의 침투작전의 일환이라고 보아야 한다. 그러므로 그것은 단순한 종교의 투쟁이 아니라 그 배후에는 정치권력이 결정적 작용을 하고 있는 것이다.

엘리야는 여기에 대결하기 위해 분연히 일어섰다. 엘리야는 3년 동안의 한재로 시달리는 아합 왕에게 나타난다. 그를 본 아합 왕이 네가 이스라엘을 망치는 장본인이냐고 묻는 데 대하여 그는 아합이야말로 바알을 섬기므로 야훼의 계명을 유린하여 이스라엘을 망친다고 항거한다. 나아가 가르멜 산에서 이스라엘 온 백성이 지켜 보는 가운데 바알과의 대결로 승부를 겨룰 것을 제안한다. 이 대결은 3년 가뭄을 극복하는 능력을 발휘하는 일이다. 이 대결에 앞서 엘리야는 백성에게 "여러분은 어느 때까지 양다리를 걸치고 있을 작정입니까? 만일 야훼가 하느님이라면 그를 따르고 바알이 하느님이라면 그를 따르시오"라고 결단을 촉구했다. 그리고 아합의 사제 450명(아세라의 사제 400명이라고 한 것은 18,19 끝에서만 언급될 뿐 다시 나타나지 않는다)과 대결한다. 그 이야기는 동화적 서술로 되어있으나 역사적 근거가 있다. 가르멜 산은 시돈과 이스라엘 국경에 있는 해발 1800척 높이의 산으로서 국경싸움의 격전지일 뿐 아니라 바알과 야훼제단을 서로 파괴하며 세운 종교적 격전지이기도 하다. 아무튼 바알과 야훼의 대결이 이 산에서 이루어진 것이다. 이 대결에서 엘리야를 통해 야훼가 이겼다. 이로써 바알의 사제 450명을 모조리 죽여 버렸다는 이야기다. 바알과 야훼의 투쟁! 이것은 무엇을 말하는가?

바알의 정체

이미 바알종교는 특히 가나안의 여러 군주국가가 공유한 종교다. 바알이란 말 자체가 소유자 또는 주인이라는 뜻을 담고 있듯이 그것은 가진 자의 신이다. 가진 자의 상징은 풍요함이다. 바알종교는 소로 상징되는데 이스라엘에 금송아지 숭배 이야기가 있는 것은 바로 이 바알종교의 영향이다. 그것은 다산성을 나타내는 것이다. 바알과 나란히 있는 것은 아스다롯으로서 다산의 여신이다(판관 10,6; 삼상 7,4). 이것은 바빌론에서 들어온 신이다. 바알은 생식신이다. 비의 정액으로 땅을 비옥하게 하는 신이다. 구약에 바알과 함께 거론되는 아세라 목상은 다름 아닌 생식여신으로 나무다(판관 6,25; 참조. 열하 23,11). 이 바알종교는 계절적 축제에서 재현됐는데 그 내용은 이렇다.

바알은 그의 처 아도나와 풍요한 삶을 누리는데 한재를 상징하는 초여름의 신 모토(moto/죽음)에 의해 살해되어 바다의 신 얌의 감시하에 억류된다. 그러나 부활의 계절인 가을에 비가 내림과 더불어 부활하여 비구름을 타고 돌아와 그를 죽인 모토를 벼락으로 쳐죽이고 천상에서 다시 신으로서 즉위하여 죽음으로 갈라졌던 그의 처 아도나와 다시 결합한다. 이 재결합이 축제의 절정인데 그것이 바로 성교행위다. 바알은 풍요의 신인데 그것은 정치적으로 볼 때 왕을 위시한 상류층과 지주의 특권을 옹호하는 신이다. 그러므로 그것은 소수 기득권자의 신이다.

그런데 이 종교는 민중을 체념과 무력 속에 빠뜨림으로 손쉽게 통치할 수 있는 대상으로 만들어 버린다. 바알축제의 절정인 성혼(성교)은 가을에 이루어지는데, 이것으로 농노들을 황홀경(orgia)에 빠뜨린다. 저들은 성적인 주체자가 아니고 구경꾼으로서 환상 속에 광란하게 만드는 것이다. 농노들은 일년 중 이 때 한번 노동에서 해방되어 가무·술·성의 방종을 향유함으로써 현실을 망각하고 육의 고뇌로부터의 해방을 경험하게 되는데 지배자들은 바로 그것이 구원의 길이라고 세뇌시켰던 것이다. 그럼으로써 육체를 떠난 영의 복락, 영원한 피안적인 삶이라는 관념을 싹트게 함으로써 현실에서 체념하고 피안적인 위로에서 사는 민중으로 만드는 역할을 한 것이다. 그리하여 이른바 영적인 종교의 근거가 됐는데 그것이 본래 농노, 광산노예, 피압박자를 지배하기 위한 종교의 본래적 성격이다.

바알의 성격은 다음과 같이 요약된다. 첫째 바알은 독점층의 신이다. 자본의 독점, 권력의 독점, 이것은 하느님이 주신 것도 아니고 民에 의해 인정된 것도 아닌, 가로챈 것이다. 권력이나 자본의 독점을 위해서 민족을 배반하고 민족정신을 팔아서라도 독점하는 형태, 그런 형태를 정당화하기 위해 내세운 것이 바알신이다. 아합은 그의 세력을 굳히기 위해 강대국으로 등장하는 시돈과의 야합을 불사했다. 그것이 정략결혼으로 나타났으며, 그 결과는 야훼신앙을 유린하고 바알신에게 굴복하게 된 것이다. 이미 독점자로 군림한 그에게는 야훼보다는 바알이 편리했던 것이다. 까닭은 바알은 독점자의 이데올로기 역할을 충실히 해주었기 때문이다.

둘째, 독점은 희생자를 전제한다. 독점의 폭이 넓으면 넓을수록 희생자가 많아진다. 독점은 사실상 뺏거나 착취함으로 이루어진 것이다. 그것은 폭력으로 쟁취한 것이다. 따라서 뺏긴 자, 착취당한 자, 피압박자들의 원망의 대상일 수밖에 없다. 이러한 원한을 달래며 그 분노를 희석화시키기 위해서 독점자는 또한 바알신을 이용한 것이다. 일면 폭력으로 또 한면은 체념의 길로 유도함으로 분노하는 민중을 지배하는 것이다. 체념의 방법은 사고의 비역사화, 피안에의 초대 즉 환상 또는 황홀경에 몰아넣음으로써 이룩되는 것이다. 가시적인 세계를 독점하기 위해서 영의 세계, 사후의 세계를 성적 황홀과 연결시키고 그런 데서 받을 상을 극대화하는 것으로 차안에서의 체념과 복종, 희생 등을 감수하도록 길들인다.

셋째로 바알은 상대적인 것을 절대화한 것이다. 똑같은 인간에 불과한 자신을 절대화함으로 신격화했다. 상대적인 것을 절대화한 것, 그것이 바로 우상이다. 우상은 허상인 것이다. 우상임을 직시하고 인식하면 그것은 사라져 버린다. 그런데 이 우상이 인간 욕망의 본능을 자극하므로 그 눈을 흐리게 만든다.

이같은 바알신은 오늘에도 엄존하고 있다. 세계는 지금 풍요와 편리를 최대의 목표로 삼고 피나는 경쟁을 하고 있다. 가진 나라는 가진 것을 지킬 뿐 아니라 더 갖기 위해 온갖 방법을 다 동원한다. 그것이 신제국주의로 등장하며 다국적기업이라는 새로운 침략으로 나타난다. 가난한 나라는 풍요한 나라를 동경하여 모든 방법을 동원한다. 그것이 이른바 GNP고의 경쟁으로 나타난다. 한국은 바로 이같은 경쟁의 첨단에 섰다. 그런데 그 지향하는 최고의 가치는 뭔가? 근대화에 착수하면서 내건 가치는 잘살아 보자였다. 잘산다는 말에는 윤리나 도덕적인 가치는 완전히 도외시되고 풍요한 삶만이 목표가 되어 있다. 풍요한 삶을 위해서 무역전쟁에 총동원된 것이다. 그럼으로써 무역고가 바로 잘사는 것의 척도가 되어 국민 전체의 시선을 거기에 집중시키도록 했다. 그러므로 어느 정도 성과를 거둔 것은 사실이다. 그러나 이 일은 어떤 방법으로 추진됐으며 어떤 결과를 가져 왔는가? 무역고를 절대화함으로 소수 기업에 집중적으로 특혜를 베풀어서 점점 독점세력화시키고 반면에 농촌을 이에 반비례해서 폐허화시켰으며, 노동자들의 생존권을 철저히 유린하면서 이룩한 것이다. 이렇게 강제하기 위해서는 군·산복합체를 형성할 수밖에 없었다. 이 군·산복합체가 풍요라는 바알신을 절대적인 것으로 내세워 그 폭행을 정당화했다.

그 결과로 이루어진 현실은 자본독점이며 군사독재 정권이다. 자본은 극히 소수에게 독점되고 대다수의 국민은 그림의 떡같은 풍요라는 바알신 앞에 종속됨으로 점점 고되고 바쁜 나날을 보내게 되었다. 그 뿐만 아니다. 아합이 시돈국의 힘을 등에 업어 어느 정도의 정치·군사·경제적인 성과를 거두었으나 그 대가는 시돈에 종속되고 자신을 팔아 버리는 상태에 빠졌듯이 우리는 풍요를 구가하는 동안 미국이나 일본 같은 강대세력에 종속되고 만 것이다. 그럼에도 집권자들은 국민을 스포츠나 다른 오락 등으로 현혹시켜 현실을 직시하는 눈을 흐리게 하며 "내일"의 위대한 약속을 극대화하여 현재의 갈등을 망각하게 하는 술책을 계속하고 있다. 여기에 그리스도교를 위시한 많은 종교들이 큰 몫을 차지하고 있다. 이른바 "내일"을 위해서 오늘 민중들이 수탈을 당해도 좋다고 누가 단정하는가? 그게 우상이 하는 일이 아닌가.

엘리야가 바알사제들과 대결할 때 쌓은 야훼신의 제단은 열두 개의 돌로 되었다고 전한다. 열두 개의 돌은 물론 열두 지파를 상징한다. 열두 지파는 고대 이스라엘 공동체의 종족동맹을 말하는 것이다. 이 공동체의 초석은 "야훼만" 이었다. "오직 야훼만!" 이것은 파라오의 억압에 신음하던 하삐루들이 가진 유일한 무기였으며, 그것으로 파라오의 압제와 속박에서 탈출할 수 있었으며, 가나안의 수많은 군주 밑에서 노동력 착취를 당하면서 자신을 팔고 있던 농노들이 에집트에서 온 하삐루들과 결속하여 군주들의 쇠사슬에서 해방될 수 있었으며, 야훼만의 기치 아래 권력의 독점자 또는 세력을 배격하고 평등과 자유의 종족동맹공동체를 형성할 수 있었던 것이다. 야훼 그는 하삐루의 하느님이다. 수탈당하는 자의 하느님, 피압박자의 하느님이다. 그 하느님은 에집트에서 파라오의 밑에서 신음하는 소리를 듣고 그들의 편에 선 하느님이며 그들을 해방시킨 하느님이다. 이 하느님에 대한 믿음이 다윗왕조 밑에서 무력해져 가고 있었다. 그것이 아합 왕 때 구체화되어 바알신에 의해 이스라엘에서 야훼의 신은 영원히 축출될지 모르는 상황에까지 온 것이다. 바알과 야훼와의 대결은 곧 민중과 부요한 자, 권력층과 피지배자 계층과의 대결이다. 바알사제들과 엘리야의 싸움은 종교적 투쟁이 아니라 계급투쟁이다. 엘리야는 한 종교적 투사가 아니라 민중의 편에서 지배자에 저항한 혁명가다. 바알사제들이 비를 내리게 하는데 실패함으로 바알종교의 허구를 폭로해 줄 때 엘리야는 "오 아브라함과 이사악과 이스라엘의 하느님이여, 이제 당신께서 이스라엘의 하느님이시고 제가 당신의 종이며 제가 한 모든 일이 당신의 말씀을 좇아 한 것임을 모든 사람으로 하여금 알게 하여 주십시오…"라고 절규한다. 이스라엘의 하느님, 이것은 추상적인 신이 아니라 구체적으로 역사 안에서 사건사건으로 점철한 분이며 그렇기 때문에 단순히 하느님이 아니라 이스라엘의 하느님인 것이다. 그런데 엘리야는 역사적인 고백과 더불어 지금 자신이 서 있는 현장과 그 행동을 성찰함으로 그 하느님의 동의를 구한다. 지금은 바알의 종교에 의해서 야훼의 종교가 완전히 끝장나느냐, 가진 계층에 의해서 민중들이 사람으로 설 근거를 완전 박탈당하느냐 하는 위기다. 그리하여 "하나만 남은" 엘리야 자신마저 죽임당하기 직전, 즉 벼랑에 섰다는 결사적 상황에 대한 인식에서 그의 하는 일, 하려고 하는 일은 곧 하느님이 하는 일이라는 신념을 절규로써 표명하면서 아합과 이세벨 제국에 대결한 것이다. 이러한 엘리야의 기본입장은 나봇의 포도원을 뺏은 아합과 대결한 이야기에서도 그대로 반영되어 있다.

엘리야를 오늘에로

유다인들은 엘리야가 다시 재생할 것이라고 믿고 기다렸다. 예수의 재림을 기다린 그리스도인도 이와 같은 맥을 짚은 것이다. 엘리야가 다시 와야 한다는 것은 바알신이 여전히 난무하기 때문일 것이다. 우리는 어떤 시대에 살고 있나? 지금이 바로 바알신이 난무하되 그 절정을 이룬 시대가 아니겠는가? 이미 이 바알은 서구를 휩쓸어 야훼의 종들을 멸절하려고 하지는 않는가? 그리스도교가 맥을 못 쓰고 있지 않나? 바알이란 풍요 아닌가. 서구 사회는 바로 풍요라는 이름의 바알이 난무하여 야훼를 내쫓고 있지 않나!

그런데 그 바람이 바로 이 땅에도 몰아닥치고 있다. 이 땅에 바알신이 등장했다. 그것이 산업화라는 배를 타고 상륙했다. 그것은 "보다 더"라는 채찍으로 우리를 정신차릴 새 없이 다그친다. 이 바알의 정체를 밝히자. 이 바알의 앞잡이와의 투쟁을 위해 제단을 쌓자. 이 바알을 두둔하는 이세벨과 아합을 추방하자. 그 사제들이 어떻게 횡포하며 이세벨과 아합이 어떤 위치에서 어떤 방법으로 억압하는가? 이런 것을 밝히기 위해서 주저없이 사회과학을 동원해야 한다. 그러나 사회과학은 일체를 폭로해 줄 뿐 바알과의 싸움은 우리가 해야 한다. 우리! 바로 야훼의 종으로서의 우리 말이다.

남은 칠천 명

인간의 연대성

십계명에 "나를 싫어하는 자에게는 아비의 죄를 그 후손 삼 대에까지 갚는다. 그러나 나를 사랑하여 나의 명령을 지키는 자에게는 그 후손 수천 대에 이르기까지 한결같은 사랑을 베푼다"(출애 20,6)라는 약속이 있다. 이것은 인간의 연대성을 말하는 것이다. 사람은 역사 안에 사는 한, 이 연대성에서 빠져 나올 수 없다. 나 개인의 어떠한 잘못에 의한 것이 아니고, 단지 어떤 지역, 어떤 시대, 어떤 민족의 일원으로 태어났기 때문에 그때 거기서 벌어지는 참변을 당하기도 하고, 반대로 내 공이 아닌데 그 시대 그 장소에 있는 덕분으로 거기서 생긴 열매를 따먹는다.

나는 젊은 날 한국에 있을 때에는 세계인이 될 수 있다는 환상을 안고 있었다. 그러나 외국에서의 삶에서 뼈저리게 경험한 것은 나는 한국인 수준을 절대로 넘어설 수 없다는 것이었다. 싫든 좋든 나는 한국사람이어야 하며, 한국이 당하는 영광과 수모를 함께 받아야 한다는 것을 숙명으로 알게 되었다.

또 우리는 시대적인 제약에서 해방될 수 없다. 19세기가 아닌 20세기, 20세기에 있어서도 막바지에 이른 이때·이 시기의 사상적, 정치적, 군사적 그리고 무엇보다도 경제적 조건에 예속되어 있다. 우리는 이 시대에서 일어나는 문제를 회피할 수 없다. 서구사회는 개인주의를 구가하고 있으나 그것은 허구다. 개인이 운신할 폭은 극히 제한되어 있다. 내가 하는 일, 내가 당하는 일은 결코 내게서 그치지 않는다. 그것은 나를 넘어 네게로 파급된다. 마찬가지로 네가 하는 일, 네가 저지른 일에 나는 원하든 원치 않든 연루될 수밖에 없다. 이것은 인간의 연대성을 말하는 것이다.

 일찍이 이런 문제를 제기한 것이 창세기의 소돔과 고모라에 관한 이야기다. 소돔과 고모라가 멸망하기 전날에 아브라함이 야훼신과 대화·대결한 것이 그것이다. 소돔, 고모라에 관한 전설과 사해를 원인론적으로 결부시킨 것은 오래전부터 있었던 일이다. 사해는 염분이 너무 많아 생물이 하나도 없고 주변의 산악은 험상할 정도로 앙상하다. 고고학자들의 연구에 의하면, 이 지대가 본래는 비옥했었다고 한다. 그런데 그 언젠가 이곳이 이처럼 불모지대가 되어 버렸다.

 왜 소돔과 고모라가 망했나?

 '죄가 많아서'라는 대답으로 안착한 것이 주전 7세기경이다. 그러나 소돔과 고모라에 대한 질문은 여기서 끝나지 않는다. 질문은 이어진다. "그런데, 왜 악한 사람과 의로운 사람이 똑같은 운명에 처하는가?" 죄가 많아서라는 대답만으로는 이런 물음을 해결할 수 없다.

아브라함은 "주께서 악인과 함께 의인을 멸하려 하시나이까?" 저 도시 안에 의인 오십 명이 있을지라도 주께서 그곳을 멸하시렵니까. 그 오십 명 의인 때문에 이곳을 용서하시지 않으시렵니까?" 이것은 연대성을 말하는 것이다. 50명의 의인의 공로가 그 전체를 살릴 수도 있다는 것이다. 아니 40, 30, 20, 아니 의인 10명만 있어도 이 도시는 멸망되지 않을 것이라는 대답이다. 즉 의인 열 명의 존재가 소돔과 고모라 도시 전체의 운명을 좌우한다는 것이다. 바로 이 의인 열 명이 없어서 통째로 망했다는 것이 소돔·고모라의 운명에 대한 그 시대의 결론이다.

구약의 역사는 이스라엘민의 선민신념이 시련을 받은 역사라고 하겠다. 이스라엘 민족이 온 인류 중에서 선택받아 하느님과 계약을 맺은 민족이라는 신념은 계속 흔들리게 되었다. 그것은 그들의 죄악의 역사가 이런 자부심과 계속 갈등을 빚었기 때문이다. 그러나 저들은 선민사상을 끝까지 버리지 않았다. 이사야는 이스라엘의 혈통 전부를 통해서가 아니라, 외모로는 도저히 가려낼 수 없이 숨어서 잔류하는 남은 이스라엘을 통해 하느님은 세계사를 그의 뜻대로 펴나갈 것이라고 믿었다. "그날에 이스라엘의 남은 자와 야곱 족속의 생존자들이 돌아오며" 저들을 통해 하느님은 "이미

정하신 뜻을 온 땅에 이루시리라."(이사 10,20-23)

남은 자! 이 남은 자가 어디에 있나? 예언자 예레미야는 한걸음 더 나가서 그것이 단 한 사람일 수도 있다고 보고 그 한 사람을 갈구해 마지않는다.

"예루살렘 거리를 돌아다니며
너희 눈으로 찾아보아라.
장 마당마다 찾아 다녀 보아라
바르게 살며 신용을 지키는 사람이
하나라도 있으면 나는
용서하리라."(예레 5,1)

에제키엘도 같은 신념에서 한 사람을 갈구하는데, 그 한 사람은 무위(無爲)의 의인이 아니라 행동하는 사람이다.

"지주라는 것들은 깡패나 강도떼가 되어 비천한 자나 가난한 자들을 괴롭히고 떠돌아 다니는 머슴들을 이유도 없이 학대한다. 행여나 이 가운데 이 나라를 위하는 사람이 있어 담을 고치고 틈을 막으며 이 나라를 멸망시키려는 나의 앞을 막아서는 자를 찾아 보았지만 그런 사람도 없었다. 그러므로 나는 이제 나의 분노를 퍼부으리라."(에제 22,29-31)

이 나라를 멸망시키려는 이의 앞을 막아서는 자, 결국 한 사람으로 압축되었다. 전체의 운명을 등에 지고 대결하는 한 사람! 그것은 영웅일 수도 있고 속죄양일 수도 있을 것이다. 그러나 여기서는 영웅을 말하지 않고 희생의 제물이 될 각오를 가진 사람을 말한다. 그런데 중요한 사실은 그같은 한 사람이 하느님의 분노마저 무마 또는 저지할 수 있다는 확신이다.

나 홀로?

바알의 사제 450명을 단칼에 처치한 거인 엘리야는, 이 소식을 전해 들은 이세벨이 반드시 앙갚음을 하겠다는 전갈을 받자마자 돌변해 버린다. 그렇게 용감하던 이 거인은 순식간에 비겁한 자로 둔갑한다. 그는 광야로 광야로 줄행랑쳤다. 유다 브엘세바에 이르러서는 자기 시종마저 버리고 계속 달리다가 기진한 그는 싸리나무 덤불 밑에 쓰러진 채, 하느님께 차라리 자기를 죽여 달라고 호소한다.

그는 왜 이렇게 갑자기 변했을까? 이스라엘의 많은 민중이 그를 지켜 볼 때에는 그처럼 용감했었는데, 어느 순간 그는 홀로라는 생각에 미쳤을 때 갑자기 무력해진 것이다.

홀로! 이것은 연대성을 망각한 그릇된 자기인식이다. 그는 하느님께 이렇게 호소한다.

> "저는 이스라엘 백성들이 당신과 맺은 계약을 저버린 것을 보고 만군의 하느님 야훼를 생각하여 가슴에 불이 붙고 있습니다. 이 백성은 당신의 제단을 헐었을 뿐 아니라 당신의 예언자들을 칼로 쳐죽였습니다. 이제 당신 예언자라고는 저 하나 남았는데 그들이 저마저 죽이려고 찾고 있습니다." (열상 19, 10)

이 호소에는 중요한 몇 가지 사실들이 반영되어 있다. 첫째는 야훼의 예언자들을 죽인 자들이 이세벨과 그 일당이라고 한정하지 않고 이스라엘 백성이라고 한 점이다. 비록 이세벨과 그 일당이 한 일이나, 그 결과는 이스라엘 전체에게 미친다는 연대의식이다. 바알 사제들과의 대결현장에서 거기 모인 이스라엘 백성들에게 바알이냐 야훼냐의 결단을 촉구했을 때, 그 백성들은 아무런 대답도 하지 않았다. 저들은 중립을 지킨 셈이다. 악과 선을 분명히 판별하면서도 선에 적극 가담하지 않는 것은 악에 동조하는 것이다. 야훼의 예언자를 죽인 것은 이세벨 일당이지만, 이런 엄청난 사실을 방관한 모든 이스라엘 백성은 그 살해에 직접 가담한 것과 같다는 것이다. 이것은 연대성에 대한 분명한 인식이다.

둘째, 그러나 그러한 인식을 가졌던 엘리야 자신은 지금 홀로라고 생각하고 있다. 이것은 이스라엘 온 백성과 그와의 연대가 끊어졌다고 생각한 탓이다. 이러한 생각은 그의 사명의식을 뺏아 버렸다. 바알 신과 대결할 때, 엘리야는 내가 온 이스라엘을 대신해서 죽음을 각오하고 싸우겠다는 연대의식으로 인해 그처럼 강할 수 있었던 것이다. 그러나 지금의 그는 차라리 죽여 달라고 한다. 왜 비록 홀로라도 이스라엘 전체를 위해 싸우려고 하지 않는가? 그것은 바로 연대의식을 잃어버렸기 때문이다. 나 하나가 서는 것이 곧 이스라엘 전체가 서는 일이 될 수 있고, 나 하나의 체념이 이스라엘 전체의 절망을 가져 올 수 있으며, 희생의 제물이 되겠다는 나 하나가 각오가 이스라엘 전체에 승리를 가져올 수 있다는 이 연대의식이 없어진 것이다. 이런 연대의식의 결여는 하느님을 믿는 기반의 상실을 의미한다. 사실상 엘리야는 이 때에 야훼의 능력에 아무런 기대를 두고 있지 않다.

셋째, 엘리야는 온 이스라엘 백성의 배반의 내용은 바로 하느님과의 계약을 저버린 것이라고 보았다. 이스라엘은 계약의 백성이다. 고대 이스라엘 공동체는 야훼와의 계약공동체였다. 그런데 이스라엘이 군주국이 됨으로 계약공동체의 기반이 흔들린 것이다. 그러므로 역대의 예언자들이 지향했던 것은 언제나 이 계약공동체를 회복하자는 것이었다. 엘리야도 예외가 아니다. 그의 바알과의 투쟁은 계약공동체의 수호라는 맥락에서 보아야 한다. 가나안 군주들과의 투쟁은 바로 바알과의 투쟁과 일치된 것이다. 엘리야는 이 싸움을 계승했던 것이다. 그런데 혼자뿐이라는 생각에 빠져 들어 더 이상 살고 싶지 않다는 것은 바알에게 항복하고 계약공동체의 회복을 포기했다는 뜻이다.

나 홀로라는 생각에서 절망하는 엘리야의 모습을 일제말엽의 한국 상황에서도 찾을 수 있다.

일제가 식민정책을 강화하여 한국 사람의 언어를 탈취하고 이름마저도 뺏아 버렸다. 러시아와 싸워 이기고 청나라를 굴복하게 한 전력을 가진 일본이 만주를 식민지화하고 중국 땅을 승승장구 진격해 들어갈 뿐 아니라, 세계대국인 미국과의 전쟁에서마저 승리를 거듭하는 시점에 이르렀다. 이 때 한국은 모두 일본화된 분위기였다. 일본의 바알신당인 신사가 곳곳에 세워지고 심지어 가정에까지 침투되어도 어느 하나 저항하는 단체가 없었으며, 우상배격을 제1계명처럼 고수하던 그리스도교마저 다소곳이 항복해 버리고 말았다. 바로 그때 한국의 엘리트로 자타가 공인하고 있던 소수의 지도층은 어떻게 되었나? 외지로 망명한 사람들말고는 국내에 있던 사람들 중 거의 전부가 친일전선에 선 것이다. 그들은 거의 예외 없이 애국애족의 열정으로 불붙었던 사람들이었다.

이런 마당에 엘리야가 섰다면 어떻게 되었을까? 온 한국 백성이 일본의 천황 앞에서 침묵하고, 일본의 칼은 이 백성의 선각자들을 쳐죽였고 이제는 다만 홀로 남아서 죽음의 기로에 서 있다고 생각되는 상황에 섰다면, 그가 선택할 수 있는 길은 두 가지 중 하나밖에 없을 것이다. 자살을 해버리거나 아니면 항복해 버리는 일 중의 하나.

우리가 아까워하는 인사들이 친일인사로 둔갑한 계기는 바로 나 홀로라는 생각에서 비롯된 엘리야의 체념과 비견될 수 있지 않을까? 이러한 체념은 민족공동체에 대한 기대를 포기한 것이며, 그 연대성을 폐기하는 것이다. 그때 민족개조론 따위가 등장한 것은 자기 민족에 대한 불신임의 표시며, 일본사람이 되자라는 망발은 바로 민족공동체의 포기를 의미하는 것이다.

바알에 무릎을 꿇지 않은 칠천 명

하느님은 차라리 죽기를 원하는 엘리야에게 그 다음 할 일을 지시할 뿐이다. 절망 가운데 있는 그에게 행동하라고 명령한다. 행동하는 일, 구체적인 일에 투신하는 일, 그것은 절망의 늪에서 헤쳐 나오는 지름길이다. 그러나 행동하라는 이 지시 자체가 어떻게 절망의 구렁텅이에서 일어서게 할 수 있을까? 단순한 명령이 탈진상태에 있는 그에게 어떻게 힘이 될 수 있나? 구체적인 행위를 지시하는 하느님은 중요한 사실 하나를 알려 준다.

그 내용은 "내가 이스라엘 백성 가운데서 바알에게 무릎을 꿇지도 입을 맞추지도 않았던 칠천 명을 남겨 두리라" (열상 19, 18)이다. 혼자밖에 없다고 절망하는 그에게 바알에게 무릎을 꿇지도 입맞추지도 않았던 사람이 칠천 명이나 있음을 알려 준다. 저들은 현시점까지 바알과 대결함으로 자신을 지켰을 뿐 아니라, '남은 자'로서 이스라엘을 지키리라는 것이다. 칠천이란 완전수다. 이것은 바알을 추방하고 지파동맹을 가능케 하며 야훼 주권을 확립할 만한 충분한 저력이 확보되어 있다는 뜻이다. 이러한 인식이 엘리야를 재기하게 한 것이다.

칠천 명에 대한 인식. 이것은 동지의식이다. 투쟁은 홀로 할 수 있는 것이 아니라, 동지와의 결속으로 할 수 있는 것이다. 이것은 바로 민족의식이요 공동운명체의식이다. 나와 너가 우리가 될 때 투쟁은 가능하다.

그런데 바알과 야훼의 싸움의 내용은 무엇인가? 바꿔 말하면 이것은 엘리야에게서 문제가 된 동지란 어떤 것으로 연대된 동지인가라는 질문이다. 바알은 가진 자의 신이다. 엘리야의 입장에서는 지배자의 신이며 외세다. 이에 반해 야훼신은 하비루의 신이다. 제왕의 신 호루스와 대결하여 기층민중인 하비루를 해방시킨 신, 가나안의 여러 군주들과 대결하여 부족동맹공동체를 결성한 농노들의 신인 것이다. 그러므로 바알과 야훼의 싸움, 이것은 계급투쟁이다. 가진 자와 못 가진 자의 투쟁이며, 누르는 자와 눌리는 자의 투쟁이다. 지배자와 피지배자의 투쟁이다. 제국주의와 피식민민족의 투쟁이다. 엘리야는 바로 기층민중의 편에 선 투사였던 것이다. 그러기에 그의 삶 전체가 권력집단과의 대결로 점철되어 있다. 바알과의 싸움은 바로 이런 투쟁의 일환이다.

그렇다면 바알에게 무릎을 꿇지 않은 칠천 명이란 바알에게 굴복하지 않는 민중을 말하는 것이다. 군주제도에 의해서 파괴된 부족동맹에서 잔존한 자들이다. 저들은 부패와 타락에 대한 저항세력이며, 민중적 민주주의자라 할 수 있겠다. 피압박자에게 있어서 가장 중요한 무기는 병기도 재력도 아니다. 그런 것은 손에 있지도 않거니와 그런 것으로는 가진 자와 대결할 수도 없다. 이들의 힘의 원천은 바로 연대의식이다. 너와 나는 운명공동체라는 그런 의식 말이다. 이 연대의식은 같은 정치적·경제적 조건 밑에서 수난당함으로 형성된 것이다. 그것은 개인주의적으로 나(나 홀로) 의식에서가 아니라, 같은 조건 밑에서 수난하는 우리의식 즉 집단의식에서 형성된다. 가진 자를 결속시키는 것은 권력과 재력이다. 따라서 저들에게 권력과 재력이 없어질 때에는 저들의 결속은 동시에 와해되고 만다. 그러므로 바로 이 권력과 재력의 수호는 저들의 생존권을 위한 투쟁인 것이다. 그러므로 저들에게는 바알종교가 필연적이다.

이에 대해 바알에게 무릎을 꿇지 않은 자들의 무기는 오직 "야훼만"이라는 신앙이다. "야훼만"은 소유의 내용이 아니다. 아니 그것은 저항의 거점이다. 지구 위에 있는 사람이 지구를 움직일 수 없다. 그것을 움직이려면 지구 밖에 어떤 거점이 있어야 가능하다. 그러므로 한 수학자는 "나에게 지구 밖의 거점을 다오. 그러면 나는 지구를 움직일 것이다"라고 했다. "밖의 거점"(Punktauβerhalf), 이것이 바로 야훼만의 신앙이다. 이 신앙은 밖의 거점이 되어 지구를 움직일 수 있을 때만이 의미가 있다. 야훼만이 하비루를 움직여 에집트를 탈출하게 했으며, 야훼만이 가나안의 군주 밑에서 신음하면서도 체념 속에 살고 있던 농노들을 움직여 결속하고 저항함으로 해방될 수 있게 했으며, 야훼만이 어떤 인간적인 주권도 거부하고 독점세력을 저지하면서 평등한 민주사회를 건설하여 200여 년 동안을 주변의 군주제국과 싸울 수 있는 힘이 된 것이다. 이처럼 "야훼만"은 사람이 사유할 수 있는 재산도 권력도 아니면서 바로 그런 것들을 독점한 세력과 싸워 이기는 힘인 것이다.

"야훼만"은 못 가진 자들이 결속함으로 투쟁할 수 있는 힘의 원천이다. 엘리야에게 "야훼만"은 결속된 민중의 힘에 대한 인식과 불가분의 관계에 있었다. 그 힘과 연대해 있을 때 그는 바알을 쳐 물리칠 수 있었다. 그러나 그가 홀로라고 인식하는 순간 그의 힘은 모두 빠져 버렸다. 그것은 결속된 민중의 힘을 회의했다는 뜻이다. 그러한 그는 야훼를 부르짖으면서도 그렇게 무능할 수밖에 없었다.

그러나 바알에게 입맞추지 않고 무릎을 꿇지 않은 칠천 명이 건재하다고 하는 인식은 그를 다시 살려 일으켰는데, 그것은 바로 결속된 민중의 힘을 재발견했다는 뜻이다. 부와 권력에 타협하지 않는 민중, 많은 사람들이 그런 것 앞에 무릎을 꿇음으로써 부패와 타락으로 줄달음칠 때에도 그런 것은 아랑곳 없이 "야훼만"을 고수하는 민중. 이런 민중이 엄존하는 한 이세벨의 횡포도 아합의 부패도 극복되고야 말 것이다.

우리는 군사독재 정권에 대항하여 오랜 싸움을 계속했다. 이 싸움과정에서 우리의 투쟁의지가 명멸하는 고비를 수없이 넘겼다. 그런 과정에서 얼마나 수없이 하느님을 불렀던가. 하느님께 매달릴 수밖에 없었던 것은 자신들의 힘의 한계를 절감했기 때문이다. 그러면 남은 것은 하느님뿐이고, 그래서 그의 힘에 매달릴 수밖에 없었다. 그러나 그렇게 함으로써 우리에게 곧 힘이 주어졌던 것은 아니다. "하느님만"이 우리에게 재기할 수 있는 힘을 주는 것은 모든 것을 하느님께 내맡기고 자신은 체념 속에 후퇴해 버리는 것이 아니라, 하느님이 군사독재체제에 입맞추지도 무릎을 꿇지도 않는 칠천 명을 확보하고 있다는 인식에 도달했을 때만 가능하다.

현실에 대한 인식이 확대되어 감에 따라, 그리고 현실이 변해 감에 따라 우리의 싸움은 확대·심화된다. 독재만이 아니라 분단과 외세에 대한 싸움으로, 인권만이 아니라 생존권을 확보하는 싸움으로.

이 길은 결코 순탄한 길이 아니다. 이 길에서 우리는 여러 번 좌절했었고 또 앞으로도 그럴 것이다. 나만 혹은 한 줌밖에 안되는 이 사람들만 남았다. 동지인 줄 알고 철석같이 믿고 있던 사람들이 속속 변절되어 간다. 우리끼리라는 동지의식으로 어떤 합의를 보고 계획한 것이 밖으로 새어 나간다. 정권의 횡포 밑에 양심세력이어야 할 부류들이 죽은 듯이 잠잠해 버린다. 이런 측면만을 생각할 때만큼 나약해지는 경우는 없다.

바알에게 무릎꿇지 않은 칠천 명의 대열에 가담하라!

그 칠천 명은 바로, 외세가 이 땅을 자기 문턱처럼 넘나들 때마다 언제나 말을 바꿔 타고 옷을 갈아 입은 상류층과는 달리 끝내 한국이라는 명맥을 지킨 그들이다. 그게 누군가? 이름 없이 빛도 없이 제 일을 해낸 실질적인 주인인 민중이 아닌가. 민중이란 바로 바알에게 무릎꿇지 않은 칠천 명, 위에 군림하면서 대표성을 주장하지 않으나 뿌리처럼 밑바닥에서 보이지 않는 주인의 일을 하는 이들이다. 그들이 바로 민중인 것이다.

에제키엘이 무등산에서 절규한다
—광주학살사건 10주년에 부쳐

I.

 카알라일은 그의 마호메트 평전에서 마호메트의 위대한 면의 하나는 그가 참으로 분노할 줄 아는 사람이었다고 말했다. 우리 민족은 이러한 카알라일의 시선에 어떻게 보일까? 이 민족이 분노할 줄 아는 민족인가? 정말 분노할 줄 아는 민족이라면 어떻게 이같이 오랜 치욕의 역사를 거듭해 왔으며, 특별히 광주의 그 처참한 사건을 묻어 둔 채 10년이란 세월을 흘려 보냈을까! 중학생 이상이면 현실로서 체험한 그 끔찍한 사건, 그 사건에 직접 휘말려 희생당한 비명과 같은 호소가 글로 육성으로 화보로 계속 절규되었지만, 이 민족은 분노할 줄을 모른다.
 광주학살의 원흉은 지금도 살아 백담사에서 수백 명 호위병의 보호를 받으며 급조된 불자(佛子)의 연극으로 국민을 희롱하고 있어도 그를 끌어내어 민의 분노 앞에서 무릎을 꿇고 자기의 죄를 토로하게 하려는 결의도 보이지 않고 있다. 광주특위를 통해서 광주사건이 정말 지난 일이 아니며 오늘 우리가 사는 현장에서 일어났을 뿐 아니라 그토록 잔인무도하게 감행된 것을 계속 듣고 목도했는데도 낭만적인 눈물방울은 볼 수 있었어도 민족적 분노는 나타나지 않았다. 더욱이 바로 그 현장에서 총칼을 휘두른 민족을 향한 강도떼들이 사실을 그대로 드러낸 고발 앞에서도 천연스럽게 거짓말을 연속하고, 마침내는 그 현장에서 일어난 사건을 책임지려는 놈은 하나도 없는 이런 어처구니없는, 너무도 어처구니없는 현실을 목도했는데도 왜 이 민족은 분노할 줄 모르는가!

바로 그 살인마와 그 집단이 8년 동안을 권좌에 앉아 온갖 잔악한 짓과 추행을 저질렀으며, 그 하수인들이 뒤를 이어 꼭 같은 이름으로 민에 군림하면서 역사의 진실을 폭력으로 짓밟는데도 이 민족은 그들에게 재집권의 길을 열어 주었는가 하면, 바로 그 현장 지휘자를 압도적인 지지표로 국회에 진출시키고…

말이 안된다, 말이 안돼. 오죽 그가 민을 깔보았으면 일부 민의 증오심을 희석시키기 위해 공직에서 후퇴시켰는데 또다시 그 자리를 되찾기 위해 국회보궐선거에 재선될 것을 자신하고 덤벼들었을까! 광주의 비극은 전라도에서 일어났으니 대구 사람은 이것과 무관하다는 발상인가? 적어도 그 장본인은 자신이 출마하는 지역의 사람들에게 의분 따위는 없다고 확신했음이 틀림없다.

큰일났다. 정말 이 민족에게 큰일이 났다. 그 꼴이 그 전부라면 그 미래는 암담하지 않나! 수천 년 밖으로, 안으로 너무도 계속 억눌려 살았기 때문에 체념이라는 죽음에 이르는 중병에 걸린 것이다. 역사소설로 기록된 한국의 저항사 따위를 읽으면 턱없는 과장으로밖에 생각되지 않는다. 30년 이래로의 군국주의가 참으로 저주스럽다. 이렇게도 문약(文弱)한 민족으로 만들어 버린 이조의 죄과에 대해서도 참을 수가 없다.

만일 우리가 방금 일어난 광주의 처참한 학살사건을 이런 식으로 흐지부지 넘겨 버린다면, 민이 과거에 연속적으로 패배한 역사의 이유를 딴 데서 구할 아무 이유도 없고, 또 앞으로 계속될 꼭 같은 강도떼들에 의한 봉변을 피할 수 있다는 보장도 전혀 받을 수 없다.

「오늘은 꽃잎으로 누울지라도」를 쓴 김희수는 광주를 "대대로 역사 밖으로 따돌려 누천년 버려진 노여움의 땅"이라고 했다.

노여움의 땅 광주!,
분노의 땅 광주!
그 분노가 광주를 넘어서 이 민족 전체의 분노가 되지 않는 한… 우리에게는 새 세상 만들 가능성이 없다.

II.

김준태는 "하느님도 새떼들도 / 떠나가 버린 광주에"라고 애도한다. 예수가 죽을 때 하느님은 없었지. 새떼들도

다 날아가 버렸는지 몰라. 죽음이 있는 곳에는 까마귀가 모인다는데 예수의 죽음의 현장에 까마귀가 모여들었다는 서술은 없어. 어쩌면 광주도 그랬는지 모르지.

엘리 위젤의 소설 『캄캄한 밤』에는 나치의 강제수용소에서 죽음을 기다리던 유태인들 몇이 나무들에 매달린 채 찔리고 매맞아 죽어 가는 순간, 그 장면을 보도록 강요당한 동료 중 한 사람이 "하느님은 어디 갔어, 하느님은?"라고 귓속말처럼 주절거릴 때 바로 그 곁에 선 사람이 "하느님은 저렇게 매달려 찔리고 맞으며 비명을 지르면서 죽어 가고 있잖아"라고 대답하는 이야기가 있다. 예수가 십자가에 매달려 피를 흘리며 죽어 갈 때 구경꾼 중의 일부가 "하느님이 내려와 저를 구해 주나 보자"고 했는데, 그런 하느님은 영영 나타나지 않았다. 하느님은 그를 떠나 저 멀고 먼 피안으로 가 버렸나? 아니면 저 유태인의 고백처럼 피흘리며 패배의 죽음을 감수하는 바로 그 사람으로 둔갑했었나? 만약 이런 생각을 광주학살 현장에 편다면 하느님은 새들과 더불어 떠난 것이 아니라, 바로 저 군화에 짓밟히고 총칼에 찔리고 죽은 개처럼 한 다리를 아스팔트 위로 끌고 가는 곳, 아니 돌아오지 않는 남편을 기다리기 위해 문 밖에 나갔다가 끌려가 만삭된 아기와 더불어 총검에 찔려 쓰러진 바로 거기 있었겠지.

광주학살 현장에는 "해는 잠시 빛났다가 부끄러워 제풀에 겨워 힘없이 굴러 떨어지고, 가로수 은행잎도 창백하게 놀라 떨어졌다"고 하는데, 예수의 사건에서 분노는 고사하고 두려움 속에서 체념에 빠져 든 그의 제자들이 태양도 빛을 잃어 온 땅에 어두움이 덮인 것을 경험했고, 예수의 운명의 절규와 더불어 절대권력의 뒷받침으로 가리워진 성전 휘장이 위에서 아래까지 두 폭으로 쫙 찢어지는 것을 보았다고 한다.

예수를 죽음으로 넘긴 하수인은 로마제국의 앞잡이들이고, 그를 죽음에까지 몰고 간 것은 로마제국주의자들이었듯이 광주학살은 미제국주의자들의 꼭둑각시에 의해서 저질러진 사건이다. 로마제국과 그 꼭둑각시들이 저지르는 억압과 착취에 분노한 많은 집단들이 갈릴래아를 중심으로 하여 끊임없는 도전을 시도할 때, 손에 창끝 하나 들지 않고 민중운동을 일으킨 예수를 골라서 희생의 제물을 삼았듯이, 전 민족을 도적질하는 강도떼에 분노하여 수많은 군중이 서울을 위시해서 궐기했는데도 광주시민을 학살의 대상으로 선정한 것도 예수의 경우와 같고, 명분도 정당한 재판과정도 없이 예수를 십자가에 정치범으로 처형했는데 광주시민 역시 예수와 꼭 같은 대우를 받아 빨갱이라는 이름을 쓰고 피를 쏟았다. 나는 여기서 광주의 수난사와 예수의 수난사를 잇는 맥을 본다.

해방 이후만 해도 얼마나 비참한 학살의 역사가 계속되었던가. 남자의 씨를 말렸다는 제주도의 학살에서부터 시작하여 거창, 여수, 순천, 지리산, 태백산, 4. 19, 광주의 학살사건도 바로 이런 역사에 연계되어 있는 것이다. 죄목으로 빨갱이라는 페인트 칠한 내부에 면면이 흐르고 있는 이 민족의 분노가 섞인 염원, 그것이 이루어지지 않아 궐기하며 또 그것을 막기 위하여 학살을 한 역사.

어찌 해방 후에 점철된 이 수난사가 이 민족사에 국한되리오. 예수의 수난이 한 개인의 수난이 아니었듯이 이 민족의 수난, 그중에서도 광주의 비극이 세계사에서 유리된 우리만의 문제라고는 결코 생각할 수 없다. 예수의 죽음이 그 당시에 이름 없이 죽어 간 수많은 민중의 죽음을 죽은 것이며, 그 가해자는 언제나 권력과 종교가 야합한 집단들이었던 것처럼, 서구의 역사에서 권력이 바로 그렇게 죽은 예수의 이름을 등에 업고 그 민중의 학살을 계속하더니, 마침내는 삽시간에 6백만이라는 민중을 학살하는 광기를 부렸다. 누가 이토록 민중을 학살하는가? 누가 그렇게 많은 유태인들을 단숨에 죽여 버렸나. 히틀러 개인이? 천만에, 독일 민족이?

아니다. 아니다! 기독교의 이름을 훔친 백인이라는 강도떼들이 함께 학살한 것이다. 히틀러는 저 백인들의 반셈주의를 잘 알았고 그것을 최대한으로 이용한 것이다. 백인들은 그 흑심을 드러내어 독일영역을 떠난 유태인들의 입국을 모두 거부한 것이다. 이처럼 백인들의 증오 속에 죽어 간 저 유태인들의 죽음과 광주시민의 죽음은 결코 무관하지 않다.

유태인을 그렇게 학살한 후예들이 그 학살지시 총사령부가 있던 베를린에서 교회의 날(Kirchentag)을 찾아 수십만의 젊은이들이 모인 1989년 4월 어느 날 밤, 모든 젊은 그룹들이 구석구석에서 축제로 광란하는 한가운데 십여 개의 촛불을 비치는 몇 사람들이 말없이 무엇인가 호소하는 듯해 접근했더니 베를린에 유학온 몇 사람 안되는 중국 유학생들이 한문으로 독어로 천안문 학살사건을 애도하며 그 만행을 호소하고 있었다. 누가 누구에게 이 민중들의 한을 호소하고 있나! 나는 거기 둘러선 사람 중에 학살당한 유태인 후예들이 서 있으리라는 예감으로 그 유태인, 천안문에서 학살당한 중국인과 더불어 광주의 한풀이도 못한 넋들과 연계시키고 있었다.

III.

이스라엘 민족사에서 특이한 것은 예언자군이다. 그중에서도 특별히 자기 민족이 구원을 받을 수 없다는 주장을 반복했기 때문에 "불구원의 예언자"라는 낙인까지 찍힌 예언자들이 이채롭다. 에제키엘이라는 예언자는 그중에서도 가장 이채롭다. 많은 수난을 당하면서도 박해하는 자보다 오히려 피해를 받는 자기 민족의 죄를 심판하고, 이방인에 의해서 학살당한 사건을 저들의 죄에 대한 하느님의 응징이라고 외침으로 자기 민족의 분노를 산 대표적인 예언자다. 그는 결코 추상적인 예언을 한 것이 아니다. 주전 592-570년, 22년간에 걸쳐 예언활동을 했는데 사건들의 연수는 물론 날짜까지 명기할 정도로 구체적인 사건과 그의 예언이 결부되어 있다.

팔레스틴은 바빌론의 잔악한 침략을 당하고 많은 전리품을 노략당하고 사람들은 포로로 잡혀 갔다. 그때의 광경을 에제키엘은 이렇게 묘사한다.

> 무죄한 피를 흘린 이 망할 도성,
> 뻘겋게 녹이 슨 솥,
> 닦아 낼 수 없이 녹이 슬었으니,
> 그 안에 들어 있는 고기를
> 한 점 남기지 말고 꺼내어라.
> 주사위를 던져 골라 낼 것도 없다.
> 맨바위 위에 뿌려졌다.
> 흙으로 덮어 버릴 수 있도록 땅에 흘리지도 않았다.
> 진노하여 그 원수를 갚을 셈으로 내가
> 덮어 버릴 수 없도록 바위 위에 뿌리게 하였다(에제 24,6-8).

그때 에제키엘도 포로 중의 한 사람이었다. 그런데 이같은 비참한 사건을 당한 예루살렘, 특히 그중에 남아 있는 지배층은 회개의 결단을 보이지 않고 옛 타락상을 되풀이하고 있었다. 저들은 바빌론의 침략을 받은 책임을 자신들의 잘못으로 돌리지 않고 그들이 믿는 신의 무능의 소치라고 보았다. 그러므로 팔레스틴의 패배는 자기들의 패배이기 전에 야훼신의 패배라는 엉뚱한 발상과 더불어 그 패배의 신을 버리고 저들을 정복한 침략자들이 믿는 자연신인 마르둑이 참신이라는 생각이 유포됐을 뿐만 아니라 그 신을 섬기기에 이른 것이다.

이것은 단순히 폭력에 의한 군사적 패배만을 의미하는 것이 아니라, 정신적 패배를 의미한다. 그것은 단순히 종교를 바꿨다는 해석에 머물 수 있는 것이 아니라, 팔레스틴을 바빌론화함으로 자기를 포기해 버리는 반민족적 변절이다. 에제키엘은 바로 이런 예루살렘을 중심으로 한 팔레스틴은 이미 한없는 고통으로 수난을 당했는데, 그같은 수난을 통해서 자신들을 유린한 제국주의 세력에 대한 분노는 고사하고 오히려 그 세력에 의존하려는 자세 자체를 결코 용서할 수 없는 것이라고 본 것이다. 바빌론은 다시 팔레스틴을 침략하기 위한 만반의 준비를 갖추고 있었다. 이 사실을 알고 있는 에제키엘은 또다시 피바다가 될 운명 앞에 놓인 예루살렘이 아무런 준비도, 회개도 없는 것을 한탄하면서 바빌론에 의해서 처음보다 더 잔인한 침략과 학살을 당할 것을 예견하고, 그것은 침략자 바빌론 자체의 죄를 추궁하기 이전에 이스라엘 자체의 죄의 결과로서 당연히 와야 할 그 운명적인 심판이라고 단정하고 있다.

그러면 에제키엘은 이렇게 닥칠 운명을 방관하면서 이같은 독설을 일삼는 예언자인가? 만일 그가 하나의 방관자에 그쳤다면 에제키엘서 전체에 흐르고 있는 그의 분노는 생각할 수 없는 것이다. 그는 이런 수난 중에 자기의 사랑하는 아내를 잃었는데 그가 당한 슬픔을 이스라엘이 당한 아픔에 연계한 것은 그가 얼마나 이스라엘이 당할 피할 수 없는 수난에 참여하고 있었나 하는 것을 말하고 있다.

이런 상황에서 에제키엘은 어떤 허구적인 위로를 하거나 새로운 희망을 말하지 않았다. 아니 그는 이스라엘 전체가 자기 죄에 대해 철저히 회개할 것을 칼을 들이대듯 촉구했다. 번제물을 바치되 그것에 묻은 죄악의 때를 영원히 없애기 위해서 "큰 가마에 생물의 사지 전체를 집어넣어 끓이고 또 끓이되 그것을 끓이는 가마에 묻은 더러운 것들이 전부 타버리고 녹이 다 말끔히 가셔지도록 해라. 너는 살같이 사랑하는 자가 네 앞에서 죽어도 가슴을 치면서 눈물 흘리거나 곡할 권리도 없으며 슬퍼할 권리도 없다. 이 말을 하는 나는 내 아내를 순식간에 잃었다. 그러나 나는 내 아내의 죽음을 슬퍼할 권리가 없다는 것을 알고 나와 이 민족의 죄값 때문에 치른 심판으로 감수해야만 했다."

침략을 당해 한없는 피를 흘린 자기 백성의 죄만을 탓하고 침략자 자체에 대해서 침묵하는 그의 말에 이스라엘 민족이 얼마나 분노했을까. 언제 자성하여 자기의 죄를 논할 새가 있나. 학살당한 자의 죄를 논하는 것은 거꾸로 보면 침략자의 편에서 그 정당성을 찬양하는 것이 되지 않겠나! 그러나 에제키엘은 옳았다. 자기가 당하는 모든 고통과 비극의 책임을 남에게만 돌리는 한 영원히 외세에 의존할 수밖에 없다.

에제키엘의 눈에서 보면 광주는 큰 죄를 범했다. 긴 역사의 피해자면서도 공동운명체로서 책임을 분담하는 것은 고사하고 한가하게 암투를 계속했고, 한국 안에서 일어나는 모순구조와 광주사건을 배태한 악당들이 도도히 민족의 무대 위에 나섰는데도 그것을 뿌리부터 뽑아 버리려는 투쟁전선에 얼마나 자신을 투신했는가?

무등산을 아무리 노래하면 뭘하나! 영원히 젊은 광주를 말하면 뭘하나! 무등산이 썩어빠진 민족의 기를 누르고 있는 악당들을 소탕할 온 민족의 힘이 되고, 오랜 억눌림 속에서 찌들은 한국의 체념한 넋을 되살려 외세와 한국 안에 기어든 그 앞잡이들을 몰아낼 힘이 됐어야지!

광주, 아니 호남은 이 민족을 위해서 고난의 제물로 선택된 땅인가? 고난은 메시아를 낳는 요람 아닌가? 그렇다면 호남에서 이 민족 전체를 구원하는 새로운 생명의 운동이 일어나야지! 내가 진정으로 다시 나서 내가 흘릴 피가 헛되지 않게 하며, 다시는 이 땅에 광주에서 일어난 사건 같은 것이 일어나지 못하도록 하기 위해서는 에제키엘의 절규를 그 가슴 속으로 받아들여야 한다. 특별한 죄도 없이 남달리 고난의 멍에를 짊어진 것은 전체를 위해서 선택된 증거라는 확신을 가질 것을 요구하는 예언자들의 말을 자기에게 하는 것으로 받아들임으로 광주에서는 이 땅에 퍼질 새로운 생명 운동이 일어나도록 되어야 한다.

마른 땅 겹겹이 스민 피
여기저기 아직도 허공에 떠도는
젊은 넋들 모조리 부활하라.
이제는 어둠의 손 아래 무단히 죽어 가는 것이 아니라
끝까지 빛의 이름으로 정정당당하게 살기 위하여
그대들.
하늘에서 땅에서 물결처럼 어울려 북을 치며
한순간에 부활하라.
드디어 눈에는 눈 이에는 이
발을 구르며
살아생전 매맞고 굶주린 이들
눈을 뜨고 모조리 부활하자.
부활하자.
피의 넋이여!

양성우의 오월제의 노래다.

그렇다 억울하게 죽은 젊은 넋들이 허공을 떠도는 것이 분명하다. 원한을 풀지 못한 넋들이 정착할 데 없어 한국 땅을 헤매는 한 결코 한국의 평화는 오지 않을 것이다. 이런 사실을 알아챈 한국 민중은 일찍부터 무당이 사제가 되어 그 넋의 한을 풀어 주려고 했으며, 서양에도 교회에서 정기적으로 웅장한 진혼제가 있으며, 위대하다는 많은 예술가들이 배가 고파 보채는 어린애에게 젖을 주어 잠재우듯 많은 진혼곡을 만들어 억울한 넋을 달래 왔다. 그런데

10년이 지난 오늘까지 광주에서 억울하게 죽어 간 이름도 모르는 사람까지 합하면 그 수를 헤아릴 수 없는 넋이 바로 그 원수들의 지배에서 해방되지 못하고 권력연장에 흥정의 대상이 되고 있으니, 이 민족에게 어떻게 편안한 날이 있으랴!

그러나 양성우의 이 시에서나 내가 접한 오월을 노래한 시들에서 에제키엘이 받은 그 강렬한 체험의 흔적은 보이지 않는다. 그것은 바로 광주에서 흘린 피가 이 민족의 죄악을 대신해 드려진 제물, 그러니까 심판의 사건이라는 철저한 자성과 둘째는 바로 그렇게 고난의 제물로 선택된 것은 이 민족 전체를 살려 내기 위한 생명의 원천이 되기 위함이라는 사고와 그런 신념 말이다.

"이는 이로 눈은 눈으로"만 가지고는 안돼! 그런 정도의 인식을 갖고 부활한다면 이 강산은 복수의 피바다 이상 될 것이 없어. 왜 부활해야 하나, 무엇으로 부활해야 하나. 이 민족 안에 숨어든 모든 악령들을 몰아내고 평화로운 민족공동체를 다시 소생시켜 이 막다른 골목에 선 역사의 지평에서 새로운 빛으로 소생하기 위해서여야지!

김희수의 시집 『오늘은 꽃잎으로 누울지라도』에서 이런 한 구절을 발견할 수 있다.

아아, 남녘은 슬픈 곳
달나라 정복 후의 20세기말

최현대, 그것도 뻘건 대낮의
계획적인 동족 학살이여!
내일은 태양도 곤두박질치며 발광하리라
모든 아침의 산맥은 일시에 무너지리라
그리하여 우리는
나아가자 조국에게 심장 하나 덤쑥 빼주자!
나아가자 조국에게 목숨 하나 불쑥 던지자!

그래 수동적으로 겁탈당한 여인처럼 책임을 남에게만 전가시키거나 주저앉아 울지만 말고 조국에게 심장 하나를 덤쑥 빼주며, 목숨 하나를 불쑥 던지자! 여기에서 우리는 선민의식의 맹아를 찾아볼 수 있다.

IV.

주전 586년부터 50년 가까이 바빌론 포로생활에 이스라엘민족은 지칠 대로 지쳐 있었을 것이다. 우리가 그만큼 오랜동안 일제의 압제 밑에서 경험했듯이 식민세력이 민족혼을 없애기 위해 이름을 바꾸고 말을 없애는 등으로 넋없는 민족을 만들려고 한 것처럼, 저들은 바빌론 대제국 밑에서 체념을 하고 거기에 적응해 살기 위해서 자진하여 자기를 포기하려는 사람도 많았을 것이고, 민족혼을 위해 발버둥을 쳐 보나 너무나 큰 힘의 격차 때문에 그 비현실성을 울고 있는 사람도 많았으리라. 하여간 그들과 더불어 사는 에제키엘의 눈에는 그 민족이 모두 시체가 된 지 오래고, 그 시체는 이미 부패할 대로 부패해 앙상한 뼈로 보였던 것 같다.

생존이라도 하려고 자기를 포기한 결과는 결국 성밖 어떤 광야의 골짜기에 내던져진 뼈들이 되어 완전히 버림받은 상태로 보였던 것 같다. 이런 비애 속에서 에제키엘은 극적인 영감을 받는다. 저들의 생명의 근원인 신이 그를 말라빠진 뼈들이 산재해 있는 죽음의 골짜기로 이끌어 갔다. 그 신은 에제키엘에게 낱낱이 흩어졌던 뼈들에게 힘줄이 이어졌고 살이 붙었으며 그 위에 가죽이 씌워지는 '환상'을 보여 주었다. 무생물이 생물이 된 셈이다. 그러면 그것은 도로 살아난 것인가?

그렇지 않았다. 비록 생물이 되었지만 그것은 움직일 줄 몰랐다. 육체가 형성되어 피가 돌면 산 건가? 에제키엘은 그렇지 않다고 본 것이다. 거기에 루하아(氣), 생기가 주입되어야 비로소 산 것이 된다. 포로로 잡혀 가기 전에 이스라엘은 생물이긴 했지만 이런 생명이 없었다. 그러므로 이른바 '죽은' 생물체가 그 모습을 찾는 것이 아니라 새로운 기가 주입된 생명체로 돌아와야만 한다.

루하아. 氣. 그것은 생명의 근원이다. 온 우주를 연결시켜 생동하게 하는 생명의 근원이다. 이러한 생기를 받은 그 해골들은 갑자기 서로 연결되면서 살아 움직이기 시작했고, 먹을 것이나 입을 것만 있으면 생존하는 그런 실체가 아니라 뚜렷한 목표를 가진 실체로 부활한 것이다. 저들은 어떤 목표를 향해서 행진하는 군대같은 한 대열을 이루었다.

뚜렷한 목표를 가진 생명체, 한 지역이나 한 민족에게만 국한된 그런 생명체가 아니라 온 우주를 덮은 기운을 가진 생명체, 개체개체가 잃어버린 권리를 되찾는 것으로 만족하는 그런 부활이 아니라, 나 너가 우리가 되어 하나의 뚜렷한 목표를 향해서 행진하는 그런 생명체, 이 집단적 생명체는 일차적으로 잃어버린 본토를 되찾기 위해서 행군하는 그런 생명체였다. 이 때에 에제키엘은 이방세력에 의해서 허물어진 가시적인 민족 혼의 중심인 성전을 중심한 새로운 민족공동체 형성의 환상을 보고 있었던 것이다. 그러나 이 공동체는 우주를 연결하는 기에 의해서 연결되는 것이기 때문에, 잃어버린 권리를 되찾음으로 옛 상태로 복귀하는 것을 목표로 하는 데 그치는 것이 아니라 세계의 구원을 위해서 진출하는 그런 공동체인 것이다.

10년 전에 광주에서 억울하게 죽어 간 수많은 넋들의 뼈는 이미 땅에 묻혀 말라 버렸는가? 그러나 10년 동안 이른바 살아 있다는 광주의 시민들은 살아 있는가? 아니면 기 없는 뼈가 모아지고 핏줄이 생기고 살이 붙은 일종의 생물로 잔존하고 있는가? 그렇지 않다면 지난 10년 동안 그 분노는 어디로 갔나. 총칼에 눌려 억울하게 죽은 넋의 한도 풀어 주지 못하고 겁에 질려 비밀을 지켜 왔다고 치더라도 광주의 학살사건이 국회를 통해 생생하게 고발되고 그 처참한 악마성과 그것이 난도질해서 흘린 피냄새를 재현시킬 때 광주야! 너는 뭘 했는가?

더욱이나 학살의 장본인들이 모두 발뺌을 하면서 거짓말을 연발하는 데도 광주시민의 분노는 그 정도밖에 안됐나. 일부 노래꾼들이 애가나 부르고 1년에 한번씩 오는 5월을 연중행사처럼 기억하는 것으로 살았다고 말할 수 있겠는가! 아니면 호남영역을 별로 못 벗어나는 분노를 넋두리하는 것으로 안위받는 것을 산 증거라고 할 것인가!

아니다, 아니다. 우리는 너희가 생물로 살아나는 것으로 만족하지 않는다. 너희가 해골 골짜기에 흩어진 메마른 뼈들처럼 벌떡 일어나 목적을 가지고 이 민족의 방향을 제시하는 행군사건을 일으키기를 기대한다. 이는 이로 눈은 눈으로 갚는 싸움을 해서 복수의 칼을 뽑아 당시의 악당들을 처단하기 위해서? 아니다. 우리는 잃어버린 광주의 명예회복을 위해서거나 죽은 넋을 위로하기 위한 정도가 아니라 마른 뼈같이 날로 쇠잔해 가고, 자루에 담은 모래알같이 이기주의에 의해서 공동체성을 잃어버려 가고 원수와 불의한 것을 분명히 보면서도 아직 기운을 받지 못해 움직이지 못하는 이 민족에게 너희들 자신이 바로 그 기, 루아하, 그 생명이 되어 이 민족 전체에 기운이 뻗는 부활의 사건을 일으켜 주기를 바라는 것이다.

제 2 부

"와서 보라"

"악마! 그 사람에게서 나오라"

좁은 문 넓은 문

우리에게 일용할 배고픔을!

다 팔아 보화를 산다

분단의 극복

평화와 칼

우리는 모두 사찰당하고 있다

단(斷)!

살림운동은 죽임의 세력과 투쟁이다

민중은 '환생'한 예수?

"와서 보라"

나면서 인간은 무엇을 찾나

사람은 나면서부터 무엇인가 찾고 있다. 어린아이는 손과 발을 계속 움직이다가 '으앙' 울어버린다. 무엇인가 찾는데 그 소원이 이루어지지 않기 때문이다. 찾는 것이 시간에 맞춰 공급되지 않기 때문이다. 조금 지나면 기다리는 습관이 생긴다. 자신이 무엇을 원하는지 분명해질 때까지 기다린다. 어린애는 곁에 있는 무엇이나 잡아 입에 가져간다. 그러나 잡았던 것을 쉽게 버려 버린다. 그것은 찾던 것이 아님을 느끼고 다른 것을 원하는 것이다.

좀더 커서 무슨 장난감을 주면 가지고 놀다가 쉽게 내버려 버리거나 깨뜨려 버린다. 그는 그것 아닌 어떤 다른 것을 원하기 때문이다.

그 다음 단계에는 무엇인가 구체적인 것에 집착한다. 가령, 밤낮 단 것만 먹어 보았으면, 날아 보았으면, 저 나는 나비를 잡아 보았으면, 저 새를 잡아 봤으면…그러나 그런 것이 이루어지지 않아 포기한다.

좀더 크면 돌이나 나무조각, 깨진 그릇조각 등을 방에 모아들이고 장난을 한다. 그는 그런 것들을 그대로 보지 않는다. 이것은 범이다. 이것은 개다. 이것은 엄마다. 이것은 귀신이다. 이렇게 자기 방을 우주화하는 셈이다. 모든 것이 다 있는 그 속에서 자기 자신마저도 자신이 아닌 환상적인 것으로 바꾸어 어떤 역할을 한다. 가령 왕이라든지, 무서운 아버지라든지.

그는 나무나 돌이나 이러한 자연의 어느 부분들과 친하려고 한다. 그런 것들과 말을 주고 받는다. 그는 그런 것들을 산 것으로 대우하는 것이다. 인형 같은 것도 그 이름을 지어 살아 있는 대상으로 대화한다. 종이나 나무조각 같은 것으로 어떤 형태를 만들어 집이라 하고 자신은 아버지, 함께 노는 아이들은 아들 또는 부인이라 한다. 또는 막대기를 타고 놀면서 말이라 한다.

그러나 어느 순간 자신이 왕도, 아버지도 아니고 쪼그마한 꼬마임을 발견할 때 또는 나무나 돌이 말을 할 줄 모르는 것을 발견할 때, 자기가 타고 다니는 것이 말이 아니라 여전히 나뭇가지인 것을 인식했을 때 갑자기 싱거워져서 그 모든 것을 허물어 버리거나 내동댕이쳐 버린다.

7,8세가 되면 확대했던 세계를 좁힌다. 가령 시골 같은 데서는 볏단 같은 것을 빙 둘러 쌓아 작은 공간을 만들거나, 광 같은 데서 어떤 기물들로 둘레를 만들고 그 안에 자신을 오래오래 숨겨 보기도 한다. 그것은 자기를 인식하려

는 노력이다.

12,3세쯤이면 그런 좁은 세계에 지치고 다시 환상으로 그 세계를 넓힌다. 소녀는 자신이 공주라는 꿈을 꾼다. 그러나 연속적으로 벽에 부딪치고 푸대접받는 것을 느끼면, 소녀는 공주 대신 초라한 자신을 지나치게 의식하고, 소년은 하루에 겨우 백원 정도 타 쓰는 하잘것없는 존재임을 의식할 때 세계 여행의 꿈은 사라진다.

사춘기에는 다시 홀로 있기를 싫어한다. 무엇인가를 다른 사람에게서 찾으려 한다. 그의 마음을 그대로 열어 볼 수 있으며 내 마음을 열어 보일 수 있는 대상을 찾는다. 소년은 어떤 한적한 들과 같은 조용한 데서 어떤 공주 같은 소녀가 자기를 기다리는 것 같다. 거리를 나서면 모든 소녀들의 시선이 자기에게만 집중하는 것만 같다. 그는 자신을 왕자나 기사처럼 행동으로 보일 기회를 상상한다. 소녀도 역시 어떤 조용한 데서나 또는 거리를 지나면서 어떤 중세기적 기사가 나타나 자기 앞에 무릎을 꿇고 손에 키스하며 사랑을 고백하는 환상을 갖는다. 이 때 저들은 환상의 애인을 가진다. 그 애인은 현실적인 사람이기는 하지만 한없이 미화된 환상적 존재다. 이 때에는 모든 것이 자신을 위해서 있는 것만 같다. 그 애인은 결코 성욕의 대상일 수 없다. 그들은 그 애인을 끝없이 소유하는 환상의 나래를 펴다가도 곧 '아니야 그렇게 되면 안돼' 하고 물러선다.

이 무렵 이들은 극히 제한된 그룹을 만들어 시를 읊고

함께 노래를 하면서 우리만의 세계는 영원하리라고 맹세한다. 그러나 그런 환상도 속속 배신을 당한다. 그 애인도, 그 친구들도 무한히 아름다운 것도, 영원한 것도 아님을 발견한다. 이 때 그는 갑자기 세상이 좁다고 느낀다. 방은 숨이 막힌다. 부모가 형성한 분위기는 질식할 것만 같고 어디로 멀리멀리 떠나가고 싶다. 그래서 찬란한 승리자가 되어 돌아오고 싶다. 그러나 이러한 모든 소원과 꿈은 현실의 조건들에 의해서 사정없이 꺾인다. 자기를 포위하는 것은 각박한 현실뿐이다.

고등학교에서부터 점수 인간이 된다. 꿈도 낭만도 허락되지 않는 경쟁만이 있다. 그 과정을 거쳐 대학에 들어간다. 대학에 어느 정도의 기대를 걸어 본다. 그러나 대학이 주는 것은 내가 찾는 것과 전혀 맞지 않는다. 배우면 배울수록 현실적이 되라는 거듭된 독촉만 늘어 간다. 보이는 세계의 껍질을 계속 벗긴다. 여고 때 그리던 선생은 맥없는 월급쟁이, 사랑하고 싶던 xx는 돈 없는 집 자식, 그처럼 멋있게 보이던 xx는 삼류대학에서도 쩔쩔매, 고등학교 시절에 TV를 통해 그리던 가수는 스캔들만 계속 일으키는 창기와 질적으로 차이가 없어! 그처럼 순결하게 보이던 수녀들도 매일 밥을 먹고 이를 쑤시고 하루에 한 번씩은 변소에 가지! 멀리서 존경하던 학자도, 정치가도 만나 보니 별것 없더라. 현실적이어라! 현실적인 것이란 실리적인 것이다. 아름다움보다는 권력, 아니 돈, 그러나 내 불안은 해결되지 않는다.

성인이 된다. 불안은 계속된다. 그는 질적인 것에서 양적인 것으로, 피안적인 것에서 차안적인 것으로 자신을 그것에 국한시키면서 그것의 포로가 된다. '보다 더, 보다 더'라는 채찍이 그를 뒤쫓는 삶.

장년을 넘어 노년기에 들어서면 전의 꿈과 현재의 자기 꼴이 너무나 대조적임을 느낀다. 너무도 초라한 나. 이게 아닌데…이게 아닌데…! 무엇 때문에 살아 왔는지 모른다. 전에는 그래도 앞에 무엇인가 오르려니 했었는데 이제는 과거를 거머쥘려고 하면 '그랬으면 좋았을 걸…'만 남는다. 왜 살았나? 무얼 찾았나? 이제 무엇이 기다리나? 죽음?

이상은 맑시스트 블로흐(E. Bloch)가 『희망의 원리』의 첫 부분에 서술한 것을 내 나름대로 표현한 것이다. 이것은 보통인간의 삶의 행로를 묘사한 것이다. 그러나 이것은 어디까지나 이른바 소시민, 소위 말하는 쁘띠-부르주아의 그것이다.

우리는 무엇을 찾는가?

여러분은 무슨 꿈을 꾸고 있는가? 아니면 여러분은 이미 현실에 의해서 지녔던 꿈을 산산조각으로 부숴 버렸는가? 여러분의 한계를 들여다보고 이미 체념하고 있는가? 체념은 절망인데! 절망을 키에르케고르는 죽음에 이르는 병이라고 했는데! 오늘 여러분에게 작은 그룹의 이야기를 소개하겠다. 이 그룹을 형성한 성원들은 여러분들처럼 고등학교도 대학도 가본 일이 없는 밑바닥 계층이다.

팔레스틴에 요한이라는 이름을 가진 사람이 나타났다. 그는 세상에 일대 심판이 올 것을 예고하면서 모든 사람에게 절규했다. 그는 광야에 기거하면서 제자들을 거느리고 있었다. 어느 날 그는 두 제자와 함께 서 있다가 어떤 사람이 지나가는 것을 보고 "보라 하느님의 어린 양이다"라고 증거했다. 이것은 요한복음 1장 35절의 말인데, 29절에는 "보라 세상 죄를 지고 가는 하느님의 어린 양"이라고 되어 있다. "보라"(ἴδε)라는 말은 '경험한다, 목격한다, 본다, 깨닫는다, 의식한다'라는 의미를 가진 말이다. 요한문서에 있어서 본다는 것은 곧 안다는 말인데 그것도 '깨닫는다', '인식한다', '느낀다'는 뜻이 포함되어 있다. 그러니까 이것을 "보라 하느님의 어린 양을", "알라, 저가 하느님의 어린 양인 것을", "인식하라. 그 하느님의 양을"이라고 번역할 수 있다. 그런데 본문에서 이 말이 사람과 사람 사이를 연결하는 고리처럼 반복된다. '보라' 이 말은 하잘것없는 사람들을 결집시켜 하나의 공동체로 만들어 나간다.

세례자 요한이 예수를 '보라'고 자기 제자들에게 말했다. 이 두 제자들은 그의 스승의 말을 듣고 미지의 그 사람을 따라갔다. 그는 바로 예수다. 그들을 본 예수는 너희가 무엇을 찾고 있느냐고 묻는다. 이에 대해서 그들은 "선생님 어디에 계십니까?"라고 반문한다. 그들에게 예수는 "와서 보라"고 한다. 보게 되리라. 말이 아니라 실천이다. 이 한마디 말이 고리가 되어 저들은 빨려가듯 예수를 따라가서 예수의 사는 모습을 보았다. 그중의 한 사람이 저 유명한 예수의 수제자인 베드로의 형제 안드레아였다. 안드레아는 무엇인가 소중한 것을 찾고 곧 자기 형제 베드로에게 달려가서 "나는 보았다"라고 한다. 그것이 고리가 되어 베드로는 예수를 찾아왔다. 예수는 그를 보고 제자로 맞아들인다.

또 다른 장면이 있다. 어느 날 예수는 필립보라는 사람을 만나 "나를 따르라"고 했다. 예수의 그룹의 일원이 된 필립보는 베드로 형제와 한 동네에 사는 사람이었다. 아마 베드로가 "와서 보라"고 했겠지. 필립보는 곧바로 자기 친구인 나타나엘이란 사람을 찾아가서 자기가 만난 이에 대한 감격과 고백을 털어놓으면서 그를 이 그룹에 끌어들이려고 한다. 아직도 주저하는 나타나엘에게 필립보는 "와서 보라"는 한마디로 그를 예수에게 연결하는 고리로 삼았다. 자신에 찬 기대. 나타나엘을 본 예수는 "보라, 저 사람이야말로 이스라엘 사람이다"라는 말로 그와 결속하게 된다. 나타나엘은 이 세상을 완전히 바꾸어 놓을 메시아를 기다린 사람이었다. 아니 세례자 요한의 두 제자, 베드로, 필립보도 신천지를 여는 메시아를 기다렸던 사람들임에 틀림없다. 그러나 저들은 각기 제 길에서 헤맸다. 그런데 '보라'

라는 말이 고리가 되어 예수를 중심으로 결속하여 하나의 운동체적 공동체의 핵심이 된 것이다. 요한이라는 기자는 예수의 동지규합의 과정을 이렇게 우리에게 전승한다.

세례자 요한의 말을 듣고 예수를 따라간 두 사람이 예수가 유하는 곳에서 무엇을 보았는지에 대해서는 전혀 설명이 없다. 그러나 저들이 곧 자기들의 친구나 형제를 그에게로 집결시킨 것은 행동으로 무슨 사건이 일어났는지를 고백한 것이다. 저들은 만난 것이다!

만남! 만남에는 두 가지 경우가 있다. 하나는 내 스케줄에 따라서 오전은 이 사람을 만나고, 오후에는 저 사람을 만나는 그런 만남 혹은 이웃간에 또는 직장동료 사이의 일상적인 만남, 그러므로 내 삶의 계획에 아무런 변동도 주지 않는 만남이다. 여기에 대해서 또 하나의 만남은 내 일상성을 깨고 내 계획을 바꾸는 사건을 일으키는 만남이 있다. 철학에서도 독일어 treffen과 begegnen을 구별한다. treffen은 일상적인 만남인 데 대하여 begegnen은 사건을 가져 오는 만남이다. 영어의 meeting, encounting도 그런 구별이 있다. 우리말로는 만남에 대하여 해후가 우연성을 내포한 말로서 번역한다면 만남은 begegnen, encounting에 해당할 것이다.

Begegnung! 그것은 내가 상대방을 잘 알지 못하면서도 나 자신을 과감히 열어 놓게 한다. 평소에는 사람을 만날 때 누구나 무장을 하고 만난다. 상대방에게 어떤 약점을 보이지 않기 위해서다. 상대방을 잘 모르면서 무장해제 즉 자기를 개방하는 것은 적진에 뛰어드는 것 같은 모험이기도 하다. 그러나 이러한 결단이 없이 사람에게는 참만남이 불가능하고, 이런 참만남이 없이는 위에서 스케치한 삶의 테두리에서 벗어나지 못하고 만다. "보라"라는 한마디 말에 의해서 예수를 따라간 세례자 요한의 제자들이나 나를 따르라는 한마디 말에 예수를 만난 이나 그 만남은 모험이 아닐 수 없다. 그것은 그로부터 무슨 일이 일어날지 모르기 때문이다. 새로운 만남에서 얻는 경험은 마치 동화에 나오는 어떤 빈 궁전의 문을 하나씩 하나씩 열고 들어가는 것과 같다. 계속 새로운 세계가 열린다. 상상도 못하던 새 가능성의 문이 열린다. 참만남은 마침내 나와 너가 없어지고 새로운 자아 즉 '우리'가 탄생하는 사건을 일으킨다. 이러한 만남은 일생에 한번밖에 없다. 여러분은 누구를 이렇게 만났는가?

이 젊은 민중들은 예수를 만났다. 그러므로 저들의 삶에 일대 전환이 일어났고 그 만남의 결과가 발화점이 되어 마침내 로마제국을 휩쓸고 전세계를 변혁하는 결과를 가져오리라는 것을 아무도 상상하지 못했다.

이 사람을 보라

세례자 요한이 보라고 하던 그는 누구인가? 우리는 요한복음에서 또 한번 이와 같은 말을 만난다(요한 19,6). 그 것은 로마총독 빌라도가 예수를 가리키며 하는 말이다. 'Ecce home!' 'Behold the man!' 그가 어떤 사람인가? 이방총독에게 체포되어 인민재판과 같은 현장에 선 이, 로마 졸병들이 가시면류관을 엮어서 그의 머리에 씌우고 자색 옷을 입히고 유다인의 왕이라고 조롱하고 침을 뱉기도 하고, 절을 하는가 하면서 때리기도 하는데도 아무런 저항도 없이 무능하고 초라한 모습으로 사람들 앞에 끌려나와 선 이 사람을 보란다.

이 사람을 보라! 한때는 갈릴래아 지역에서 민중들과 더불어 애환을 나누면서 하느님의 나라 도래를 선포하더니, 그러다가 권력과의 야합에 부패한 예루살렘에 돌진하더니, 이 때에 그의 제자들은 곧 하느님의 나라가 도래할 것으로 믿고 자리다툼까지 벌이게 했더니! 지금은 그를 따르던 민중들은 다 어디로 가고 여기 홀로, 오직 홀로 수욕을 당하는 패배자, 이 사람을 보라!

이 사람을 보라!(Ecce homo!) 한 유대인으로서 자기 민족을 구원하기 위해 그들 속에 뛰어들어 마치 하느님인 양 새로운 구원을 약속하던 사람! 그러나 지금은 바로 자기 민족에게 고소를 당하고 이방인의 법정에 서서 거짓증언에 의해서 처형을 재촉하는 순간까지 아무런 변명도 못하는 이 사람을 보라!

저는 하느님의 새로운 뜻을 전매특허나 받은 듯이 선포

하며 오랜 유다 전통에 항거하던 이, 그의 유일한 무기라면 '오직 하느님만'이었는데 지금 그 하느님은 무자체(無自體)인 양 침묵하고 이같은 한스러운 현장에 어떤 형태로도 간섭하지 않는다.

이 사람을 보라!

승리자를 보라 함이 아니다, 패배자를 보라 함이다. 힘 있는 자를 보라 함이 아니다, 무능한 자를 보라 함이다. 그가 만일 로마정권에 유죄판결을 받을 만큼 저항운동을 폈더라면 비극적 영웅이라도 됐을 것이다. 그러나 빌라도의 말대로 로마의 법에 비추어서는 아무런 죄도 찾을 수 없는 이 사람. 그러나 이 장면을 주목하라. 이 사람을 보라고 하는 빌라도의 역할에 주목해 보자. 그는 이 사람에게 아무런 죄가 없다고 다짐한다. 그럼에도 불구하고 희롱과 조소의 왕관과 왕복을 입혀 사람들 앞에 세우고 이 사람을 보라고 한다. 이 말은 결국 아무런 죄 없이 수모와 고난을 당하는—그것도 자기 손에 의해서—이 사람을 보라는 것이다. 그는 저도 모르게 꼭두각시 같은 증인노릇을 한다. 그의 증언은 세례자 요한과 같은 것이 되었다. "보라, 세상 죄를 지고 가는 하느님의 어린 양." 어린 양이란 무죄함을 상징한다. 바로 그렇기 때문에 그것은 사람들의 죄에 대한 속죄물로 제단에 바쳐지는 것이다. 바로 순결하기 때문에 남의 죄를 지고 가는 어린 양과 같은 것이 예수라고 요한은 증거했다.

빌라도는 왜 이 사람이 이러한 억울한 처지에 있어야 하는지도 모르면서, 또 왜 자기가 이같은 모순적이며 비극적인 사건에 책임을 져야 하는지도 모르면서 지금 꼭두각시처럼 죄 없이 고초당하는 이 사람을 보라고 한다. 이 사람을 죽일 수도 살릴 수도 있는 권한을 가졌다고 자부하는 이 사람은 이해할 수 없는 사건의 주인공 이 사람을 그의 손가락으로 가리키고 있다. 자기 홀로는 이 사건을 판단할 수 없었기에 그가 평소에 멸시하는 유다 군중들에게 그를 어떻게 해야 할지의 판단을 구한다. 이 사람의 운명은 그에게 수수께끼였으나 한 가지 확실한 것이 있다. 그것은 이 사람의 사건을 자기가 가지고 있는 권력으로도, 그가 대표하고 있는 로마의 법으로도 판단할 수 없다는 사실이다. 그러므로 이 사람은 로마제국의 권력에 의해 죽으면서 로마제국의 허구성을 폭로하며 또한 심판한다.

나는 이 사람에게서 민중을 만났다

나는 이 사람을 만남으로 나의 삶이 예상했던 것과 전혀 다른 방향으로 가게 되었다. 나는 일생 이분과의 만남을 심화하는 작업에서 동화에 나오는 빈 궁전의 겹겹이 있는 문을 하나하나 열며 상상도 못했던 새로운 것들을 발견하는 황홀함을 경험하고 있다. 여러분도 그분을 만나기를 바라며, 만났다고 생각되면 그 관계를 일생 동안 심화하기를 바란다. 그러면 어디서 어떻게 그를 만날까? 그것은 바로 죄 없이 죄를 뒤집어 쓰고 고난의 길을 가는 현장이다. 권력의 손에 잡혀 힘이 없기 때문에 성고문을 당하고 죽임을 당함으로써 그 수치와 그 죽음이 살아 있는 많은 사람들을 위한 제물이 되어 가고 있는 현장에서 그를 만난다. 나라를 위해서, 정의를 위해서 싸웠는데 권력의 손에 체포되어 이른바 법관들이 스스로 자기 양심을 비웃으면서 아니 자기의 존재의 근거인 법을 무시하면서 정죄함으로 정죄를 받으면서, 정죄하는 권력을 심판하는 현장에서 이 사람을 만날 수 있는 것이다. 오늘 이 사람은 바로 이 한국 땅에 현존하는 것이다.

"이 사람을 보라"고 외친다. 그 소리가 이 고막에 들리지 않는다. 그러나 그 소리를 들어야 한다. 저들이 당하는 고문이 밀실에서 진행된다. 그 비명을 들어야 한다. 그리고 그 소리가 되고 말이 되어야 한다. 그럼으로써 그들의 분신이 되어야 한다. 그래야만 나는 세상 죄를 지고 가는 하느님의 어린 양 때문에 죄에서 해방될 수 있고 구원받을 수 있다.

"악마! 그 사람에게서 나오라"
— 마르 5,1-15

프로이드와 마르크스의 노력

코페르니쿠스 이전의 세계관을 가진 시대에는 3차원적인 우주관에서 살았다. 즉, 내 위와 내 아래가 있다. 그래서 이 3차원의 관계에서 자기 설 자리를 찾았다. 그러나 이 3차원의 세계관을 부숴 버린 다음의 사람은 평면(1차원)의 세계로 위축돼 버렸다.

그의 행동이나 사고는 보이는 것, 즉 지구 평면에 국한됐다. 따라서 전에는 위와의 관계를 가진 사람과 아래와의 관계를 가진 사람으로 갈라놓았는데, 지금은 평면 상(像)에서 좌익이나 우익, 보수냐 진보냐 등으로 갈라진다. 평면상의 삼차원이다. 인간은 이 평면에서 돌출구를 잃어버렸다. 단지 있는 평면에 정좌(正坐)하기에도 숨가쁘다. 따라서 인간은 이 평면에 또 3차원의 세계를 찾아냈다. 그것은 '나'(ego)를 기점으로 '초자아'(superego)가 있고 나 아래에는 본능이 있어 상충되는데 그 본능을 'Libido'라고 부른다. 그것을 파헤친 사람이 S. 프로이드다. 그는 우리의 행동은 결코 의식(意識)에 의해서 조종받는 것이 아니라 의식 아래의 세계에 의해서 조종받고 있다고 한다.

그러나 동시에 이미 있는 가치체계, 사회질서가 나 위에 군림할 때 '나'를 억압한다. 그것은 구체적으로 법칙(法則), 금제(禁制), 이상(理想) 등으로 내게 압력을 가한다.

'나'(ego)는 이 두 틈에서 싸운다. 모든 것은 다 인간 안에 있음에도 불구하고, 두 틈에 끼인 포로가 되어, 자기 안에 있으나 자기가 알 수 없는 힘의 희생물이 되어 가고 있다는 것이다. 정신분석학자들 중에는 이러한 갈등의 실상을 파헤치고, 그것에서 탈출하는 길은 우리의 의식을 억압하고 군림하는 허상을 파헤쳐서, 그것이 아무 것도 아니라는 것을 알려 줌으로써, 인간은 그 갈등에서 해방될 수 있다고 본다.

인간의 내적인 갈등이라는 틀에서 인간을 본 데 대해서 인간의 외적인 상황에 관심을 기울이는 것이 마르크시즘이다. 마르크시즘도 엄밀하게 말하면 평면적 3차원 도식으로 세계관을 구성한다. 인간을 기점으로 볼 때 모든 문화, 정치, 가치관 등은 그 자체가 주도권을 가진 것이 아니다. 그 것은 소위 상층구조다. 그것에 대해서 '경제'라는 것이 하층구조로서 상층구조와 갈등을 이루는 그 틈에 사람이 갇혀 있다. 프로이드가 하층의 세계 즉, 무의식 세계(無意識世界)에서 해방될 때, 인간이 이 갈등에서 해방될 수 있다고 본 데 대하여, 마르크스는 기존의 가치체계에서 경제질서를 있어야 할 모습으로 바꿈으로 그 안에 구속된 인간이

해방된다고 한다. 이들은 내면의 문제와 외적 조건에 각기 그 시선을 달리하면서도 같은 결론에 도달한다. 그것은 일체의 기존 구조나 가치관, 즉 상층구조를 이루고 있는 것은 다 파괴해야 한다는 사실이다. 그런 의미에서 혁명만이 살 길이라고 본다. 이 둘은 근대사회를 뒤집은 유물론적인 혁명관들이다. 저들은 인간해방을 유물론에서 출발하여 유물적으로 해결하려고 한다.

저들은 '무엇인가 잘못됐다'는 인식에서 출발하고 있으며, 그것은 물론 잘 본 것이다. 이 점에서는 그리스도교, 특히 성서도 같다. 성서는 인간의 타락 이야기로 시작된다. 이 두 사람은 그리스도교 중심으로 이룩해 놓은 가치관에 반기를 들었다. 그런데 이 두 사람 모두 유태인이라는 사실은 이와 무관하다고 볼 수 없다.

소외된 인간

현대인은 스스로 인간의 소외라는 말을 많이 쓴다. 저들은 인간을 획일화하는 것을 거부한다. 어떤 사람은 현대인을, "틀면 여러 방송이 동시에 들리는 고장난 라디오"에 비긴다. 초점이 없다. 틀면 잡음만 들린다. 그 위에 교육을 실시한다. 그런 식으로 외계(外界)와의 관련을 갖게 된다. 그리고 그 안의 혼란을 바깥에 반영한다. 그러나 자기가 진실을 모르니까 다른 사람도 모른다는 결론을 안고 무의

"악마! 그 사람에게서 나오라" 147

식의 세계에 자기를 내맡겨 버림으로 결국 자기에게서 소외된다. 그는 그래도 지성인이라고 그 안에서 제 나름의 사변을 한다. 그것을 '철학'이라고 자부하는데 그것은 한 주제를 파고 드는 것이 아니라, 옷을 갈아입듯 계속 다른 것으로 바꿔 입는다.

쉰이라는 사람의 말대로 월요일에는 유물론을 읽고, 화요일에는 한 베스트셀러를 읽고 그 세계를 관념화한다. 수요일에는 공산주의라는 새 길을 걷다가, 목요일에는 자유라는 철로(鐵路)를 놓고, 금요일에는 라디오에서 프로이드를 듣고 그 길로 여행할 생각을 하고, 토요일에는 그 대신에 술집에 가서 만취하고, 일요일이 되면 '사람들이 왜 바보처럼 교회로 가나' 하면서 어두운 방에 누워 담배연기만 뿜는다. 이렇게 둥둥 떠다니다 사람들과 만나면 대화랍시고 하는데, '나', '나'만 연발한다. 그러나 상대방도 '나', '나' 하고 제 얘기를 전개하니 결국 싫증(厭)이 나서 달팽이처럼 제 방문을 닫아 버린다. 그리고 자기에게 무척 짜증을 낸다.

자기소외는 어쩔 수 없이 이웃과의 소외를 초래한다. 자기 자신 안에 평화가 없이 남과 평화할 수 없다. 다른 사람을 위하겠다는 생각이 중지되면, 남이 내게 짐이 되는 것이다. 내게 대한 짜증은 남에게 비화(飛火)한다. 내 안의 갈등의 원인을 남에게서 찾는다. 주는 것이 없이 밉다. 누군가 미워할 대상을 언제나 설정하고 증오를 계속함으로 자신의 내적 갈등에서 풀려 나려고 한다. 그러나 그것은 한낱 도피일 뿐이다.

이러한 이웃으로부터의 소외는 필연적으로 하느님으로부터의 소외로 이어진다. 왜? 신은 나의 밖에서 선(善), 정의, 진리 따위를 내세운 '권위'로 나에게 군림하여 힐책하고, 압박하기 때문이다. 그러나 밖에 있는 권위가 신인 줄 알고 나에게서 제외해 버렸더니 자기 안에서 같은 소리가 들린다. 이런 인식에서 사람은 불안하고 마침내 좌절된다. 그러나 이러한 상태는 반드시 현대인에게 국한된 것이 아니다.

복음서에 한 미친 사람 이야기가 있는데, 그는 현대인의 모습을 방불케 한다. "네 이름이 무어냐?"고 물으니 "군대"라고 한다. 그 수가 많다는 뜻이기도 하다(마태 5,9). 하나면서 무수히 많은 집단에 예속되어 있다. '나'이면서, 나의 의지를 관철하는 것이 아니라 '무수한 것'에 끌려간다. 그러나 하나의 집단에 끌려다니면서 무수히 찢겨진 분열 상태다. 이런 상태를 묘사하여, "소리를 지르며 돌로 제 몸을 상하게 한다"고 한다. 자학(自虐)이다. 자기와의 싸움도 될 수 있고, 예속된 집단과의 싸움일 수도 있다. 그는 모든 것에서 소외됐다. 이 이야기는 그가 사람과 격리되어 무덤 사이에서 살았다고 한다. 그는 죽음과 삶 사이의 고도(孤島)에 유배되어 있다. 그는 사람이 싫다. 무엇이나 '나'를 구속하는 것은 용인하지 않는다. 그래서 "쇠고랑을 채우고 쇠사슬로 묶어 놓은 것"을 번번이 끊고 뛰쳐 나온다. 누구도 당할 재간이 없다. 아무의 권유도 안 듣는다. 구속을 받아야 할 원인은 자기 안에 있으면서 구속하는 원인이 남에게 있는 듯 반항한다.

그는 또한 하느님에게서 소외됐다. 예수를 마주한 그는 "하느님의 아들 예수여, 당신이 나를 어떻게 하렵니까, 날 괴롭히지 마시오"라고 한다. '나를 내버려 둬라!' 라는 항의다. 이미 예속상태면서 밖의 간섭은 거부하는 것이다. 이러한 그의 상태에 대한 묘사가 현대인에 일치하느냐는 그리 중요하지 않다. 중요한 것은 이러한 상태에 대한 규탄이나 시비가 아니다. 어떻게 이런 사람을 구출해야 하느냐가 문제다. 정말 프로이드나 마르크스처럼 물질적으로 인간의 분열을 해결할 수 있는 것인가?

프로이드에게 많이 배운 융은, 바로 '리비도'에 의한 컴플렉스에서 사람을 해방해야 한다는 데 동의한다. 그러나 '리비도'에 내맡기면 된다는 데에는 반항했다. 그는 문화인을 상대한 결과, '35세 이전의 사람의 문제는 예외없이 이미 가졌던 종교적 신념을 잃은 데 있다'고 하며 "종교관을 다시 얻지 않고서 정신병에서 실질적으로 완치된 사람은 단 한 사람 없었다고 말해도 과언이 아니다"는 임상적 결과를 주장한다.

물질은 분열시키고 정신은 통일시킨다. 물질의 해결로 바른 정신상태가 된다는 결론은 아직 결핍 즉, 굶고 있다는 그 상황만을 본 일방적인 진리다. 물질적 욕구불만이 해결되면 인간의 문제는 해결된다는 것은 인간을 너무도 단순화한 것이다.

마르크시즘 역시 많은 분파로 갈라지고 있다. 비판의 소리도 높다. 블로흐(Bloch)는 단지 인간은 빵으로 살 수 있다는 진리에 못지않게, 인간은 희망에 의해서 살 수 있다고 한다.

더욱 주목할 것은 모택동의 소위 문화혁명이다. 그는 마르크시즘의 가장 중요한 주장인 사회상황(경제여건)이 인간의 의식을 형성한다는 전제에서 경제체제의 개조는 새 인간을 형성한다고 믿었다. 그러나 모택동은 실험 결과, 그것은 사실이 아님을 발견했다. 모택동은 인간의 정신적 혁명이 사회상황을 개조할 수 있다고 한다. 이것은 새로운 것이 아니다! 마르크시즘도 그래서 '의식화 운동'을 중요시한 게 아닌가! 마르크시즘의 구원의 약속의 실태는 폭로되고 있다. 아무리 공산혁명을 하고 몇 세대를 감금상태에서 '유물사회'를 이끌어 왔으나, 소련 사람의 욕구나 불만이 자유세계의 바로 그 인간으로 되돌아가게 한다. 그래서 모택동은 인간부터 뜯어고쳐야 한다고 한다. 어떻게?

그는 가령 '하루 세 끼씩 먹으면 된다'라고 반복한다. 이렇게 인간혁명을 하자는 것이다. 그러면 그렇게 된다는 것이다. 그러면 누가 그 인간형을 제시하나? 결국 모택동 머리에서 구성된 인간상(人間像)이 아닌가?

한때 서구의 학생 운동에서 3M(마르크스, 마오, 마르쿠제)을 내세웠다. 그러나 여론조사로 밝혀진 바에 의하면 저들 중 공산당이 되려는 자는 극히 제한되어 있었다. 저들은 대답을 주는 사람은 싫어한다. 단지 지금은 무엇인가 잘못됐다는 것만 외치고 그것을 부수고 보자는 것이다. 역시 아니라는 것을 아나 '대답'은 자기 안에 못 가진 상태다. 전에 인간은 밖의 어떤 것에 쫓기었는데, 지금은 제가 자기를 쫓고 있다. 사냥개와 토끼가 일시에 됐다. 그러니 미칠 수밖에 없다.

아니! 현대인에게도 다시 내 손으로 세운 것이 아닌 선악과(善惡果)가 세워져야 하겠다. 밖으로부터 세워진 것 말이다.

예수의 민중

예수에게서 참 혁명이 시작됐다. 예수의 민중은 그의 죽임당함의 의미를 깨달음으로 그 사실을 인식했다. 예수는 바로 모순 속에서 신음하는 민중을 대상으로 운동을 시작했다. 이미 규정된 틀에 맞는 무엇을 더 강조하고 저들을 악(惡)에서 옹호하는 그런 이가 아니다. 문제 자체를 그대로 받아서 그것에서 출발함으로써 기성적인 것에 반항한 것이다.

현대인을 비판만 하는 자는 잘못이다. 현대인은 무엇인

가 찾고 있는데, 백안시(白眼視)하는 것은 자기 옹호만을 위한 자다. 현대인을 자기가 만든 감옥에서 다시 풀어놔 주어야 한다. 현대인이 아무리 성인이 됐다고 하나 자신을, 자기 귀를 잡아 들어올릴 수는 없는 것이다. 밖에서 누가 들어 줘야 한다. 밖에서!

예수는 바로 게라사 청년을 피하지 않고 또 그를 책망하지 않고 그와 마주선다. 그를 비판하는 대신, 또는 그를 정죄하는 대신 그를 사로잡은 힘을 추방한다.

"더러운 귀신아! 그 사람에게서 나오라."

그는 그를 밖의 폭력에서 보호해서 구출한 것이다.

그것은 동시에 자기에게서 탈출시키는 결과를 가져 온다.

그는 옷을 입고 온전한 정신으로 앉아 있었다. 자신에게로 돌아왔다. 예수는 그에게 "집으로 돌아가라"한다. 그는 집으로 돌아갔다. 그것은 이웃과의 관계 회복을 뜻한다. "그는 예수께서 자기에게 행한 일을 전하였다." 그는 '나' 아닌 '우리'의 구원을 위해 나섰다.

오늘 우리는 이 확신을 가져야 하고 또 그 확신으로 현대인에게 마주서야 겠다. 교회가 앞장서야 할 당면과제가 있다. 그것은 낡은 종교 관념에서 인간을 해방시키는 일이다. 그러나 목욕물과 함께 목욕시킨 애까지 버려서는 안된다. 아니 이 낡은 의복을 갈아야 한다. 참 예수의 본 뜻을 보이자. 그는 영원한 인간의 친구다.

좁은 문 넓은 문

좁은 문으로

"좁은 문으로 들어가라. 멸망으로 가게 하는 문은 크고 그 길이 넓어 그 길로 가는 사람이 많으나 생명에 이르는 문은 작고 그 길이 좁아 그 길을 찾는 사람이 별로 없다." (마태 7,13-14)

이 가르침에서는 '좁은 문'과 '좁은 길'을 같은 뜻으로 쓰고 있으며 이에 대해서 '넓은 문'과 '넓은 길'을 대비시킨다. 좁은 문으로 들어가는 것은 '살림의 길'이고, 넓은 문으로 들어가는 것은 '죽음의 길'이라고 한다. 길 역시 마찬가지로 두 가지가 있다. 무슨 뜻인가? 유교적 가르침에서는 군자는 큰 길(大路)로 가야 한다고 한다. 이것은 좁은 골목길이나 산길을 타지 말고 크고 넓은 길로만 다니라는 뜻은 아니다. 여기서 말하는 길은 사람이 해야 할 도리를 말한다. 즉 공적으로 인정된 정정당당한 태도와 방법으로 모든 일을 하라는 뜻이다. 뒷구멍으로 잔꾀를 부려 남을 속여 가며 하는 행위는 반군자적이 될 것이다. 과연 이런 뜻인가?

그러나 성서의 가르침은 이와는 다르다. 우선 큰 길로

가라는 말과 좁은 길고 가라는 말 자체가 상반된다. 뿐만 아니라 내용에 있어서도 근본적인 차이를 보여 주는 것이다. 공자의 말은 군자(엘리트)의 자기 형성의 길을 말하는데 반해 예수의 말은 운동적 차원에서 파악할 때만 제대로 이해할 수 있는 것이다. 그렇다면 그것은 어떤 현실을 말하는가?

넓은 문

예수 당시에 넓은 문, 넓은 길은 무엇이었을까? 로마제국에는 유명한 것이 많았는데 그중의 하나는 도로 곧 길이다. 그 길들은 군사도로였다. 세계를 정복하고 지배하기 위한 통로였던 것이다. 그러므로 그들이 닦아 놓은 그 길은 세계 약소 민족들의 고혈(膏血)을 빨아들이는 혈맥(血脈)과 같은 것이었으며, 그렇게 살이 찐 로마는 세계의 제국으로 군림할 수 있었다. 이런 의미에서 당시에 모든 길은 결국 로마로 통한다고 했다.

이것을 다른 측면에서 보면, 로마제국은 큰 문이라고 할 수 있겠다. 그 밑에 예속된 약소 민족들이 쉴새없이 드나드는 곳이 로마였으며, 특별히 경제적이거나 정치적인 야심을 갖고 그것을 성취하기 위해서 로마의 세력을 등에 업으려는 자들이 무수하게 드나든 곳이 바로 로마다. 그 뿐만 아니라 로마는 식민지를 통치하기 위해 점령 지역의 세력자들을 로마로 끌어들여 친로마세력으로 만들었다.

그래서 넓은 문 또는 넓은 길이란 일차적으로 로마로 향하는 길이라고 할 수 있었다. "출세하려면 로마로 가라, 부호가 되려면 로마로 가라." 이것이 로마 점령지의 반동분자(나쁜 야심꾼)들의 구호였는데, 그 대표적인 인물이 헤로데였으며 그 일가였다. 헤로데는 로마에 망명해서 세력권에 아부하여 국토도 국민도 없이 왕으로 임명되었고, 때를 기다리다가 팔레스틴에 군사를 거느리고 잠입해 들어와서 격렬한 싸움 끝에 땅을 차지하고 반국민적인 왕으로 군림했다. 이런 역사적 상황에서 보면 좁은 문으로 들어가라는 것은 반로마의 길을 택하라는 말이 된다.

팔레스틴은 정신적으로 유다교가 지배하고 있었다. 그것은 상부구조를 형성했고 로마는 그것의 권위를 뒷받해 주었다. 대사제가 우두머리가 되는 산헤드린은 로마의 괴뢰와 같은 역할을 하면서 유다민족 전체를 지배했다. 도덕이나 윤리적 기준도 그들에 의해 설정되었으며, 따라서 저들의 판정에 의해 민족의 일원으로 수용되기도 하고 죄인으로 소외되기도 했다. 저들은 로마로부터 경제수탈의 권리를 얻어내어 국민을 착취했을 뿐만 아니라, 그 착취한 것으로 권력을 유지했다. 그 중심이 바로 예루살렘이었다. 예루살렘 성전은 이스라엘 민족 전체 위에 군림하는 상징이요 경제착취의 수단이었다. "예루살렘으로!"가 그때 당시 유다인으로서는 큰 문이고 넓은 길이었다. 예루살렘과 관계를 가져야만 무엇이나 성사될 수 있었다. 반면에 예루살렘과의 줄이 끊기면 저주스러운 존재가 될 뿐이다. 따라서 예루살렘에 충성하여 그것과 좋은 관계를 가지는 것이 '넓은 문으로 들어가는 것'이며 '넓은 길을 걷는 것'이 된다. 그러면 '좁은 문'으로 혹은 '좁은 길'로 가라는 것은 반예루살렘, 반성전, 반산헤드린의 길로 가라는 의미가 된다.

좁음과 넓음의 의미는 서 있는 상황에 따라서 달라진다. 로마나 예루살렘의 불의한 세력에 대해서 모두가 굴종만하고 있을 때, 이에 반기를 들고 폭력으로 대결하는 사람이 있었다면 그는 좁은 길, 좁은 문에 들어선 셈이다. 그러나 거꾸로 젤롯당이 우글거리는 갈릴래아 지방에서 "폭력을 쓰면 안돼!"라고 맞서는 사람이 있다면 그 또한 좁은 길에 들어선 셈이다. 물론 그가 반로마나 반예루살렘의 입장에 서 있다는 전제를 가질 때 그렇다. 그런 사람은 이미 죽음을 각오했고 단지 투쟁하는 방법에 대해 자기 신념을 토로하는 것이기 때문에 민족애(民族愛)에 있어서는 다를 바가 없는 사람이면서도 같은 동지들에게 소외되거나 어쩌면 죽임을 당할 수도 있는 것이다.

요한복음에는 예수의 형제들이 예수에게 했던 다음과 같은 말이 전해진다.

"당신은 이 지방을 떠나 유다로 가서 당신이 하는 큰 일을 거기 있는 당신의 제자들에게 보이십시오. 세상에 알려지기를 바라면서 숨어서 일하는 사람이 어디 있습니까? 당신이 이런 일을 하는 바에는 자신을 세상에 나타내십시오."(요한 7,3-4)

여기서 말하는 유다는 엄밀히 말하면 예루살렘이다. 저들은 출세하려면 예루살렘으로 가야 한다. 예루살렘과의 길을 터야만 유명해질 수가 있다. 이것은 곧 변두리 갈릴래아에서 배회하는 것은 어리석은 행위라는 뜻으로, 그 시대 사람들이 생각하고 있던 넓은 문과 넓은 길이 무엇인지를 가장 구체적으로 반영한 것이다.

그러나 예수는 이를 거부했다. 그것은 그가 넓은 문, 넓은 길을 거부했다는 말이다. 그럼에도 요한복음은 예수가 그때에 예루살렘에 갔다고 한다. 형제들의 충고에 동의해서인가? 아니, 비록 같은 길을 갔으나 예수는 좁은 문, 좁은 길을 간 것이다. 까닭은 그가 대결하기 위해 간 것이지 그 세력을 등에 업으려고 간 것이 아니기 때문이다.

그러면 이 가르침이 예수의 민중들에게 어떻게 들렸을까? 마태오복음이 쓰여졌을 때는 이미 예루살렘은 로마에 의해서 함락되었을 뿐만 아니라, 성전은 초토화되고 그나마 지속되던 주권을 완전히 빼앗기게 되어, 나라도 고향도 없는 민족으로 산지사방에 흩어져 이방문화권과 이방세력 아래에서 수난을 당할 때였다. 게다가 예수의 민중들은 바리사이파가 중심이 된 유다교에 의해서도 박해를 받았고, 네로로부터 도미티안에까지 이르는 사이에 황제 숭배 거부등의 이유로 박해와 순교를 당했다. 마태오복음 5장의 "나를 위하여 모욕을 당하고 박해를 받고 터무니없는 말로 갖은 비난을 받으면"(5,11), 또는 루가복음의 "사람들이 너희를 미워하고, 또 인자 때문에 너희를 배척하고 욕하고 누명을 씌우면"(6,22)과 같은 표현은 예루살렘 함락 이후 그리스도인들의 처지를 나타낸 것이다. 그리고 "그때에 그들은 환난을 당하도록 여러분을 넘길 것이요 여러분을 죽일 것입니다"(마태 24,9a), "여러분은 내 이름 때문에 모든 백성에게 미움을 받을 것입니다"(마태 24,9b) 등은 저 유명한 마르코복음 13장 소묵시록에 추가된 것으로 마르코복음이 씌어진 70년을 전후한 시기의 그리스도인들의 상황을 반영하고 있다. 그리고 특히 유다전쟁 이후 예루살렘 성전의 붕괴와 더불어 유다교의 지도권은 완전히 바리사이파 손에 넘어갔는데, 그리스도교에 대한 저들의 박해는 극심했다. 이런 상황에서 '좁은 문', '좁은 길'로 가라는 말은 그런 세력들과 타협하지 말라는 말로 들렸을 것이며, 적극적으로는 저들과의 투쟁을 권고하는 말로 들렸을 것이다. 그러면 오늘의 우리는 이 말을 어떻게 받아야 할까?

살림과 죽임

우리는 역대로 종주국 밑에 시달려 왔다. 중국은 동양에서 로마제국에 맞먹는 세력이었다. 그 밑에 있을 때 우리에게 넓은 문, 넓은 길은 중국이었다. 역대의 지배층은 예외없이 넓은 길을 택했다. 일제시대의 넓은 길은 친일이었다. 2차대전이 끝나자 이번에는 미국이 종주국으로 군림하여 오늘에 이르고 있다. 미국은 현대판 로마제국의 역할을 해왔다. 그러므로 출세의 길을 찾아 미국으로 몰렸으며, 그 세력을 등에 업어야만 권좌를 유지할 수 있고, 돈도 벌 수 있었다. 그러므로 미국이 바로 오늘의 넓은 문, 넓은 길이다. 그 결과는 무엇인가. 민족분단, 경제적 종속 그리고 독재 밑에서의 압살, 즉 죽임의 역사를 이어 왔다. 역대의 정권은 로마에서 임명된 헤로데정권과 별 차이가 없었다. 헤로데의 폭압정치 밑에서 수많은 사람들이 죽임을 당했듯이 우리도 그런 비통한 역사에서 아직도 헤어나지 못하고 있다. 그 밑에 깔린 우리는 분단 고착화를 반대할 수 없었고, 평화통일을 말할 수도 없었으며, 진정한 우리의 대표를 뽑을 수도 없었고, 경제적으로 종속상태에서 독점자본주만 키웠다. 넓은 문을 선택한 결과다.

그런데 젊은 학생들만은 좁은 문, 좁은 길에 나가 싸웠다. 그것은 죽임을 당하는 길이었다. 그러나 그들의 죽임당함이 노예처럼 무력했던 우리에게 '살림'의 길을 열어주었다. 이승만 시대의 누가 좁은 길에서 죽임당함으로 우리를 살렸는가? 분단으로 허리 잘린 채 죽어 가는 위기 앞에서 말을 잃고 있을 때 누가 "민족통일은 우리 손으로"라고 외치게 했나? 누가 자주 민족이 되기 위해 미국이 묶어 놓은 쇠사슬을 끊기 시작했나? 그것은 젊은 학생들이었다. 저들은 기성세대에게 냉대를 받으면서 외롭게 싸웠다. 정말 그 길로 가는 자가 많지 않았다. 그 싸움은 죽임당하는 싸움이었다. 기성세대는 저들을 '철이 없다'고 비판했고, '무모하다', '불온하다'고 했다. 사실상 저들이 내세우는 구호나 언어는 기성세대가 엄두도 낼 수 없는, 무시무시하게 생각되는 그런 것이었다. 저들은 감히 '종주국'인 미국에 대한 비판을 행동으로 보였다. 미문화원 방화, 양키 고홈을 외치며 분신자살을 하는 저들을 누가 용인했나? 아직 반공법이 시퍼렇게 있는데 무조건 통일을 외치고 통일행진을 했다. 저들의 이런 싸움은 결국 자신을 죽이면서 이 민족을 살리려 한 것이다. 그것은 정말 좁은 길이었다. 바로 그랬기에 살림의 길이 시야에 들어오게 되었다.

이 판에 "좁은 문으로 들어가라!"는 예수의 가르침을 경전으로 받드는 그리스도교회는 무엇을 했나? 대부분의 교회는 친미·반공을 내세워 정권을 유지하려는 역대 정부가 열어 놓은 문을 통해 넓은 길로 갔다. 다수는 가난에 시달리고, 극소수의 사람들이 우리의 경제를 독점하며, 권력과 결탁하여 자기들의 생산물을 수출하기 위해 막대한 농작물을 수입함으로써 농민들을 죽게 하는 마당에 독점자본체제에 대해 단 한마디 비판도 못해 왔다. 그러면서 좁은 길로 들어선 수난자들에 대해 무관심했거나 아니면 저들을 비난했다. 그뿐 아니라 좁은 문으로 들어선 일부 그리스도인들마저 '용공', '불순세력'이라고 매도했다.

그 결과 교회는 이 민족사에서는 있으나마나 한, 아니 사실상 죽은 시체처럼 무력하고 무의미한 하나의 이기적 종교집단이 되어 가고 있다. 그러므로 저들은 이미 3.1운동에서 선전(善戰)한 그리스도교회의 후예임을 스스로 부정하는 결과를 가져 왔다. 그들의 관심은 자파의 세력을 확대하는 일, 자기가 속한 개교회를 늘리는 일에만 쏠렸다. 서울만 해도 자기 집 못 가진 사람이 절반 이상이나 되고 이른바 재개발지구에서 쫓겨나 집 없이 겨울에 떨고 있는 사람들이 저토록 많은데 교회건물에는 수십, 수백억을 들이며 더 크게 짓는 일에 경쟁하고 있는 판이다. 그 큰 교회의 넓은 문으로 들어서는 사람들에게 무엇이 설교되나? 살리는 설교인가, 죽이는 설교인가?

그러나 이 넓은 문, 넓은 길을 거부하고 좁은 문, 좁은 길로 들어서서 외로운 싸움을 하는 일군의 젊은 일꾼들이 있다. 저들은 양지를 거부하고 음지로 찾아가서 내일에 대한 아무런 보장 없이 민중이 되어 민중과 더불어 나를 죽이면서 너를 살리기 위해 싸우고 있다. 저들은 노동자의 최저 임금 정도의 보장도 없이 산다. 그들이 무엇을 하며 어떤 성과를 거두고 있는지는 그다지 중요하지 않다. 분명한 사실은 저들이 "좁은 문으로 들어가라"는 예수의 말씀에 충실하고 있다는 사실이다. 그 길에 들어선 사람은 '많지 않다.' 그러나 60여 곳에서 이런 운동이 벌어지고 있다. 그런데 주목되는 것은 저들의 대부분이 치열한 학생투쟁에 참여하여 여러 형태의 고초를 겪은 사람들이라는 사실이다. 그들은 학생시절에 선택한 길을 그대로 간다. 그러므로 학생시절의 싸움이 '한때' 있었던 우화가 아니고 지속되는 현실이며, 삶 자체가 되고 있음을 입증한다. 정말 생명에 이르는 길은 작고 좁은가! 우리는 저들 때문에 죽임의 길에서 살림의 사건이 일어날 것을 기대할 수 있을 것이다. 어쩌면 죽어 가는 한국 교회를 살려 일으키는 '종교개혁적인' 전기를 가져 올 수 있을 것이다.

예수의 길, 우리의 길

예수는 좁은 문으로 들어가라고 권하기만 한 것이 아니다. 좁은 문으로 들어가는 그 길은 바로 그 자신의 길이다. 그의 공생애를 마르코는 이렇게 쓰고 있다. "세례자 요한이 잡힌 후에 예수께서 갈릴래아로 오셔서…"(마르 1, 14) 그 선택한 때를 보라. 그때는 예수가 회개운동의 선구자로 알고 그에게서 세례를 받은 바 있는 그 세례자 요한이 불의에 저항하여 싸우다 체포된 때다. 공자는 세상에 도(道)가 있으면 나타나 활동하고 난세면 숨으라고 했는데, 예수는 바로 불의한 권력자가 의인을 향해 칼을 뽑은 그때에 나타난 것이다. 그런데 그 의도를 더욱 확실히 보여 주는 것은 바로 세례자 요한을 체포한 헤로데 안티파스가 지배하는 지역으로 갔다는 사실이다. 그는 처음부터 좁은 길로 들어선 것이다.

갈릴래아는 당시에 울분에 찬 반로마, 반예루살렘의 민중들이 우글거리는 장소였다. 저들은 메시아를 기다리며, 예루살렘을 폭력으로 빼앗는 일과 하느님의 주권을 되찾는 일을 같은 일로 알고 칼을 갈고 있었다. 그런데 예수는 폭력을 수단으로 선택하는 길(젤롯당)에 동의하지 않았다. 그러나 다른 한편에서 금욕적인 은둔의 공동체를 결성하고 그때를 기다리는 에쎄네파에도 동의하지 않았다. 그는 그 길로 민중의 현장으로 간 것이다. 이것은 그가 선택한 길이 얼마나 좁을 수밖에 없는가 하는 것을 또 다른 차원에서 보여 주는 것이다. 이러한 길에서 민중을 얼마나 많이 그리고 어떻게 이끌고 갈 수 있을까?

처음부터 많은 민중들이 그에게 기대를 걸고 몰려든 것 같다. 그러나 그가 예루살렘으로 향할 때 얼마나 많은 수가 동행했는지는 의문이다. 비록 예수와 동행하면서도 의견이 분분했던 흔적이 있다. 결국은 그가 '힘 없이' 처형될 때 일단의 여인들을 제외하고는 모두 도망쳤다고 하지 않나! 그 뿐만 아니라 저들의 대표자마저 예수를 부인했고, 제자 중 한 사람이 예수를 팔아 넘겼다고 하지 않나! 이런 보도들의 실상을 재현시키기는 어렵다. 그러나 분명한 것은 예수의 죽임당함은, 그의 뜻을 이해하고 감격해 하는 환호 속에서 이루어진 것이 아니라 오히려 실망을 안겨 주고 조소의 대상이 되었다는 사실이다. 그의 길은 이해하는 사람이 없는, 정말로 좁은 길이었다. 그것은 죽음의 길이다. 그러나 바로 그러므로 그것은 '큰 살림'의 길이었다.

　우리가 어찌 모두 예수처럼 그런 길을 택할 수 있으랴! 그런다면 오히려 교만의 죄까지 짓는 결과를 가져 올 수도 있다. 그러나 좁은 문으로, 좁은 길로 가라는 그 가르침을 어떤 형태로든 받아들여야 할 것이 아닌가! 여론대로 살고 모두 가는 길을 가고 '편리'라는 것을 지상의 가치로 삼고 어떤 수단으로든지 자기가 설정한 목적을 달성하면 된다고 생각하는 사람들의 대열에 선 것을 당연한 것으로 안다면 그는 예수의 뜻을 묵살하고 예수의 생애를 생활로 거부하는 것이 될 것이다. 그러나 분명한 것은 그것이 나만 아니라 우리 모두를 함께 죽임에 이르도록 하는 결과를 가져 올 뿐이라는 것이다.

우리에게 일용할 배고픔을!

배고픔

배고팠던 경험이 있는가? 그날그날 먹을 것을 얻기 위해 애쓴 경험이 있는가? 밥상 위의 자기 밥그릇에 밥이 줄어드는 것을 서글픈 마음으로 바라보면서 무엇인가를 의식한 경험이 있는가? 다른 식구들이 밥을 먹고 있는 동안에는 언제나 부엌에서 무엇인가를 하는 듯 서성이면서 때맞추어 밥상을 함께 하지 않는 어머니, 때로는 밥상을 함께 했으나 언제인지 모르게 숟가락을 내려놓고 변명 같은 뒷말을 남기며 다시 부엌으로 가는 어머니를 의식한 경험이 있는가? 그 어머니는 밥 한술이라도 덜 축내 식구들에게 그만큼 더 돌아가기를 바라고 배고픔을 선택하는 것이다.

배고픔을 경험 못한 세대는 불행한 세대다. 그 세대는 인간의 불행을 제대로 인식할 수 있는 중요한 통로를 잃어버린 세대다. 그 세대의 사람이 도둑질하는 사람의 심정을 어떻게 추측할 수 있으며, 너에게 밥 한술이라도 더 먹게 하기 위해 스스로 배고픔을 선택하는 사람의 깊이를 어떻게 이해할 수 있겠는가.

밥을 먹는다는 것은 삶의 기초며, 삶의 모든 것은 그것으로부터 출발한다. 밥은 삶에 대한 결정권을 갖는다. 그런데도 그러한 현실을 인정하지 않고—그것은 비천한 사람에게나 벌레에 이르기까지 공통된 것이기에—그것에서 초연할 수 있는 정신세계 같은 것 따위가 있다고 자부해 보려는 계층이 있다. 그러한 사람들의 대표적인 예는 수도자들이라기보다는 유교의 영향 아래서 엘리트의식을 길러온 우리나라의 사대부 또는 양반계층이라 할 수 있겠다. 그들은 밥 따위를 경시하면 하는 만큼 양반이라고 자부했다. 그러므로 비천한 사람들이 자기 밥그릇 흔적도 없이 먹어치워 바닥내 버리고, 곁에 있는 사람 것까지 넘나보는 데 비해 양반은 아무리 배가 고파도 밥그릇에 반쯤은 밥을 남겨야 양반의 체면이 서는 것이라 생각했다.

물론 그것은 위선이다. 이런 위선으로 저들은 쌍놈들과의 신분적 차이를 시위했으며, 저들을 멸시하는 기준으로 이용했던 것이다. 우리 나라에 "금강산도 식후경" "수염이 석 자라도 먹어야 양반"이라는 속담이 있다. 이런 것들은 어느 신분/계급에서 나온 것일까? 사람들 앞에서 위세를 부리는 양반 자신들에게서 나온 솔직한 토로인가? 그러므로 현실주의에 항복한 것인가? 아니면 저들의 위선을 꿰뚫어 보는 민중들이 저들의 허상을 폭로한 것인가? 체통을 지키기 위해 수염을 석 자씩이나 기르고, 농부는 땅을 일구고 씨를 뿌리고 똥을 주는 일로 분주한 판에 선인이나 된듯, 속세를 떠난 듯 금강산을 찾아다니면서, 마치 일반 대중이 먹는 것과는 다른 양식을 먹고 흡족하게 사는 체하는 그 허위를 질타한 것일까?

농민들은 쌀 한 톨을 그렇게 소중히 여긴다. 그들에게 쌀 한 톨은 사변의 결과가 아니라 실제로 몸으로 피와 땀으로 그리고 배고픔을 인내하면서 얻어낸 바로 그것이다. 이 쌀 한 톨이 그의 피와 땀과 노동, 고뇌의 결정체다. 이 쌀 한 톨이 사람을 살리게도 하고 죽이기도 하는 무서운 힘을 가졌다. 그런데 이렇게 중요한 것을 생산하는 주체가 바로 '농민인 나 자신이다'라는 사실을 인식할 때 그는 진정으로 '農者天下之大本'이라는 자의식을 가질 수 있다.

그런데 그 쌀의 생산 주체인 농부는 언제나 배가 고팠다. 자기가 생산한 생산물에서 무슨 까닭에서인지 늘 소외된다. 내가 생산한 이 쌀이 어디로 옮겨지는가? 그것은 손 하나 까딱하지 않는 지주들에게 옮겨지는 것이다. 토지소유권이 경작소유권을 눌러 버리고 그 생산품을 빼앗아 가는 것이다.

빼앗아 가는 저들이 쌀 한 톨의 귀중함을 알 까닭이 없다. 배고픔의 경험이 없기 때문에 저들의 밥맛이 농부들의 밥맛과 같을 까닭이 없다. 저들에게는 노동의 희열이 없다. 내가 내 손으로 피땀흘려 장만했다는 대견함도 없다. 있다면 남의 노동의 결과를 가로챘다는 죄책감 정도일 것이다. 그러므로 지주는 비록 농부의 손에서 쌀을 빼앗았으나 쌀로부터는 소외되는 것이며, 배가 부른 까닭에 밥의 진미를 맛보고 인식하는 길이 막혀 있다.

밥을 먹고 살면서도 밥을 경시하는 배부른 자들, 밥이 모자라 언제나 배를 곯으면서도 바로 그렇기 때문에 밥을 존중하는 가난한 사람들, 이 둘 사이에는 뛰어넘으려야 넘을 수 없는 장벽이 있다. 그대로의 상태에서 공통의식에 도달하거나 공동의 과제를 가질 수 없다. 그들 사이에는 쌀 한 톨이 하늘과 땅만한 거리를 만들어 내고 있다.

종교들에서 중요한 딜레마를 볼 수 있다. 이른바 고상한, 고등종교이면 종교일수록 모든 것을 脫物化하고 정신화한다. 정신화의 극치를 걷는 것이 불교다. '心' 그것은 反物的인 상징이며 정신의 근거다. 부처도 결국 '心' 중에 존재하는 것이지 '物'에 있는 것이 아니다. 이런 원칙에서 보면 절마다 안치되어 있는 불상은 자가당착이다. 心을 반역한 현상이다. 그런데 불교는 진일보한다. 아무 설명 없이 한 걸음 더 내디딘다. 불상에 제물을 바치는 것이 바로 그것이다. 아무리 心이라고 하지만 먹는 것을 뺀 궁극적 실체란 도저히 인식의 대상이 될 수 없는 것이다. 사람이 먹는 것을 함께 먹을 수 있는 존재여야 사람과 관계 있는 신일 수 있다. 그러므로 제물을 뺀 종교란 없다.

모든 종교는, 신도 사람처럼 오장육부를 가진 존재로서 사람이 먹는 것과 같은 것을 먹음으로써 사람과의 관계를 가능하게 할 뿐만 아니라 신이 신으로 있을 수 있다고 생각한다. 그러므로 적어도 가시적으로는 축나지 않는 것을 번연히 알면서도 제물을 바치고 신이 몸소 그것을 받아 먹는 의식을 정중하게 거행한다.

원시종교는 물론 유대교도 그 예외가 아니다. 그리스도교에서는 그것이 역사적으로 반성전종교가 될 수밖에 없었기 때문에 신에게 제물을 바치는 습성이 형성되지 않았다. 그러나 사람과 사람 사이의 교류가 먹는 것을 빼고 성립될 수 없듯이, 여기서 사랑의 성만찬이 사크라멘트적 성격으로 변할 수밖에 없는 이유가 있다.

떡과 술을 나누어 먹으며 신의 현실에 동참하고 그럼으로써 한 공동체를 이룬다. 그러나 그것만으로는 역시 부족하다. 야훼 하느님은 배고프고 목마른 사람들의 현장에 직접 개입한다. 예수는 단지 정신적으로 어떤 궁극적인 것을 설교한 것이 아니라 배고픈 사람들의 삶의 현장에 와서 함께 먹고 마셨다. 그의 고통은 정신적인 데 그친 것이 아니라 살을 찢고 피를 흘리는 육적·물적 고통이기도 했다. 그리스도인들은 지금 가난하고 배고프고 목마른 사람들을 그들이 믿는 그리스도와 분리해서 생각하고 평가하는 것이 아니라 바로 그들의 굶주림에서 그리스도를 경험하도록 훈련받아 왔다.

그렇다. 배고픔을 모르는 신은 우리와 아무 상관이 없다. 밥과 유리되고 무관한 상황에서는 사람과 신의 교류는 불가능하다. 참으로 밥 먹는 신이 신이다. 밥 못 먹으면 죽는 신이 참 신이다. 그런 하느님만이 진정 굶주린 자의 하느님이고 인간의 고뇌를 아는 하느님이 될 수 있다.

그날그날 먹을 양식을!

제자들이 예수에게 특정한 기도를 가르쳐 달라고 했다. 정해진 기도는 고백과 같은 것으로 예수 당시의 종파들마다 기도문을 갖고 있었다. 그 기도문은 이렇다.

아버지, 당신의 이름이 거룩해지이다.
당신 나라가 임하소서.
우리에게 날마다 그날그날의 양식을 주소서.
그리고 우리의 죄를 용서해 주소서.
우리도 우리에게 죄지은 모든 이들을 용서합니다.
그리고 우리를 유혹에 빠지지 말게 하소서. (루가 11,2-4)

이와 거의 같은 내용이 마태오복음 6장 9-13절에서도 전해지고 있다. 다만 마태오의 것은 다른 마태오의 것은 다른 본문과 마찬가지로 훨씬 수사적이고 설명적이다. 루가의 본문이 원형에 가깝다는 것은 일반적으로 정설화된 것이므로 루가에 따르는 것이 좋다.

여기서 주목할 것은 하느님의 나라가 임하기를 원하는 기도 다음에 그날그날 우리에게 일용할 양식을 주소서라는 기도가 바싹 뒤를 따르는 것이다. 당신의 이름을 거룩하게 하라는 것과 하느님나라가 임하게 하라는 기도의 구체적인 것으로 일용할 양식을 달라고 한다. 하느님나라를 쉽게 피안적이고 정신적인 것으로 치부해 버리는 경향이 많은데, 예수는 그것을 그날그날 먹는 양식이 주어지는 현실과 직결시키고 있다. 이것을 뒤집어 말하면 그날그날의 양식이 해결되지 않는 한 하느님나라가 이룩될 수 없다는 것이 된다.

그러므로 예수는 너무도 물적이고 세속적이다. 예수는 가난을 알고 배고픔을 안 분이다. 복음서에서도 그가 배가 고프고 목이 말랐다는 이야기와 그를 따르는 수천 명의 사람들이 사흘씩이나 굶었다는 이야기는—그 마당에 예수가 홀로 먹었을 까닭이 없다—그가 굶주림의 현장에 살고 있었음을 그대로 나타낸다.

그의 공생애 출발 이전에 광야 사십 일의 시험이야기가 있는데, 그때 그는 사십 일 간이나 굶었다고 한다. 그럼으로써 굶주림의 문제가 가장 절실하고 시급한 문제로 등장한다. 저 돌들로 하여금 떡이 되게 하라. 이것은 오래 굶주린 사람에게는 언제나 있을 수 있는 환상이다. 굶주린 민중과 더불어 사는 예수에게 저 돌들을 떡으로 만들었으면 하는 소원은 일차적인 것이었으리라. 무엇을 먹을까 무엇을 마실까 고민하는 사람들이 그를 둘러싸고 있는 것이다. 그러므로 하느님나라가 실현된다는 것과 날마다 그날그날

양식을 달라는 것이 직결되는 것은 당연하다.

그날그날의 양식을 달라는 기도는 일 년, 한 달 아니 단지 이틀분의 양식을 저장한 사람에게도 해당되지 않는 것이다. 그날그날 품삯으로 살아가는 사람들에게는 이 기도가 절실하다. 그들은 거리의 일정한 장소에 모여서 자신들의 노동력을 사 갈 것을 기다린다. 그야말로 노동시장/인간시장이다. 한국에도 이러한 노동시장이 엄연히 있다. 저들은 그날그날 고용될 것을 기다린다. 바로 그것이 날마다 일용할 양식을 달라는 기도일 수밖에 없다. 누가 그를 고용하지 않으면 그날의 양식을 얻을 수 없다.

노예들에게도 이 기도는 현실이다. 노예는 의무만 있지 권리는 없다. 아무리 일을 많이 했어도 그 대가로 먹을 것을 요구할 권리는 없다. 양식을 얻는 것은 그 주인의 마음씨에 달린 것이다. 그 주인은 줄 수도 안 줄 수도 있다. 그런 그에게 날마다 양식을 달라는 기도는 그 주인에게 그날그날 자비를 베풀어 달라는 뜻이 된다.

그런데 왜 예수는 그날그날의 양식을 달라고 기도하게 했을까? 왜 이틀이나 사흘분을 달라고 하지 않았을까? 모세가 광야에서 히브리를 이끌고 갈 때 그들은 굶주림에 시달렸다. 저들에게 먹을 것을 달라는 모세의 간곡한 소원에 야훼는 만나라는 것을 주었다.

그런데 그것은 그날그날 먹어야 하는 것이며 저축할 수 없는 것이었다. 저축하면 썩어 버렸다. 예수의 이 기도에는 이 히브리의 만나 이야기가 모델이었을 수 있다. 거기에 물론 예수의 고유한 해석이 따랐을 것이다. 먹을 것을 저축해 두면 사람과 사람 사이에 장애물이 될 수 있다. 그것은 저축한 그 물질이 '너'를 대신하므로 '너' 없는 나의 삶을 가능하게 할 수 있기 때문이다. 사랑에는 저축이 있을 수 없다. 숨을 쉬는 것도 저축할 수 없다. 그때그때 반복해야만 숨이고, 그런 숨이 사람을 살려 낸다. 예수가 먹을 것과 입을 것을 염려하는 사람들에게 아무런 저축도 하지 않는 새나 꽃의 존재양식을 내댄 것이라든지, 일 년 내내 충분히 먹을 것을 쌓아 두고 물질의 보장에 안도하는 부자의 어리석음을 지적한 것은 위와 같은 생각과 일맥상통한다고 할 수 있다.

그날그날의 양식을 주소서. 이것은 나의 생활을 풍부하게 하소서라는 말이거나 나로 하여금 부자가 되게 하소서라는 소원은 아니다. 가난한 자의 목표는 그 가난에 복수라도 하듯이 어떤 방법을 써서라도 부자가 되는 것일 수 있다. 그러나 그날그날의 양식이나 희구해서는 부자가 될 수 없다. 부자가 될 길이 없으니 이런 기도나 가르친 것은 아니었을 것이다. 아니 오히려 부자가 되어서는 안되겠기에 이런 기도를 가르칠 수 있다. 까닭은 부자가 얼마나 이웃과 하느님에게 범죄할 수 있는지를 알기 때문이다.

팔레스틴은 갈릴래아 지방을 빼면 박토였고, 비도 고르게 내리지 않아 자주 흉년이 들었기에 양식은 언제나 부족

했다. 따라서 일용할 양식이 필요한 가난한 층이 먹을 것이 있는 사람들보다 훨씬 더 많았다. 그런데도 비록 적은 수이지만 엄청난 부를 누리는 사람들이 있었다. 한 라삐의 기록에는 일 년의 수입만으로 예루살렘 주민 전체를 먹여 살릴 만한 부자가 네 명이나 있다고 했고, 어떤 사람은 목축에서 얻은 수익의 십일조로 바친 송아지가 무려 일만 삼천 마리였다고 한다.

그런데 이런 부의 축적은 권력을 등에 업고 남의 것을 뺏는 일에 의한 것일 수밖에 없었으며, 그런 의미에서 합법적으로 차곡차곡 늘려 갔다고 해야 할 것이다. 어떤 여유있는 지주가 수확하여 먹고 쓰고 남은 곡식을 곡간에 저장해 두었다가 우리의 보릿고개와 같은 때를 맞아 외상으로 빌려 주고 가을에 이자를 붙여 받아들였는데, 그 값이 평소의 16배에 달한 경우도 있었다. 이런 외상 곡물을 빌린 사람은 결국 가을에 거둔 곡식을 몽땅 바쳐야 했거나 그것도 모자라 빚더미에 올라앉게 되었다. 이런 상태로 두세 해를 넘기면 가진 재산 몽땅 빼앗기고 마침내 가족을 노예로 팔아 넘겨 풍지박산이 되었다.

부자란 쓰고 먹는 것이 남아도는 사람이다. 그것은 하나의 자본이 된다. 그는 자기 힘 외에 자본이라는 힘을 빌어 이웃에 군림하고 경제적으로 착취할 수 있게도 된다. 그 자본에 남을 예속시킬 뿐 아니라 자신도 예속된다. 자본으로 자기 힘을 확대하려던 것이 자본에게 예속됨으로 비인간화된다. 바로 그렇기 때문에 예수는 부자들을 그렇게 비판하고 가진 것을 다 가난한 사람에게 내어 주라고 했을 것이다. 일용할 양식을 주옵소서. 이것에는 나를 굶지 말게 해주소서라는 소원과 더불어 자본의 노예가 되지 말게 하소서라는 말도 포함된다.

우리에게 그날그날의 배고픔을 주소서

이 기도가 위에서 해석한 것과 같은 뜻이라면 그것은 일차적으로 가난한 자의 기도지 가진 자의 기도가 될 수 없을 것이다. 예수의 민중이 이런 기도를 거듭했으면 저들은 가난한 집단임에 틀림없다. 그러면 밥술이나 장만한 사람, 직장이 보장된 사람들은 이 기도에 참여할 수 없다는 것일까? 사실 일 년, 아니 일생 먹을 것을 쌓아 놓은 사람들이 아무 생각 없이 이 기도를 어떻게 반복할 수 있는지 묻지 않을 수 없다. 하기야 어떤 형태로든 나름대로 이 기도를 해석하고 있을 것이다. 그런데 어떤 해석이든 그것이 자신의 소유를 합리화하고 거기에 안주하게 하는 것이라면 그것은 이 기도의 왜곡이다.

이 기도의 바른 해석에는 다음 사실이 절대조건으로 전제되어야 한다. 그것은 그날그날 먹을 것을 달라는 가난한 자들과 연대함으로써 그 가난의 문제에 동참하게 하는 그런 기도여야 한다. 그런데 어떤 이가 "그날그날의 배고픔을 주소서"라고 오래 기도했다. 이렇게 기도하는 이는 배부른 경험을 하고 있는 자다. 그 만끽상태가 얼마나 타락한 인간상인가를 체험했을 것이다. 아마 배를 가득 채우고 누워 곤히 코를 고는 돼지에게서 자신을 보았을 수 있다. 실컷 먹고 밥상을 물리고서 트림을 유별나게 하면서 평양감사 부럽지 않다고 하는 순간의 그 사람에게서 구역질을 느꼈을 수 있다. 배고픈 자가 가득한 세상에 만끽한 배를 쓰다듬으면서 만족해 하는 자가 옳은 사람일까? 세상이 문제 투성인데 자신만이 행복할 수 있다는 말인가. 그것은 바로 '배를 하느님을 삼고 있는 사람' 아닌가.

내게 일용할 배고픔을 달라는 것은 '너'의 고뇌 '너'의 결핍을 나누어 갖게 해달라는 것이다. 그것은 그날그날의 양식을 달라는 기도를 가로막는, 가진 것을 버리게 해달라는 기도일 수 있다. 예수가 부자 청년에게 권했듯이 이렇게 기도하는 것은 바로 포화 상태에 있기 때문에 배고픔을 이해할 수 없고 '너'를 필요로 하지 않으며 그리움을 모르는 존재가 되어 자기 만족 속에서 죽어 가는 그런 상태에서 해방되고자 하는 기도일 수 있다. 이 기도는 그러므로 배고픈 사람과의 연대관계를 갖고 싶다는 소원의 표시일 수 있다. 그러나 그런 것이 현실적으로 가능할까?

예수는 가난한 자는 복이 있다고 선언했다. 지금 굶주린 자는 복이 있다고 선언했다. 이것은 분명히 편파적인 선언이다. 루가는 여기에다 부요한 사람은 화가 있다. 지금 배부른 사람은 화가 있다는 말을 대비시킴으로써 그 편파성을 더 뚜렷이 하고 있다. 이 가난하고 굶주린 자는 바로 일용할 양식을 달라는 기도공동체에 참여할 권리를 가진 사람들이다. 이에 대해 마태오는 '마음에 있어서'(영에 있어서)라는 말과 '의를 향해서'라는 단서를 붙였다. 이로써 그는 그날그날의 먹을 것을 찾아 헤매는 사람들에게 국한시키지 않고 그렇지 않은 사람들도 그럴 수 있는 길을 열어 놓았다. 영에 있어서 가난함은 물질적 가난과 다른 것이나 가난하다는 현실에서 만날 수 있다. 먹을 것이 없어서 주리지는 않으나 의를 향해서 주림으로 만끽한 자와 배고픈 자의 만남이 아니라, 무엇엔가 결핍되었기 때문에 무엇인가를 추구한다는 상태에서 연계될 수 있다. 영에 있어서 가난하라는 말은 쉽게 추상적인 도피처를 제공할 수 있기도 하나 오히려 그에게 더 어려운 주문이 될 수도 있다. 가지면서도 가지지 않은 듯이 가졌으면서도 그것이 자기 것이 아니라는 인식의 지속, 가졌으나 그것 때문에 가지지 않은 자를 향해 자랑하는 것이 아니라 오히려 부끄러움을 가져야 하는 그런 상태에 있으라는 것이라면 가난한 자의 입장보다 훨씬 고뇌스럽다.

의를 향해 주리고 목마른 것을 적극적으로 받아들이면 나(우리)의 배고픈 문제에 머물러 있는 것이 아니라 이 세상의 부조리, 불공정한 분배구조 때문에 생산한 자가 살길이 막히는 세상에 대한 진정한 분노를 갖게 되며, 마침내 그런 옳지 않은 세상을 바꿔 놓기 위한 투쟁에 나설 수밖에 없게 되리라.

배부름은 우리를 타락하게 한다. 남아도는 시간은 우리를 썩게 한다. 초가 자신을 태우는 한 초의 생명인 빛을 발하듯 사람은 자신을 넘어서 '너'를 위해 (애)태움으로 '나'로서 살 수 있다. 내게 먹을 것이 있어 배고프지 않고, 그러므로 일용할 양식을 달라는 기도에 참여할 수 없다면 그는 먹으면서 시들어 가고 있는 것이다.

"나(우리)에게 배고픔을 주소서. 너의 배고픔이 나의 배고픔이 되게 하소서. 그래서 만끽해서 오는 비대함에서 풀려나 그날그날의 양식을 달라고 기도하는 '너'와 연대하여 진정한 '우리'로 살게 하소서."

다 팔아 보화를 산다
—신부재(神不在)의 현장에서

신부재의 현장에서

아키노 정권이 들어서고서 한참 지난 뒤에 필리핀을 돌아본 한 젊은이의 보고를 들은 적이 있었다. 그는 뜻있는 여러 한국인과 마찬가지로 필리핀에서의 마르코스 추방과 아키노 승리를 열렬히 환영했던 사람이다. 그런데 그의 눈에 비친 필리핀은 전혀 달라진 것이 없었다고 한다. 이 말은 필리핀이 마르코스 시절의 외모를 그대로 유지하고 있다는 말이 아니다. 그때의 부조리한 구조는 조금도 달라지지 않았고 통치력의 이완을 악용하는 부패한 세력이 날로 더해서, 수많은 피로 건진 필리핀일지라도 이제는 이 수렁에서 헤어나리라 기대할 수가 없어 보였다는 것이다. 이런 정황을 목도하면서 그는 마침내 신에 대한 회의에 빠졌고 신은 존재하지 않는다는 판단에 도달했다고 끝말을 맺었다. 옳은 판단인가? 그는 신과 정의를 일치시켰거나 적어도 신은 정의의 수호자라는 대전제에 매달려 있었음에 틀림없다.

나는 언젠가 단상에서 신은 존재하지 않는다고 선언한

적이 있었다. 그 자리에 있던 이들 가운데 어떤 이는 그 말에 적극 찬동하면서 동지를 새삼 만난 듯이 손을 내밀었고 어떤 이는 심각한 표정으로 "그 말씀에 책임을 지셔야 합니다"고 '경고' 했다. 나는 군사독재가 시작된 이후부터 공석에서 자주 '사필귀정'(事必歸正)이니 '신상필벌'(信賞必罰)이니 하는 말은 거짓말이라고 했다. 까닭은 눈앞에 전개되는 현실은 결코 심은 대로 거두어지지 않았기 때문이다. 악당들의 횡포에 분노하면서도 힘없는 자신에게 체념하면서 하늘에서 벼락이라도 내렸으면 한 때가 한두 번이 아니었으나 그런 일은 결코 없었고 오히려 저들은 말을 바꿔 타고 대를 이어 가면서 계속 영화를 누리고 있었기 때문이다. 그러나 성서에 나타나는 사람들은 결코 그 청년과 같은 결론에 이르지 않는다.

신을 믿기 때문에

구약성서는 한 나약한 민족이 모순과 갈등 속에서 해방되기 위해 신에게 절규해 온 기록이라 하겠다. 그 안에 나타난 신은 결코 사필귀정을 책임지는 교통정리자는 아니다. 그럼에도 저들은 결코 "그러니까 신은 없다"는 결론에 주저앉는 일 없이 끝까지 그 신을 '물고' 늘어진다. 마치 야곱이 야뽁 강가에서 신과 격투하듯이. 그러므로 구약에는 탄원이 중심을 이루고 있는데, 그중에 시편은 탄원시로 메워져 있다. 그중 하나를 읽어 보자.

> 야훼여, 어찌하여 멀리 계십니까?
> 악한 자들이 웃어대며 미약한 자를 박해합니다.
> 저들이 던진 올가미로 저들을 덮치소서
> 악한 욕망 품고도 자랑스레 뽐내고
> 탐욕으로 악담하며 야훼께조차 코웃음칩니다.
> 악한 자 우쭐대며 하는 말,
> "벌은 무슨 벌이야? 하느님이 어디 있느냐?"
> 이것이 그의 생각의 전부입니다.
> 당신의 심판은 아랑곳 없이
> 날이면 날마다 그의 생활 흥청거리고
> 반대자를 비웃으며,
> "내가 망하는가 두고 보아라.
> 나에게 불행이란 없으리라"고 스스로 다짐합니다.
> 내뱉으면 저주요,
> 입 안에 찬 것은 거짓과 폭언,
> 혀 밑에는 욕설과 악담뿐입니다.
> 마을의 길목을 지켰다는
> 죄없는 자 쳐죽이고
> 두 눈을 부릅뜨고 가엾은 사람을 노립니다.
> 숲속에 숨은 사자처럼
> 불쌍한 이 덮치며
> 불쌍한 이 기다리다가
> 그물 씌워 끌고 가서

죄없는 자를 치고 때리며
가엾게도 거꾸러뜨리고는 하는 말이,
"하느님은 상관없지.
영영 보지 않으려고 얼굴마저 돌렸다."
일어나소서 야훼 나의 하느님, 저들을 내리치소서…
(시편 10편).

뜻하지 않게 긴 인용은 이 본문이 바로 우리 얘기인 것 같아 멈출 수가 없었기 때문이다. 수천 년의 간격이 있고 사회구조도 달랐는데 드러나는 양상이 이렇게도 같을 수가 있을까? 악당들의 횡포에 대한 서술도 그렇거니와 무엇보다 신부재(神不在)의 현실 고발이 꼭 같다. 이 본문이 묘사하는 현실에는 부조리와 그것에서 연유하는 고난의 계속 그리고 그런 현장에서 터져 나오는 탄원 외에는 아무 것도 존재하지 않는다. 그럼에도 탄원하는 이는 신을 부정하지 않는다. 아니 오히려 바로 신부재의 현장이기에 신을 부른다. 더욱 애타게, 저들의 애탐과 탄원은 오히려 신을 믿기 때문에, 신의 심판을, 그의 정의를 믿기 때문이다. 그렇지 않다면 그런 현실에 대한 예민함이나 분노는 일찍 사그라져 버렸을 것이다. 그리고 그 뒤죽박죽이 삶 자체이려니 해서 길든 짐승처럼 죽는 날까지 비참한 삶인 줄도 모르고 그 삶을 이어 갔을 것이다.

그러나 이 시인은 절망을 모르며 패배를 모른다. 현실을 고발하면서 마침내 멀리 있는 신을 힐책하며 신의 직무유

기를 추궁한다. 그러니까 신을 향해 어서 일어나서 제 할일을 하라고 명령 같은 탄원을 토하는 것이다. 거기에는 신마저 움직일 수 있다는 자신이 담겨 있다.

간여하지 않음으로써 심판하는 신

시편의 시인과 같은 자세는 예수사건 이후에도 성서에서 이어지고 있다. 그 한 예는 바울로다.

바울로는 로마에 있는 소수의 그리스도인들에게 보내는 편지에서, 서두부터 로마 상류사회의 부패상을 집중적으로 폭로하며 고발한다. 그는 그 사회의 부패상과 잔악성 그리고 교만함을 그 당시의 언어를 총동원하여 공격한다(로마 1, 29-32). 다른 사회와 마찬가지로 로마의 부패도 상류사회에서 시작되었다. 세계 약소민족에게서 찬탈한 부를 독점한 계급에서 생겨날 수밖에 없는 필연적인 행태다. 그런데 그것이 점차 아래로 전염되어 작은 그리스도인의 모임에까지 침투했다. 이러한 현실 앞에서 문제가 제기되었다. 그리스도교에서 말하는 역사의 주재자라는 신은 도대체 어디 있느냐고! 바울로도 이 사실을 알고 있다. 이러한 악의 횡포가 판을 쳐도 신은 간여하지 않는다. 그러나 바울로는 "그러니까 신은 존재하지 않는다"거나 혹은 이 역사와 신의 영역을 분리함으로써 여전히 '신의 자리'를 마련하려고 하지 않는다. 그는 신이 간여하지 않는 것을 인정하면서도 동시에 심판하는 신을 믿어 의심하지 않는다. 그는 이런 논리로 그의 신념을 편다! "신은 내버려 둠으로써 심판한다. 즉 신은 부패해 가는 것을 그대로 내버려 둠으로써 철저히 부패하게 하며, 포악한 것을 그대로 내버려 두어 점점 더 포악해지게 함으로써 마침내 자멸하게 한다"는 것이다. 즉 간여하지 않음으로써 간여한다는 것이다. 신이 당장 간여하기를 갈구하는 사람에게 이 얼마나 억지인가! 그러나 바울로는 궁극적인 신의 심판, 즉 심판하는 신을 믿기 때문에 그에게는 이런 논리가 가능했던 것이다. 간여하지 않는 신은 현실에서 볼 때 존재하지 않는 신이다. 존재하지 않음으로써 존재하는 신을 믿은 바울로는 그러므로 무신적 그리스도인이 아닌가? 적어도 그가 신부재 세계에서의 그리스도인의 선구라고 하는 데는 이론이 없을 것이다.

그러나 신부재의 현실을 가장 고민한 것은 예수의 민중이었다. 예수의 민중들은 예수를 만나기 전부터 이스라엘의 하느님 신앙의 전통에 서 있었음에는 틀림없다. 그러나, 절망스러운 현실 속에서 저들의 새 세계(하느님나라)에 대한 대망은 체념상태에 빠져 있었을 수 있다. 그런데 예수를 만남으로써 꺼져 가던 불이 되살아 나듯 그 나라에 대한 열망의 불을 다시금 붙였을 수 있다. 하여간 성서에는, 예수를 만날 때의 저들의 작태가 그저 일상생활에 파묻혀 지내는 사람들 이상으로 묘사되어 있지 않다. 갈릴래아 호수에서 고기를 잡고 있거나, 심지어 민족의 적으로 간주되는 세리가 되어 로마의 앞잡이 노릇을 하는 놈도 있었다. 또 그중에는 젤롯당 출신도 있었던 모양이지만, 그도 이미 기진하여 그 대열에서 이탈한 후 갈 바를 모르다가 예수를 만난 듯하다. 아무튼 분명한 것은 예수를 만남으로써 저들에게 신에 대한 신앙, 새 세계에 대한 열망이 불타오르게 되었다는 것이다. 그들은 예수와 함께 활동하면서 모든 희망을 예수에게 걸었을 것이다. 그들에게 예수는 모든 것이었을 뿐만 아니라, 그의 출현과 활동은 이스라엘 전체의 회복을 약속하는 것으로 받아들여졌으리라.

그런데 그런 예수가 갑자기 처형됐다. 이 무슨 날벼락인가! 그같은 '하느님의 사람'의 말로가 어찌 그렇게 끝날 수 있을까! 그러나, 아마도 저들은 예수가 힘 없이 죽임당했다는 일 자체보다는 더 근본적인 문제에 고뇌할 수밖에 없었으리라. 그것은 바로 예수가 그토록 억울하게 죽어 가도 간여하지 않는 침묵의 하느님에 대한 회의다. 저들은 마지막 순간까지 십자가 아래에서 신이 개입하는지를 살펴보고 있는 유신론자들처럼, 기적이 일어나 저가 그 십자가에서 뛰어내리거나 아니면 저 불의한 세력이 벼락이라도 맞기를 기대했을 것이다. 그러나 아무런 일도 일어나지 않았다. 못을 박는 자와 못박히는 자, 찌르는 일과 찔리는 일 그 사이에 아무 것도 개입하지 않았다. 그리고 이 사건은 사람들을 둘로 갈라놓았다. 배신자와 그를 마지막까지 따르는 자로 말이다. 그런데 배신자가 압도적으로 많았다. 예수를 십자가에 처형하라는 군중의 함성은 있었지만 그것에 반대하는 시위는 없었다. 그를 끝끝내 부정하지 않은 자는 몇몇 여인들뿐!

그런데 그러한 패배의 역사에 대한 증언은 우리 이야기 서두에 말한 그 청년의 증언과는 전혀 다르다. 예수를 죽이려는 계획은 착착 진행된다. 시간이 지날수록 예수의 편은 붕괴과정만 밟는다. 겟쎄마니의 고투는 처절하게 묘사된다. 그러나 예수 홀로의 고투일 뿐 그의 편은 무지와 무력함만 드러내며, 그중의 하나는 스승을 배신하여 적대자에게 밀고한다. 가장 측근인 제자들은 모두 다 도망치고 베드로마저 예수를 생명부지의 집착과 쉽게 바꾸어 버린다. 해체다! 와해다! 그런 와중에서 예수의 처형은 아무런 차질 없이 일사천리로 진행된다. 운명을 앞에 둔 예수는 마침내 "나의 하느님 나의 하느님 왜 나를 버리셨습니까"라는 탄원과 함께 알 수 없는 큰소리를 지르고 운명한다. 그것으로 모든 것은 끝난 것이다. 이쯤하면 그 신을 부정할 만도 하지 않나? 그러나 예수의 민중들은, 그런 운명에 처한 예수 자신이 하느님을 부정했다고 믿지 않았다. 그러기에 죽어가면서 "나의 하느님"이라는, 고난 속에서 절규하는 시편 시인의 절규를 운명하는 예수의 입에 담았고, 그럼으로써 예수의 수난에 대한 이해는 극치에 이르게 된다. 예수에 대한 그런 이해는 동시에 예수의 민중에게 이어진다. 비록 그들의 스승이 그처럼 이해할 수 없는 억울한 죽음을 죽었어도 하느님을 부정할 수는 없다는 그들의 신앙으로. 바로 이런 신앙의 고수가 예수의 수난을 새롭게 이해할 수 있게 했다.

신은 더 이상 사필귀정이 아니다. 또한 전능한 정의의 수호자도 아니다. 아니 그는 불의 앞에 무력한 신이다. 그러므로 불의한 세력의 손에 피살되는 신이다. 예수의 민중들은 바로 예수의 피살현장에서 신의 피살을 본 것이다. 그런데 그들은 그렇게 피살된 것이 바로 '우리'가 당해야 할 운명을 대신한 것임을 깨달았다. 이로써 십자가 사건은 패배의 사건이 아니라 신의 자기초월의 사건이며 사랑의 극치임을 깨닫게 되었다.

바로 이같은 십자가 이해는 신에 대한 흔들릴 수 없는 신앙으로 인해 가능했고, 이런 신앙에 의해 다시 일어선 저들은 놀랍게도 신의 부활을 경험한 것이다. 이 체험을 통하여 저들은 신 따로 나 따로, 신은 구원의 주체, 나는 객체라는 사고를 극복했으며, 그 양자가 부활사건으로 하나되었다는 사실을 확인했을 뿐 아니라 그 사실을 삶으로 보여 주게 된 것이다. 예수의 고난에 참여함으로써 그의 부활에 참여한다는 바울로의 확신은 바로 이 예수의 민중들이 다다른 현실인식을 표현하는 것이다. 부활은 나와 상관없는 신의 사건이거나 한 방관자로서 관조한 사건이 아니라, 그 안에 자신들도 함입되어 있는 사건이라는 예수민중의 믿음은, 저들 자신이 신의 영역에 들어섰다는 의식지

평의 혁명적 전환을 말해 준다. 그러므로 저들은 더 이상 역사 안에서 벌어지는 신의 행위를 관조하는 자가 아니라 스스로 그것에 참여하는 주체의 반열에 서게 된 것이다. 이로써 예수, 하느님과 더불은 '우리'라는 인식에 도달한 것이다. 이것이 초대 예수민중공동체의 자의식이다.

그런데 그 공동체에 문제가 생겼다.

가라지 비유

위에서 서술한 대로 당당하게 출발한 공동체에 문제가 생긴 것이다. 이 사실을 암시하는 것 중에 하나가 가라지의 비유(마태 3,24-30)다. 알곡만 심은 밭에 가라지가 섞인 것이다. 어떻게 이런 일이 가능한가! 그대로 두면 알곡에도 피해가 간다. 알곡을 지키기 위해서는 그 가라지를 하루 속히 뽑아 버려야 한다는 것이 농부의 주장이다. 밭 주인은 생각이 다르다. 가라지가 섞인 것은 원수들이 밤에 잠입해서 한 짓이다. 그러므로 공존할 수 없는 대결의 대상이다. 그러나 지금 가라지를 뽑다가는 알곡도 뽑을 수 있으니 가만 두라는 것이다. 내버려 두라는 것이다. 급진파와 온건파의 차이인가!

"내버려 두라"는 말에서 우리는 다시 바울로의 심판이해를 연상하게 된다. 그의 이해대로라면 내버려 두는 것은 온건한 타협이 아니라 더 무자비한 심판의 진행을 의미한다. 그런 상태를 방지하기 위해서 여기저기 어설프게 손을 대는 것은 그 낡은 것의 수명을 연장하는 '개량주의적' 결과만 초래할 뿐이다. 썩는 것을 빨리 썩게 함으로써 완전히 끝장을 내야 완전한 새 역사가 시작된다는 것은 혁명론자의 입장이다. '내버려 두는 시간'은 신부재의 현실임에 틀림없다. 그러나 내버려 두라는 것은 타협이 아니라 심판의 신을 철저히 확신하는 자에게만 가능한 '여유'다. 내버려 두는 단계는 철저한 심판, 즉 가라지는 뽑아 단으로 묶어 불태워 버리고 밀은 곳간에 거두는 궁극적 심판을 전제하기에 가능하다. 내버려 두는 기간은 둘 다 "함께 자라도록 내버려 둠"의 기간이다. 충분히 자랄 때에야 비로소 밀과 가라지가 분명하게 가려지겠기 때문이다.

다 팔아서 보화를 산다

우리는 성서의 사람들이 어떤 경우에도 하느님을 전제로 하고 있음을 보았다. 암흑시대를 산 그들이 하느님을 전제했다는 것은 하느님의 심판을, 곧 하느님나라의 성취를 전제했다는 말이다. 그러나 우리의 물음은 여기에서 그칠 수 없다. 우리는 묻게 된다. 그러면 결국 "믿음만"이면 된다는 것인가? "내버려 두라"는 것은 바로 그것을 뜻하는가? 그것은 老子에서 말하는 무위(無爲)와 같은 것인가? 우리는 아무 것도 하지 않고 심판을 기다리기만 하면 되는가? 무신의 시대를 신앙으로 살았던, 간여하지 않는 신에게서 극단적인 간여를 읽었던 성서의 사람들은 그 암흑의 시대에 무엇을 어떻게 하면서 살아갔는가?

우리가 문제 삼은 가라지 비유 다음에 겨자씨와 누룩의 비유가 이어진다. 이것들도 그 구도가 가라지 비유와 같다. 밭에 씨를 뿌린다거나 여인이 누룩을 가루 속에 넣는다는 것까지는 이야기를 전개하는 부분으로 그 자체에는 특별한 의미를 부여하지 않는다. 그런데 그 뒤에 벌어지는 일에 대해서는 사람이 간여할 부분이 없다. 그 다음에 가라지 비유에 대한 해설이 따르는데, 그것에서도 사람이 해야 할 영역이 없다. 그런데 그 다음에 극히 짤막한 세 가지 비유가 나열되어 있는데 그 셋은 마치 한 문단과도 같이 밀착되어 있다. 그런데 첫 부분의 두 얘기는 위의 비유들과 대조를 이루며 끝부분의 얘기는 내용상 가라지 비유와 일치한다. 아무튼 이 비유들을 가라지 비유와 관련시켜서 사람의 할일에 대한 우리의 물음을 계속해 보자.

이 비유들은 가라지 비유와 직접 연관없는 별개의 것이다. 그러나 다음 몇 가지 점에서 공통점이 있다. 첫째는 둘 다 하느님나라 비유라는 점이다. 둘째, 그러나 둘 다 하느님나라가 어떤 것(what)인가를 밝히려 하지 않는다. 끝으로 만일 이 세 개의 짧은 비유를 의도적으로 묶어 나열한 것이라면 마지막 비유는 전체의 전제면서 결론으로서, 그 내용의 일관된 흐름을 견지하고 있는 것으로 볼 수 있을 것이다.

> 하늘나라는 마치 밭에 묻혀 있는 보물과 같다. 사람이 그것을 발견하면 다시 묻어 두고 기뻐하여 집에 돌아가 있는 것을 다 팔아 그 밭을 산다(13,44).

하늘나라를 보물과 같다고 한다. 그러나 이런 표현 자체에서는 그 나라의 현실이 드러나지 않는다. 그것이 귀중하다는 것은, 그것을 발견한 사람이 가진 것 전부를 팔아 그것을 샀다는 데에서 드러난다. 그런 시각에서 사람들은 그 나라의 현실을 "기뻐하며"에서 찾으려 했다. 즉 하늘나라는 기쁨이라는 것이다. 그러나 그런 이해는 극히 애매하다. 기뻐하는 것은 그것을 발견한 사람의 감정이니 그것이 바로 하늘나라의 내용일 수 없다. 이 비유에서 중심되는 것은 역시 "있는 것(가진 것)을 다 팔아 그 밭을 샀다"에 있다. 그 다음에 있는 진주 발견의 비유에도 "기뻐하여"라는 구절은 빠져 있지만 이와 똑같은 서술이 있다.

그 밭을 사는 데 필요한 만큼의 소유를 팔았다고 하지 않고 있는 것을 다 팔아서 그것을 샀다고 한다. 이것은 이윤추구의 행위를 나타내는 표현이 아니다. 아니 그 귀중한 것에 전체를 바친 것이다.

이것은 결단의 행위를 나타낸다. 결단이란 언제나 포기를 내포한다. 선과 악에서 선을 선택하는 것은 결단이 아니다. 아니! 양쪽에 선과 악이 섞여 있는데 하나를 선택하는 것이 결단이다. 그러므로 다른 한쪽에 포함된 선한 것도 악한 것과 더불어 포기하는 행위다. 그 귀중한 하나를 얻기 위해 자신이 가진 모든 것을 내던진다. 아니 희생한다. 이러한 희생의 각오 없이 귀중한 것을 보유할 수는 없다. 그것은 바로 모험행위다.

우리 시대의 보화들

우리는 지금 신의 빛이 사라진 시대에 살고 있다. 그야말로 깜깜한 시대다. 그러나 바로 그렇기 때문에 흙에 덮인 보석이 반짝이는 것을 발견할 수 있다. 無神의 시대에 반짝이는 보화들. 그러나 그 반짝이는 보화를 쳐들어 올리면 밤의 세력에 의해 희생될 수 있다.

우리는 보화가 연속해서 노출되는 엄청난 때에 살고 있다. 도대체 이같은 이기주의 시대에 바른 세상을 만들기 위해 자신을 초개와 같이 버리되, 제 몸을 불살라 버리는 젊은이들이 뒤를 잇는 이런 사회가 어디 또 있을까! 그런 일이 너무, 자주 일어나기에 우리는 그런 일에 무감각해질 정도다.

그러나 우리가 분신자살하거나 투신자살하는 이들의 뜻을 소중한 보물로 떠받들 경우 우리는 이유 있는 비판을 받게 될 것이다. 귀중한 생명을 그렇게 내버리는 것은 생명에 대한 모독이다. 저들은 부모들의 가슴에 영영 뽑을 수 없는 못을 박았다. 그런 행위는 무모하고 어리석다. 길을 가로막는 돌 하나라도 걷어차고 죽지, 그렇게 죽다니! 그런 행위는 자신에게 국한되는 것이 아니며 곧바로 후진의 자살을 유도하게 될 것이다. 그러므로 그런 행위를 찬양하는 자는 남의 희생을 선동함으로써 무엇인가 얻으려는 파렴치한 자다. 그렇다. 이런 비판이나 비난에 동의할 수 있다. 그러나 아무리 타당한 비난이라도 나는, '우리'를 위해 자신을 내던지는 저들의 순수한 동기나 목적의식을 상쇄할 수 없다고 생각한다.

문익환 목사를 시발로 여러 사람들의 '허락되지 않는' 방북이 큰 물의를 일으키고 그런 것들이 이른바 공안정국의 빌미가 되었다. 저들의 행위를 잘못된 소영웅주의니 북한의 공작에 이용됐느니, 통일의 길을 지연시켰느니, 더 나가서는 재야세력을 붕괴한 무책임한 짓이라는 비판이 있다. 그렇다. 모두 일리 있는 말이다. 그러나 누가 무슨 소리를 하고 이유 있는 비난을 해도 저들의 민족 사랑 바로 그것에서 우러나온 통일염원의 순수성을 왜곡해서는 안된다. 임수경 양이 전대협을 대표하여 비밀리에 방북했다. 그때는 벌써 문목사가 구금된 때이기에 그는 그같은 수난을 각오한 것이다. 그런데 임양의 행위에도 꼭 같은 이유 있는 비난이 있다. 그럼에도 불구하고 가톨릭 정의구현사제단은 임양의 그 순수한 목적에 찬동하는 표시로 문신부를 북으로 파송했다. 저들은 그로 인한 모든 비난과 비판을 각오한 것이다. 그러므로 문 신부의 행위에 대한 정부의 선전적인 차원에서 비난이나 운동 전술적인 차원에서의 비판이 빗발치는데도 끝끝내 임양과 문신부의 편에 설 것을 다짐했으며, 그것을 정죄하는 실정법인 보안법 철폐운동을 펴기로 했다.

우리는 귀중한 보물들이 이렇게 연쇄적으로 노출되는 현장에 살고 있다. 그러나 그 보물을 그저 안일하게 주울 수 있는 상황이 아니다. 뜨거운 불 속에 있는 황금덩이를 주워 내는 행위와 비교할까. 이 칠흑 같은 神不在의 시대는 그것을 주워 내다가 손을 데도 상관없다는 그런 각오를 요구한다. 우리는 이런 현장에서 땅에 묻힌 보물의 비유를 풀 열쇠를 찾는다. 우리는 우리 가운데에서 지금 모든 것을 다 팔아서 보화 하나를 사는 하느님나라 건설자들을 보고 있다. 저들은 한 가지 보물을 얻기 위해 자신이 가진 것 전체를 내던졌다. 생명까지!

우리는 어떡할 것인가? 그저 그런 것을 보고 있는 관찰자로 머물 것인가? 아니다. 어떤 비난과 박해가 와도, 저들이 발견한 보화를 위해 자신의 모든 것을 팔아 버린 그 뜻에 동의하며 그 대열에 서야 한다. 그것이 바로 곡식과 가라지가 충분히 자라도록 기다리는, 神不在의 시대를 사는 그리스도인이 가야 할 길이며 하느님나라의 건설에 참여하는 길이다.

분단의 극복
— 사마리아 여인과의 대화를 중심으로(요한 4,21-23)

 요한복음에 나오는 이 유명한 이야기는 예술가들이 낭만적인 주제로 즐겨 사용하는 것이다. 성서학자들은 이 이야기의 핵심이 39절의 "많은 사마리아 사람이 예수를 믿었다"라는 말에 있다고 본다. 그러나 그렇게 단순한 것을 목적했다고 보기에는 사마리아 여인과의 대화가 너무 길고 자세하다. 따라서 이 이야기는 그것보다는 더 중요한 그 무엇을 보여 주기 위한 목적으로 편집되었을 것이다. 이런 가정을 전제로 대화의 과정과 내용을 고찰해 볼 필요가 있다.

사마리아와 유다

 여기서 가장 먼저 밝혀야 할 것은 이 대화의 무대인 사마리아의 성격이다. 구약에는 오므리 왕이 사마리아를 수도로 삼았다는 첫 기록이 있다(열상 16,24). 그러면 사마리아가 수도로 된 것은 기원전 800년 후반으로까지 소급된다. 사마리아는 이스라엘이 남북 왕조로 갈라졌을 때에도 북 이스라엘의 수도였다. 에제키엘은 사마리아를 북 이스라엘의 대명사로 사용한다(에제 16,46). 그런데 사마리아는 외세의 침략으로 계속하여 수난을 당해 왔다. 그러다가 아시리아가 침략하여 이스라엘 전역을 점령했을 당시 사마리아 지역 사람들은 두 차례 이상 끈질기게 항거하다가 끝내 항복하였고, 이로써 북 이스라엘은 종말을 고하게 된다 (주전 721년). 그런데 아시리아는 자신들에게 끈질기게 항거하였던 사마리아 사람들에게 보복하고자 그 지역 지도층을 모두 납치해 갔을 뿐만 아니라 바빌론, 북 시리아 등지에서 이방인들을 이주시켜 그 전통을 끊으려고 했다.

아시리아를 이어 강대국으로 등장한 페르샤는 사마리아를 재건하여 지방 수도로 삼고 주전 6-4세기 동안 사마리아 전 지역을 지배했다. 그 다음에는 그리스의 알렉산더가 침공하여 많은 사마리아인을 세겜으로 추방하고(주전 322년), 또다시 시리아와 마케도니아인들을 이주시켜 헬레니즘을 가지고 다스렸다. 그후 유다계의 하스몬가 히르카누스(Hirkanus)가 사마리아를 침공, 파괴하면서(주전 107년) 사마리아인들에게 유다교로 개종할 것을 강요하였다. 그 뒤 로마가 다시 침공하여 이 도시를 재건하였다.

그 뒤를 이어 헤로데 1세가 사마리아에 새 성을 쌓고 로마의 황제를 위한 신전까지 짓고는 그 이름을 바꾸어 버렸다. 이렇게 이유 없는 고난을 당했으면서도, 피가 더러워졌으며 종교도 혼합되었다는 명목으로 동족에게서도 계속

천대를 받아 왔다. 열왕기하 17장 24-41절에서는 사마리아 사람들의 혼합주의를 맹렬하게 비난하고 있다. 그러나 그것은 어디까지나 편파적이고 일방적인 정죄다. 물론 이는 남 유다의 입장에서 서술된 탓이기도 하지만, 사마리아 지배자들의 정책과 그 안에 살았던 이스라엘 民의 삶은 구별해서 평가해야 할 것이다.

사마리아인들은 그같은 불우한 상황에서도 성전을 짓고 모세오경을 문자 그대로 받아들이려고 했으며, 바빌론 포로들이 돌아와 예루살렘 성전을 재건하려 할 때 거기에도 적극 참여하려고 하였다. 그리고 종국에는 로마와의 투쟁에 적극 참여하여 많은 피를 흘린 사실 등으로 보아 저들은 자기 정체를 지켜 왔다고 보아야 할 것이다. 그런데 문제는 사마리아와 유다가 철저한 적대관계에 서게 됐다는 것이다.

그렇게 된 중요한 동기는 바빌론에 포로로 잡혀 갔던 남유다의 상류층 사람들이 페르샤의 후원으로 귀국하여 성전을 재건하려 할 때 사마리아인들이 거기에 동참하려고 하자 이를 거부한 데서 비롯된다. 남 유다인들이 거부한 이유는 사마리아인들의 피가 이방인들의 피와 섞여 더러워졌으며 야훼종교마저 오염되었다는 것이었다. 그러나 이에 대하여 다음 두 가지 사실을 간과해서는 안된다. 그 하나는 사마리아가 본래 북 이스라엘의 본거지라는 점이다. 즉 남북왕조의 분열이 빚어 낸 적대관계의 노출이라는 시각에서 이 문제를 보아야 한다는 뜻이다.

다른 하나는 이 갈등의 배후에 바빌론 포로에서 돌아온 성전재건의 주역들과 사마리아에 남아 있던 사람들 사이의 사회계급적 차이가 작용했을 것이라는 점이다. 그 후로 계속하여 이 양자 사이는 단절되었으며 급기야 사마리아계가 예루살렘에서 추방되는 등의 일이 일어났다. 그리하여 알렉산더가 침공해 올 무렵에는 그리짐 산에 따로 성전을 세우게까지 되더니 주전 107년 히르카누스의 침공 때에는 그 갈등과 대립이 극에 달하게 되었다. 남북의 관계가 얼마나 악화되었는지에 대해서는 로마와 헤로데 시대에, 같은 통치구역이었음에도 불구하고 두 지역에 대한 정책이 다를 수밖에 없었던 점에서 잘 드러난다.

이같은 분단 관계가 신약시대에도 그대로 반영된다. 루가복음에는 예수의 일행이 예루살렘으로 가는 길에 사마리아를 통과하려 하자 이를 환영하지 않았으며, 이에 격분한 예수의 제자들이 하늘의 저주를 내릴 것을 간청한 기사가 실려 있으며(9,15이하), 사마리아를 예수의 선교 영역에서 제외하라는 보도도 기록되어 있다(마태10,5).

한 민족의 분단이 얼마나 큰 비극인지는 우리가 현실로 경험하고 있다. 우리는 오랜 단일 민족의 역사를 가지고 있기에 더욱 그러하다. 한국은 외세에 의해 분단되었다. 이 점에 있어서는 사마리아의 분단도 마찬가지다. 이런 분단 상태를 그대로 두고 평화란 절대로 올 수 없다. 특히 그

분단이 불의에 의해 초래된 것이라면 그 불의의 결과를 정리할 때에만 참 평화가 가능하다는 사실에 유념해야 한다. 그런데 지배층은 그들의 집권을 위해 분단을 기정 사실로 전제하거나 영구분단을 꾀하기까지 한다. 한국의 정권들도 한국민의 열망 앞에서 통일을 운위하고 있으나, 우리 분단의 책임을 지고 있는 미국의 정책도 남북분단의 고착화를 지향하고 있다. 왜냐하면 미국이 남한의 정권을 완전 장악하고 나면 한국을 양 블럭의 전선으로 삼고 이 한국땅을 대소련 원자무기의 기지로 삼을 수 있기 때문이다.

이 분단을 뒷받침하는 것이 반공 이데올로기다. 그것은 유다계 지배층이 반사마리아주의를 극대화한 것과 본질상 다르지 않다. 게다가 미국은 힘의 균형으로만 평화를 유지할 수 있다는 이론 위에 한국을 전쟁무기 시장으로 삼고 있다. 한국은 원자무기 기지화되었을 뿐 아니라, 1970년 이래로 세계에서 거의 유일한 원자력 수입국이 되었다. 그러나 이러한 평화란 있을 수 없다. 힘의 논리에 의한 평화는 불화를 감추는 위장 이외에 다름 아니다. 그러므로 우리는 분단상태의 해결 없는 일체의 평화를 배격한다. 그것은 반평화적이기 때문이다. 우리는 한반도 분단의 원인이나 분단의 현실, 그리고 분단이 빚어 내는 결과 모든 것이 불의하다고 본다. 따라서 우리는 통일 없는 평화를 생각할 수조차 없다.

예수운동

예수가 활동했던 중심지는 갈릴래아였다. 그런데 당시 일반 운동의 시각에서 볼 때에 갈릴래아를 활동의 중심지로 삼은 것은 올바른 선택이 아니었다. 특히 운동의 효율성을 위해서는 당시의 중심지인 유다, 예루살렘에서 시작하여 그 효과를 전 지역으로 확산시키는 것이 올바른 길이었다. 이러한 견해가 예수의 형제가 한 주장으로 전해진다(요한 7,3-4). 예루살렘은 권력의 중심이었다. 그러므로 만일 그가 예루살렘을 중심으로 운동을 전개했다면 강한 편에서 약한 편을 흡수하는 방법을 선택하는 결과를 초래했을 것이다. 만일 그것이 혁명이었다면 위로부터의 혁명이라는 성격을 띠게 되었을 것이다. 그러나 예수가 갈릴래아에서, 그것도 민중과 더불어 그의 운동을 전개한 것은 그가 아래로부터 위를 향한 운동을 목표로 삼았다는 것을 반영하고 있다.

당시에는 갈릴래아, 사마리아, 그리고 예루살렘을 중심한 유다지방 모두가 뚜렷이 나뉘어 있었고, 또한 극단적인 상호 증오의 관계에 있었다. 어쩌면 역대의 외세들이 '분할과 통치'(divide and rule)의 방법으로 그 분열상태를 견지·조장했을 수 있다. 그러므로, 民은 이러한 조작된 분단 상황을 뚫기 위해 연합해야 한다. 그중에서도 특히 갈릴래아인과 사마리아인은 피해자의 입장에서 먼저 연대해야 한다.

그런데 문제는 사마리아와 갈릴래아의 관계다. 이 두 지역은 모두 유다 지배층에 의해 멸시를 받고 있었으므로 그렇게까지 적대관계에 있어야 할 이유는 없었다. 그들의 공동의 적은 유다였다. 이런 점에서 루가복음의 전승은 간접적인 방식이기는 하지만, 간과할 수 없는 사실을 시사해준다. 루가복음 9장 51절 이하에 의하면 예수의 제자들은 예수가 예루살렘으로 올라가는 길로 사마리아를 정해 놓고 미리 가서 예수를 영접할 준비를 했다는 것이다. 이 간단한 말에서 예수의 일행이 사마리아를 통과하는 것이 단순한 일이 아니었음을 상상할 수 있다. 그렇지 않았다면 먼저 선발대가 가서 환영 준비를 할 까닭이 없다. 우리는 예수의 행로를, 제자들이 앞서가 미리 준비했다는 기록을 이 본문 이외에 어디서도 볼 수가 없다. 이는 예수의 일행이 사마리아를 지나는 것이 사마리아인들에게 자연스러운 일로 받아들여질 수 없었던 상황을 반영하고 있다. 그러나 사마리아인들은 예수가 그 곳으로 오는 일 자체를 반대한 것이 아니고 예수가 예루살렘으로 가는 도상이었기 때문에 환영하지 않았다는 것이다(53절). 이는 사마리아인들이 갈릴래아인들과의 관계 자체를 거부한 것이 아니라, 갈릴래아의 대 유다관계를 문제삼았던 것이라는 뜻이다. 이에 반해서 예수의 일행들은 예루살렘으로 향해 가는 과정에 의

도적으로 사마리아를 거쳐 가겠다는 뜻을 분명히 하고 있다. 즉 예수 일행의 계획이 이 노정에 반영되어 있는 것이다. 이렇게 볼 때에 예수는 갈릴래아에서 민중을 규합하고, 그리고 사마리아와 연대하면서 예루살렘에 대항하여 그 지배층을 제거함으로써 마침내 분단의 담을 헐고 통일된 평화에로 접근하려 했다고 해석할 수 있을 것이다. 그런데 이러한 뜻을 모르고 자신들을 거부한 데 대해 분개하는 제자들을 향해 예수는 오히려 책망했다는 것이다.

이와는 달리 마태오복음에는 전혀 다른 방향을 지시하는 듯한 명령처럼 보이는 보도가 있다. 예수가 제자들을 파견하면서 "이방사람들의 길로도 가지 말고 또 사마리아 사람들의 도시에도 들어가지 말라"(10,5)고 한 명령이 그것이다. 많은 사람들은 같은 내용의 보도 중 마르코나 루가에는 제자 파견에 이러한 조건이 첨부되어 있지 않았기 때문에 이것은 마태오의 입장이 반영된 것이라고 단정하곤 한다. 그러나 이것이 예수의 참말이라고 단정하는 사람 역시 많다. 그런데 여기서 중요한 것은 그 말씀의 출처가 어디든 간에 이 말이 사마리아 사람들을 배척하는 말이라고 단정할 수 없다는 것이다. 특히 우리는 "이방인들의 길"이라는 말과 대비해서 "사마리아 사람들의 도시"(polis)라는 말을 사용한 점에 유의해야 한다.

사마리아 사람들에게로 가지 말라는 말과 사마리아 도시로 가지 말라는 말은 전혀 다른 뜻이다. 왜냐하면 사마리아 도시는 외세가 헬레니즘을 확산시키려는 중심지로 세웠을 뿐만 아니라, 그 당시 헤로데는 로마의 황제의 이름을 따서 세바스테라는 이름을 붙이고 그를 위한 신전까지 지어 놓았기 때문이다. 즉 사마리아의 도시를 헬레니즘화의 본산으로 삼았기 때문에 반도시적인 예수가 사마리아의 도시로 가지 말라고 명령한 것은 당연하며, 이것을 반사마리아적이라고 단정할 수 없다는 말이다.

이와 함께 또 하나 주목해야 할 내용이 있다. 그것은 이른바 선한 사마리아 사람의 이야기다. 이 이야기에는 분명히 사마리아 사람들을 재평가하려는 노력이 반영되어 있다. 특히 사마리아 사람을, 예루살렘의 상징이며 그 성전의 상징인 레위 사람 및 제사장과 대조시킴으로써 사마리아 사람을 높인 것은 크게 주목할 만하다. 그럼에도 불구하고 공관서에는 사마리아 사람들과의 관계가 진전되었다는 기록이 없다. 그러면 이러한 맥락에서 요한의 이야기를 주목해 보자.

예수와 사마리아 사람

요한복음에서는 루가복음의 경우와는 반대로 예수 일행이 예루살렘에서 갈릴래아로 가는 도중에 사마리아를 들른 것으로 되어 있다. 또한 꼭 사마리아를 거쳐야 할 시급한 조건도 제시하지 않은 채, 그저 사마리아를 들러야만 했다고 말한다. 우리 번역에 사마리아로 "지나갈 수밖에 없었다"고 번역한 희랍어(dei)는 꼭 그래야만 한다는 강력한 의지를 나타내는 말이다.

어쨌든 예수는 사마리아의 한 동네에 이르렀다. 그 곳은 바로 "야곱이 그 아들 요셉에게 준 땅"과 "야곱의 우물"이 있는 곳이라고 기록된다. 여기는 세겜 가까이 있는 곳으로 야곱, 요셉 등 이스라엘의 근원이 바로 사마리아에서 시작되었음을 부각하려는 의도일 수 있다. 그것은 유다와 상반되는 이스라엘의 본 고향이다. 적어도 사마리아 사람들은 그렇게 믿고 있었으며 이는 이야기 속의 여인이 야곱의 우물을 자랑스럽게 내세우는 점을 보아서도 알 수 있다.

예수는 피로한 나그네의 모습으로 우물가에 앉았다. 이때 사마리아의 한 여인이 나타난다. 예수는 그 여인에게 "물을 좀 달라"고 말을 건넴으로 대화의 문을 연다. 피곤에 지쳐 물을 좀 달라고 하는 예수상은 결코 메시아상이 아니다. 예수의 이런 모습에서 출신상의 우월성을 내세우거나 신분상의 특수성을 나타내려는 의도를 볼 수는 없다. 사실 그 여인에게는 그저 단순한 한 남자로 보였을 것이다. 그리하여 이 여인은 "당신은 유다 사람이면서 어떻게 사마리아 여자인 나에게 물을 달라고 하십니까"고 대응한다. 그 여인이 왜 예수를 유다인으로 보았는지 그 이유에 대해서는 설명하지 않는다. 아마도 그가 예루살렘에서 내려오는 길이라는 말로 이유를 대신했는지 모른다. 그런데 중요한 것은 이 말에 반영되어 있는 분단의 관계다. 즉 여인은 목마른 나그네에게 그가 유다인이기 때문에 물 한 모금도 줄 수 없다는 태도를 취한 것이다. 이 대화에는 남자와 여자라는 성(性)의 장벽도 반영되어 있다. 이러한 것들이 비인간화를 초래하는 것이다. 이 대화에는 성의 문제도 계속 비쳐지고 있으나 주요한 주제는 지역적 분열이다.

또 한 가지 이 여인은 그 누구도 야곱보다 클 수 없다는 전제를 가지고 유다인을 야곱과 대립시키고 있다(12절). 또 예루살렘의 성전과 그리짐 산의 성전을 대립시키고 있다(20절). 이것은 또 하나의 장벽, 어쩌면 가장 결정적인 장벽이다. 그것은 종교에 의한 장벽이며, 이러한 종교는 분단의 이데올로기 역할을 하는 것이다.

평화에의 길

이 현실에 대해 예수가 어떻게 대처하는가 주목해 보자. 예수는 어디까지나 그 여인을 같은 수준의 인간으로 대한다. 그는 인간이 생존함에 있어 없어서는 안되는 그런 문제에서부터 해결의 실마리를 찾는다. 목마른 사람이 물을 찾는 것은 인간 생존의 기본적인 권리요, 또 그런 사람에게 물을 주는 것은 인간의 의무다. 이러한 교류를 가로막는 것은 무엇이든지 용인될 수 없다. 아무리 사마리아인의 대 유다감정이 정당한 근거를 갖는다 해도 목마른 자에게 물을 주는 일을 거부할 권리는 없는 것이다. 단순히 물을 한 모금 달라는데 그 요청에 응하는 것을 방해하는 것이라면 무엇이든 거부되어야 한다.

이러한 여인을 향하여 예수는 반대로 그가 가지고 있는 것을 아무런 거리낌없이 줄 수 있다고 말함으로써 입장을 역전시키고 있다. 그가 줄 수 있는 것은 사마리아 여인과 유다인 남자라는 담에 구애되지 않고 줄 수 있는 것이다. 그런 것이야말로 참 평화의 현실인 것이다. 이 현실을 내 것으로 하는 데에는 두 가지 조건이 있다. 그것은 야곱의 우물에 대비되는 "하느님의 선물"을 아는 것이요, 또 하나는 물을 달라는 그가 누구인지를 아는 일이다. 그러나 그 여인은 그것을 몰랐다. 그러므로 여인은 여전히 같은 지평에 그대로 서서 상대방은 두레박을 갖지 않았다는 것, 이 우물은 깊다는 것, 이 우물은 야곱이 준 특별한 우물이라는 것, 그리고 야곱보다 더 위대한 이는 있을 수 없다는 것 등을 내세워 자기 입장을 고수한다. 그 여인은 아직도 내 것, 네 것이라는 지평에 머물러 있는 것이다. 야곱이 후손이라는 자부심은 그녀의 눈을 그렇게 어둡게 만든 것이다.

이러한 자부심은 상대화되어야 한다. 그래서 예수는 야곱이 준 우물의 물은 마셔도 곧 목마를 것이라고 말한다. 상대적인 것을 절대화하는 것 바로 그것이 사람들 사이를 분열시킨다. 그리하여 예수는 궁극적인 것, 사람 속에서 솟아나는 샘물을 내세워 야곱의 우물을 상대화한 것이다. 그런데 이 여인의 마음을 고갈시킨 것은 바로 분단이요 인간 관계를 차단하는 감정이었다. 그 여인이라고 목마른 사람에게 물 한 모금 주지 못할 만큼 악할 까닭이 없다. 단지 유다인과는 상종하지 말아야 한다는 관념이 그에게 인간됨의 자유를 박탈했던 것이다. "내가 주는 물은 그 사람 속에서 영원히 솟아 나리라!" 무엇이 우리 속에 있어 영원히 샘솟게 하는가? 그 영원한 샘솟음은 하느님이 주는 것이다. 그러나 인간 쪽에서는 그것은 어떤 현실을 가리키는가?

이 여인은 그런 물을 달라고 한다. 즉 한번 마시면 목마르지 않아 같은 일을 반복하지 않아도 될 수 있게 해달라는 것이다. 이 여인은 여전히 우물의 물과 같은 물을 생각하고 있다. 그 여인은 '속에서 솟는 물'을 모르고 있다. 이에 예수는 갑자기 화제를 바꾼다. 그러나 갑자기 바뀐 화제는 속에서 솟는 샘물과 깊은 관계가 있다.

예수는 그 여인에게 남편을 데려오라고 한다. 그 여인은 남편이 없다고 대답한다. 그러자 예수는 "네가 남편이 없다고 한 말이 옳다. 너는 남편이 다섯이나 있었고, 지금 네가 같이 살고 있는 이도 네 남편이 아니니 바른 대로 말했다"고 말한다. 이는 무엇을 말하는가. 만약 이것이 그 여인의 삶을 폭로하기 위한 것이었다면 그 여인을 불륜한 여인이라고 규정하는 것으로 대화가 끝났을 것이다. 사람들 중에는 이 여인이 사마리아 지방을 상징한다고 전제하고서 요세푸스가 밝힌 대로 다섯 신, 즉 사마리아를 점유하고 있는 다섯 부족의 신을 말하는 것일 수 있다고 해석한다. 그러나 그렇게 해석하면 "지금 네가 같이 살고 있는 이도 네 남편이 아니다"라고 이어서 말한 대목이 풀리지 않는다. 어느 쪽이든 간에 분명한 사실이 하나 있다. 그것은 이 여인의 인간관계가 파탄에 이르고 있다는 것이다.

그런데 왜 예수는 그와의 대화에서 이 사실을 폭로하는가? 그 여인의 불륜을 책망하기 위해서인가? 아니면 사마리아를 유다와 비교하여 도덕적으로 저급하다는 사실을 지적하려고 한 것인가? 만약 그렇다면 대화가 거기서 끊어져야 할 것이다. 오히려 이 부분을 앞의 해석과 관련시켜 본다면 네 속에서 영원히 솟는 샘을 찾으려면 인간관계가 바로 되어야 한다는 뜻의 말이 될 것이다. 즉 물을 달라는 사람에 대해 그렇게 냉담한 것은 네 마음이 고갈되었기 때문이라는 것이다. 그러므로 네가 바른 인간관계를 갖게 되면 네 속에서 생수가 솟을 것이라는 말이 된다.

여기서부터 그 여인이 지금까지 지니고 있던 절대적 관념이 흔들리기 시작한다. 그 여인의 관념은 종교의 이름으로 형성되었던 것이다. 그것은 그리짐 산의 성전이 참 성전이고 예루살렘 성전은 본래 것이 아니라는 그런 관념이다. 바로 그 관념이 흔들린 것이다. 그랬기 때문에 그 여인은 예루살렘과 사마리아의 그리짐 산 가운데 어느 산에 있는 성전이 참 예배의 장소냐고 질문한 것이다. 이에 대해 예수는 충격적인 대답을 한다. "내 말을 믿으라, 이 산 위에서도 아니요 예루살렘에서도 아닌 데서 너희가 아버지께 예배드릴 때가 올 것이다. 참된 예배를 드리는 사람들이 영과 진리로 아버지께 예배드릴 때가 온다. 지금이 바로 그때다"(21-23절: 22절은 전체 문맥에 맞지 않는다. 그것은 21절과 23절 사이를 끊는다. 아마도 이것은 유다 그리스도교에 의해 삽입된 구절일 것이다). 바로 이 말이 이 대화의 절정이며 사실상의 끝이 된다.

사마리아와 유다의 관계가 악화되어 분열상태로 굳어진 것은 종교적인 형태를 띤 측면이 있다. 둘의 적대관계는 구체적으로 예루살렘 성전과 그리짐 성전의 대치로 나타나기 때문이다. 따라서 이 성전은 평화의 상징이 아니라 분단과 분열의 상징인 것이다. 상징일 뿐만이 아니라 오히려 계속적으로 분단의 고착화를 합리화시켜 주는 교두보의 역할을 하는 것이다. 즉 상호가 증오하고 싸워도 좋다는 종교적 구실을 제공한 것이다.

사마리아와 유다의 분단, 그 적대관계가 해소되어 하나의 평화로운 공동체가 되기 위해서 가장 먼저 해야 할 일이 바로 이 두 성전을 헐어 버리는 일이다. 그 둘은 같은 하느님의 이름을 부르면서도 카인과 아벨의 관계를 만들어 내고 있는 것이다. 따라서 이 두 성전은 거부되어야 한다. 그것들이 평화공존의 길을 막고 있기 때문이다. 그 성전은 아름다운 이름으로 치장된 불의의 아성이다.

원래 예루살렘 성전은 다윗 왕조에 의해 세워졌는데 신

에 대한 경외심보다는 다윗 왕조의 이데올로기 형성을 목적으로 한 것이었다. 즉 야훼를 다윗 왕조의 수호신으로 전락시킨 것이다. 솔로몬이 그 성전을 세울 때 그 성격이나 규모로 보아 왕실 채플 이상의 의미가 없었다. 게다가 솔로몬은 이 성전을 세워 백성들의 종교심을 일면 이용하고 일면 무마하면서 자신의 불륜과 사치스러운 생활을 계속할 수 있는 보호막으로 삼았을 뿐만 아니라, 유다계와 이스라엘계를 갈라놓는 분파정치를 펴서 영구분단의 발판을 만들었다. 그리고 그는 이스라엘계 사제를 완전히 제거하고 유다계로 대치함으로써 영구분단의 계기를 만들었다.

사마리아의 성전도 질투와 경쟁심에서 이루어진 것이라 볼 수 있다. 이 성전을 세울 때 저들은 불의한 이방의 지원을 받았다. 유다와 이스라엘이 하느님의 참된 평화를 이룩하기 위해서는 바로 이 성전들을 거부해야 한다. 왜냐하면 바로 그것이 통일로 나아가는 길에 첫 걸림돌이 되기 때문이다. 참 평화는 네 것 내 것으로 인하여 싸우는 일이 끝나는 때 이루어진다. 그것이 바로 영과 진리로 예배드리는 것이다. 영과 진리로 드리는 예배는 네 것 내 것이라는 주장과 권리의식이 폐기되는 것이다. 영도 진리도 어느 것도 개인 또는 집단에서 사유화할 수 없다. 모든 이를 위해 있는 것, 그리고 모든 이의 것이 바로 영과 진리다.

예수는 "영과 진리로 아버지께 예배드릴 때가 온다. 지금이 바로 그때다"라고 선언한다. '온다'는 미래적이고 '그

때다'는 현재적이다. 그런데 '올 때', '이미 온 때'라는 표현은 요한복음 12장 23절, 13장 32절, 17장 1절 등에 나타나는데 한결같은 공통점은 그때를 예수의 수난의 때로 지칭한다는 점이다. "인자가 영광을 받을 때가 왔다"고 하고서 뒤이어 밀알 한 알이 땅에서 썩어야 한다는 얘기가 연속되며(12,23 이하) 또한 "아버지께 갈 때"라는 말로 수난을 말한 것(13,1)처럼 다른 표현들도 모두 예수의 수난의 때를 말하고 있다.

요한은 "올 것이다", "이미 그때다"라는 미래형과 현재형의 용법을 번갈아 사용함으로써 그 사건은 아직 종국적으로 온 것은 아니지만 그렇다고 그것이 미래적인 것만은 아니요 현재 진행되고 있는 것(16,32)임을 시사한다. 즉 "그때가 올 것이다"라는 말로써 십자가 수난의 때를 말하지만 그 수난은 이미 진행되고 있다는 뜻이다. 그렇다면 영과 진리로 예배드릴 때는 십자가의 수난과 더불어 올 것이다. 그러나 이미 수난이 진행되고 있듯이 그때도 현재적인 것이다.

이로써 요한은 궁극적인 예배의 때, 즉 참 평화의 때는 모든 불의가 바로 불의한 사건에 의해 제거되는 그때, 곧 십자가의 때에 이루어질 것이라고 본다. 예수의 십자가 처형은 바로 성전과 더불어 생긴 불의가 제거되는 때다. 그러므로 그의 죽음은 불의의 종말이며, 동시에 정의의 밀알이다. 따라서 부활은 바로 궁극적인 샬롬을 의미하게 된다.

새로 통합된 공동체

이러한 대화를 계기로 하여 사마리아 사람들이 유다인과 대척하여 세웠던 내적인 담이 헐린다. 저들은 예수를 영접하여 여러 날을 함께 지냈으며 많은 사마리아 사람들이 예수를 믿었다고 한다. 이것은 환상적인 이야기가 아니라, 예수 이후 초대교회에서 일어난 구체적인 사실을 반영하는 것이다. 유다와 사마리아의 담은 유다교 안에서는 허물어지지 않았다. 그러나 그리스도의 이름 안에서는 쉽게 헐렸다. 일찍이 사마리아에 교회가 세워졌으며, 사마리아인과 함께 새 공동체 생활을 꾸리는 데 아무런 장벽도 없게 되었다는 사실이 그것을 반증해 준다. 비록 마태오복음에는 사마리아와 이스라엘을 구별하는 발언이 전해지고 있으나, 그것은 예수의 처형과 부활 이전까지에서만 제시된 한계다. 마태오에게서도 부활과 더불어 이러한 제한은 없어지고, 사마리아 뿐만 아니라 온 세계의 모든 민족을 향해 복음의 문이 활짝 열린다(28, 16이하). 예수의 '들리움'이 새 공동체의 터전이 된 것이다.

평화와 칼
— 마태 10,34-3,9

본문에 대한 분석

신약은 구약과 맥을 같이하고 있다. 그 궁극적 목표는 하느님의 나라다. 하느님의 나라가 무엇이냐고 물으면 쉽게 대답하기 어렵다. 그러나 하느님나라의 내용에 관해서는 이렇게 저렇게 말할 수 있다. 성서적인 용어를 빌어 가장 핵심적으로 표현하자면 그 내용은 샬롬이라고 말할 수 있을 것이다. 샬롬의 희랍어 번역으로 보이는 단어 에이레네(εἰρήνη)는 신약성서에서 91회나 사용되고 있다. 따라서 그리스도교 공동체가 담지하고 지향했던 내용이 샬롬이라고 말해도 틀리는 말은 아닐 것이다.

그런데 우리는 이와 정반대로 들리는 듯한 예수의 말씀을 알고 있다. "내가 세상에 평화를 주려고 온 줄 생각하지 말라. 평화가 아니라 칼을 주려고 왔다"(10,34)는 말이 바로 그것이다. 이것은 루가복음서도 전하는 말로서 Q자료에 속한다. 성서의 기조인 '평화'와 관련하여 이 말을 어떻게 이해해야 할 것인가? 우리는 마태오복음을 중심으로 하여 예수의 본뜻에 접근해 보려고 한다.

마태오복음 10장 34-39절은 한 문단으로 묶여 있는데 그 내용은 본래 셋으로 구분되는 것이다. 그 구분은 다음과 같다.

	마태오	루가	마르코
1)	10, 34-36	12, 51-53	—
2)	37-38	14, 26-27	8, 35
3)	39	17, 33	8, 34

잘 살펴보면 이상과 같이 마태오복음의 이 문단이 셋으로 나누어져 있음을 확인할 수 있다. 그러나 마르코복음에는 병행하는 그 부분이 전혀 다른 문맥 안에 들어 있고, 루가복음에도 세 부분이 모두 들어 있기는 하나 각기 다른 문맥과 연결되어 있음을 알 수 있다.

이렇듯 본래 다른 맥락을 가지고 있는 말들을 1)에 연결시킨 마태오의 편집동기를 묻게 되면 우리의 관심의 초점인 34절을 마태오가 어떻게 해석했는지 밝힐 수 있을 것이다. 그리고 나서 그 내용을 예수 사건 전체에 조명해 보고 끝으로 그 결과를 오늘 우리의 상황에 조명해 보기로 한다.

마태오복음 10장 34절의 뜻을 편집 의도라는 측면에서 읽어 본다면 다음과 같이 정리할 수 있다: 예수가 세상에 온 것은 평화를 주려는 것이 아니라 칼을 주려고 온 것이다. 칼을 준다는 것은 가장 가까운 관계 사이에 분열이 일어나게 하는 것이다. 이런 뜻에서 루가는 칼이라는 말 대신 분열이라고 고쳐 사용했다고 본다. 그런데 그 분열이 예수사건의 결과로서 피동적으로만 일어난다고 생각해서는 안된다. 아니 예수를 따르려는 사람은 지금까지 자기가 가장 중요하다고 생각했던 모든 관계를 단절해야 하는 것이다. 그 뿐만 아니라 예수를 따르려는 자는 각기 자기의 생명마저 희생할 각오로 자기에게 주어진 사명을 완수해야 하는 것이다. 다른 말로 요약하면 이 칼은 궁극적인 목적을 위하여 자신의 생명까지를 포함한 기존의 모든 것을 단절하라고 주어진다는 것이다.

이렇게 보면 반제(反題)로 쓰여진 이 말, 즉 평화가 아니라 칼을 주러 왔다는 말에서 평화와 칼은 상반된 내용을 담고 있는 것이다. 그러나 정말 그런가? 우리는 이와 같은 반제용법을 마태오복음서 내의 다른 곳에서도 발견할 수 있다. 그것은 "내가 율법을 폐하러 온 줄로 생각지 말라. 폐하러 온 것이 아니라 완성하러 왔다"(5, 16)이다. 물론 여기에서도 완성한다는 말과 폐한다는 말이 상반된 내용인지에 대해서는 의문을 제기할 수 있다. 그러나 결론부터 말한다면, 율법파괴와 완성은 한 사건의 양면을 뜻한다. 그러나 이 결론에 들어가기 전에 이와 유사한 구약의 예언자들의 경우를 고찰해 보자.

구약의 거짓 평화론자에 대한 비판

구약에서 우리는 이른바 불구원(不救援:Unheil)예언자들을 볼 수 있다. 그 반열에 속하는 두 사람의 경우를 살펴보기로 하자. 그들은 에제키엘과 예레미야다. 예레미야가 활동한 때는 이스라엘이 오랫동안 아시리아 제국에 예속되어 자주권을 행사하지 못하던 때였는데, 이스라엘은 신제국 바빌론이 등장하는 틈에 힘의 균형을 이용하여 아시리아의 손에서 서서히 벗어나 자주적으로 왕을 세우게 되는 이른바 궁중 혁명을 일으켰다. 그렇게 선정된 왕의 한 사람이 요시아 왕이다. 요시아 왕은 저 유명한 종교개혁 운동을 일으켜 큰 업적을 쌓았다. 그와 동시대에 등장한 예레미야는 요시아 왕의 종교개혁을 전폭적으로 지지했다. 그러나 요시아는 아시리아의 동맹 세력인 에집트의 손에 의해 요절당하고 말았다. 이로써 민족 중흥의 꿈이 깨진 것이다. 그때의 예레미야의 슬픔은 대단했다(예레 20, 10 이하).

그 뒤를 이은 것이 여호야킴이다(주전 609-598년). 그는 물론 에집트의 지원으로 왕이 된 사람이었다. 그는 요시아 왕에 반해서 전형적인 타락한 폭군이었으며 불의를 자행하고 죄 없는 사람들의 인권을 사정없이 유린했다. 그의 학정은 예레미야의 신랄한 고발을 통해 잘 드러난다(22, 12-17). 그러면서도 여호야킴은 계속 태평성대가 왔다고 하면서 평화를 반복하여 선전했다. 그러나 예레미야는 이제 다 가올 큰 재난을 보고 있었다. 그는 북방으로부터 끓는 가 마의 물이 이스라엘을 향해 쏟아지는 환상을 통해 그 재난 을 보고 있었던 것이다. 그런데도 평화, 평화를 말하면서 뒤로는 국민의 인권을 사정없이 유린하고 그것을 통해 특 권을 누리는 부자, 예언자, 사제 등이 판을 치는 현실은 계 속되고 있었다. 그들은 남을 뜯어먹고 사기치는 일을 다반 사로 하고 있었다. 이들에 대한 분노는 특히 6장에 잘 나 타나 있다.

예레미야는 이 거짓 평화에 대한 예언을 거부하면서 예 루살렘을 중심한 이스라엘에 내릴 저주, 나아가서는 피할 수 없는 심판을 선언하는데, 그 심판의 내용으로서 우리의 주목을 끄는 것은 다음 구절이다. "아비와 어미, 할미와 할 아비, 모조리 붙잡혀 가리라. 집도 남의 손에 넘어가고 밭 과 아내들도 함께 넘어가리라." (6, 11-12) 즉 가장 가까운 사람들 중에서 가족들을 열거하고 있으며 그 가족들과의 이별(분리)이 가장 큰 비극으로 표현되고 있는 것이다. 이 렇게 볼 때 예레미야서는 거짓 평화를 예언하는 것에 대하 여 '칼'에 의한 재난을 예고하는데, 그 재난의 특징을 가족 의 분리에 두고 있는 것이다.

예레미야가 거짓평화의 선전을 고발하고 심판을 예고했 던 대로 예루살렘은 바빌론에 의해 철저히 파괴되었고 이 스라엘의 지배층 대다수는 포로로 잡혀 갔다. 그중에 사제

계급인 에제키엘이 포함되어 있었다. 그는 포로생활에서 예레미야의 정신을 계승하면서, 예리미야가 닥쳐 올 재난을 예고한 데 대하여 왜 예루살렘과 이스라엘이 그런 재난을 당했는지 그 이유를 해명한다. 그중에 우리의 주목을 끄는 것은 참 평화를 계속 선전하는 거짓 예언자에 대한 분노와 공격이다(13, 10. 16). 에제키엘은 예레미야처럼 심판받을 죄상을 폭로하는데, 우리와 본문과 관련해서 주목할 것은 21장에 계속되는 이른바 '하느님의 칼'에 대한 선언이다. 하느님은 죄 많은 이스라엘을 심판하기 위해 날카로운 칼을 '사람'에게 쥐어 주리라는 것이다.

이상에서 살펴본 것처럼 34절의 말은 이른바 불구원 예언자들의 말에서 유사성을 찾아볼 수 있으므로 그것을 결코 이례적이라고 볼 필요는 없다. 그렇다면 이 예언자들은 궁극적인 평화를 거부한 사람들인가? 아니다. 저들은 그 누구보다 더 진정한 평화를 희구했다. 그런데 진정한 평화가 이루어지려면 그에 앞서서 칼, 곧 정의를 위한 심판이 앞서야만 한다는 확고한 신념 때문에 민족의 반역자라는 누명을 쓰면서까지, 평화, 평화하는 마당에 칼, 심판, 정의를 부르짖고 있다. 그러면 초대교회의 상황은 어떠했나?

초대 그리스도교회의 상황

먼저 이 말이 형성될 때의 시대적 정황을 살펴보자. 예수 시대나 초대교회의 시대에서 한 가지 공통되는 조건은 로마제국의 지배 아래 있었다는 사실이다. 그 마당에서 어떤 계층이 평화를 주장했음에 틀림없으며 그리스도교 안에서도 예수의 이름으로 평화를 설교하는 집단이 있었음에 틀림없다. 그렇지 않으면, 일부러 이같은 반제형식 즉 평화를 주려고 온 줄 알지 말라고 했을 까닭이 없다.

그런데 이 말이 예수시대로 소급되는 것이라면 예수 당시에는 어느 집단이 평화를 설교했을까? 그것은 틀림없이 예루살렘의 지배세력이었을 것이다. 예루살렘의 사두가이파를 위시한 사제계층은 로마에 의해서 특권을 누리고 있었기 때문에 로마와의 충돌이 아니라 타협으로 그들의 위치를 지키려고 했다. 그리고 헬레니즘에 도취된 사람들은 팍스 로마나(Pax Romana/로마의 평화)의 기치 아래 그리스도교도 평화의 종교임을 내세워, 일면 로마에 동조하면서 그리스도교 선교를 시도했다. 이에 반해서 젤롯당은 대 로마와 어떤 타협이나 평화도 거부했다. 저들은 칼로 로마와 싸워 하느님의 주권을 이스라엘에 수립하는 것을 지상의 목표로 삼았다. 이에 대해서 에쎄네파나 바리사이파도 한두 사람의 예외를 제외하면 원칙적으로 칼을 쓰는 것을 원치 않았다.

예수의 시대는 정치적으로나 사회적으로 극히 불안한 때며, 로마의 괴뢰인 헤로데가의 이중 정책에 의해 종교계마저 크게 혼탁한 상태에 있었다. 이런 때에 평화를 설교 한다면 어떤 결과를 가져 올까? 그것은 로마나 불의한 세력과 타협하라는 어용적인 설교가 되거나 아니면 평화를 피안적인 것으로 풀이하면서 염세적으로 난국을 살아가도록 하는 위로의 말 이상이 될 수 없다. 예수가 이러한 평화의 설교자일 수 있는가? 그의 급진주의는 이러한 상상을 완전히 배제한다. 예수에게는 오히려 칼, 루가의 말을 빌리면 분열을 일으키러 왔다는 말이 타당하다. 따라서 예수에게 있어서 이 말의 원뜻은 예루살렘권이 아니라 젤롯당과 맥이 통한다고 보아야 할 것이다.

그런데 이 말을 마태오의 현장에서 해석한다면 어떻게 될까?

70년은 예루살렘 함락과 더불어 사실상 반로마운동이 끝났을 뿐만 아니라 어떤 형태의 주권도 완전히 잃어버렸을 때다. 반로마투쟁을 주도했던 젤롯당은 사실상 참패했다. 로마제국의 승인 밑에 바리사이파가 주도하는 유다교만이 있었을 뿐이었다. 에쎄네파마저도 대 로마투쟁 마지막 즈음에 이에 가담했다가 근절되었던 것이다. 유다교는 로마제국의 승인 밑에 얌니아 학파를 만들어 유다교 건설에 전념하고 있어서 로마와의 타협이 불가피했다. 이렇게 보면 이 때에 로마에 대해서 칼을 들 것을 주장할 만한 집단은 전혀 없다. 이 때에 만일 그리스도교가 이 말을 전승하면서 그 의미를 강조했다면 그것은 대 로마투쟁을 독려하는 것이 되었을 것이다. 그러면 그럴 가능성이 있었는가? 요한묵시록을 생산한 강렬한 묵시문학운동그룹은 여전히 지하에서 그런 운동을 계속했을 수 있다. 묵시록의 내용을 보면, 그들이 얼마나 전투적이었나 알 수 있다. 그러나 마르코에서 볼 수 있는 임박한 종말관과 그것에 근거한 급진주의는 마태오나 루가에서는 현저하게 후퇴하고 있다. 바울로가 주도하는 이방교회는 선교를 지상의 목표로 삼았으므로 로마와의 충돌을 피하기 위한 노력을 기울였다. 로마제국 아래서 선교의 장을 구했던 초대교회의 주류가 묵시문학을 수용할 만한 가능성은 없다. 그러면 이 말의 뜻은 정치적 폭력을 의미하는 것이 아니라는 결론이 나온다.

칼을 주려고 왔다는 뜻

"내가 세상에 평화를 주려고 온 줄 생각하지 말라. 평화가 아니라 칼을 주려고 왔다." 루가복음에는 이에 상응하는 말이 이중적으로 표현되어 있다. 하나는 "나는 세상에 불을 지르러 왔다"(12, 49)와 또 하나는 "분열을 일으키러 왔다"(51절)이다. 그런데 칼 또는 불이라는 말이 놀랍게도 묵시록 6장 4절에 나열되어 있다. "그러자 붉은 말이…나왔는데 그 위에 탄 자에게는 사람들이 서로 죽이도록 땅위에서 평화를 걷어 버리는 권한이 허락되었고, 또 큰 검이 그에게 주어졌습니다." 여기서 불 또는 칼이 바로 땅 위의 평화를 파괴하는 상징으로 나란히 있는 것을 볼 수 있다.

이것은 묵시문학적인 역사관을 드러내는 것이다. 궁극적인 나라, 메시아 왕국 또는 샬롬이 도래하려면 그 이전에 큰 심판이 반드시 앞서야 하는데 그것은 재난으로 나타나게 된다고 보는 것이다. 묵시문학에서는 그 재난의 현실을 초자연적인 이변으로 묘사하는데, 그런 재난의 결과로서 오는 비극으로는 가정 내의 분열이 그 대표적인 것으로 서술된다. 반드시 묵시문학만이 아니라 예언자들도 인간에게 오는 가장 큰 비극을 가정의 분열에 두고 있다. 가부장 제도 아래서 볼 때, 사회를 구성하는 핵심적 단위로서의 가정은 그렇게 중요할 수밖에 없었던 것이다. 가정이 분열, 파괴된다는 것은 세상이 끝장났다는 절실한 표현일 수 있었다. 미가는 다가올 재난을 이렇게 묘사하였다. "아들이 아비를 멸시하며, 딸이 어미를 대적하고 며느리가 시어미를 대적하리니 사람의 원수가 곧 집안사람이더라."(7, 6) 이것은 마태오의 것 그대로다. 그러면 예수가 칼을 주려고 왔다는 말은 세상에 분열을 일으키러 왔다는 뜻이 된다. 예수가 묵시문학권 안에 있었다는 공통적인 견해에 따르면, 이제 올 평화의 왕국의 전단계로서의 심판을 일으키러 왔다는 말이 된다. 그렇다면 예수가 칼을 주려고 왔다는 것은 그가 직접 폭력을 행사하겠다는 뜻이 아니었다고 보아야 한다. 그러나 주목할 것은 이 얘기 중에 묵시문학적인 이변을 연상케 하는 내용이 전혀 없다는 것이다. 이 이야기에서 우리는 어떤 신화적인 표상을 찾을 수 없다. 따라서 루가의 표현대로 예수는 분열을 일으키러 왔다고 보는 것이 적절하다.

현실적으로 심판은 가르는 사건을 말한다. 양과 염소를 가르듯, 곡식과 가라지를 가르듯, 선한 것과 악한 것, 의와 불의를 철저히 가르는 사건인 것이다. 예수는 분명히 이러한 심판에 관한 의식을 가지고 있었다. 그는 자신을 메시아라고 하지 않았으나 마지막 때의 하느님 말씀의 담지자라는 신념에 차 있었다. 그러므로 그는 철저한 결단을 요구할 수 있었던 것이다. 진실을 위해서 또는 정의를 위해서 결단해야 할 때 무엇이 가장 큰 장애물이 되는가? 혈연관계가 그 대표적인 것일 수밖에 없다. 가정, 가족을 단위로 한 소유, 이것이 진실을 위하고 정의를 위한 결단을 방해하는 것이다.

이런 사실은 예수의 이야기에서 많이 볼 수 있다. 그가 나를 따르라고 할 때, 거의 예외 없이 가족관계를 언급하고 있으며, 그를 따르기에 앞서 가족에게 인사를 한다거나 죽은 부모를 장례하려는 것도 사정 없이 거부했다. 그의 비유에 있어서도 가족관계가 그러한 역할을 한다. 결혼잔치 초대의 비유에서 먼저 초대받은 자들이 내세우는 핑계인 나는 결혼했다, 나는 소를 샀다, 나는 밭을 샀다 등은 모두 가족제도에 연관된 것들이다. 바울로가 이 종말의식에서 자기처럼 결혼하지 말기를 권했는데 그 까닭은 바로 그것이 결단하는 데 큰 장애가 되기 때문이라고 한다. 예수가 가정을 안 가진 사실, 그리고 그의 제자들에게 탈가족 무소유를 요구한 것은 모두 이런 종말적 시각에서 이해할 수 있는 것이라고 생각한다(마르 3,31-35).

그러나 중요한 것은 반가족주의 자체가 아니라 옳은 결단을 위한 것이라는 데 있다. 옳은 결단은 참을 참으로 수호하는 일이다. 정의를 철저히 수호하려고 하니까 가장 가까운 사람 사이에도 분열이 일어날 수밖에 없다.

이상과 같이 이해하는 경우, 평화와 칼은 결코 상반된 것이 아니다. 예언자들이나 묵시문학에 있어서도 재난, 즉 심판이 있은 다음에야 평화의 왕국이 올 것이라고 보았던 것처럼 칼이 없는 평화는 있을 수 없다. 나는 여기서 주저 없이 칼을 바로 정의라는 말로 바꿀 수 있다고 생각한다. 정의를 뺀 평화는 있을 수 없거니와 있다면 그것은 거짓이다. 그런 의미에서 예수가 나는 평화를 주러 온 것이 아니라고 한 것은 '이른바 평화'를 주려고 온 것이 아니란 말로도 이해할 수가 있다.

마태오복음서의 평화

그런데 마태오는 37절 이하를 이에 결부시킴으로써 그 의미를 바꾸어 놓았다. 37-38절은 루가에서는 그(예수)를 따르려는 제자들에게 주는 말이다. 28절에 해당하는 마르코의 말(8,34)도 마찬가지인데, 거기에는 예수의 수난의 때라는 것이 크게 전제되어 있다. 이러한 맥락 속에 있는 내용을 칼을 주러 왔다는 말에 결부시킴으로 '나'(예수)가 크게 부각되어 중심에 서게 되었다. 칼을 주려고 왔다는 말이 가졌던 의미 곧, 구체적으로 가장 가까운 사이에 분열이 일어나게 되리라는 의미가 후퇴되고 그것을 말하는 '나'가 중심에 서게 됨으로써 그리스도론으로 둔갑하게 된다. 그리스도에 대한 절대신뢰, 절대복종이 지상의 과제가 된 것이다.

"자기 십자가를 지고 나를 따르지 않는 사람도 내게 합당하지 않다"는 38절의 말은 이미 언급한 대로 젤롯당의 구호와 같은 것으로 강력한 투지를 나타내는 말인데 그리스도 고백적인 맥락 속에 예속시킴으로써 칼이라는 말과 더불어 내 십자가를 지고라는 현실을 묵과해 버릴 수 있도록 해버렸다. 마침내 지혜문학적인 표현의 39절을 포함시킴으로써 각기 그 현장에서 살아 있던 말들이 그리스도 고백적인 종교언어로 후퇴하여 애매하게 되었다. 그것은 로마제국 아래, 이스라엘이 몰락된 상황에서 존립을 유지하려는 마태오 공동체의 어쩔 수 없는 한계를 말하는 것으로 볼 수 있다.

맺는말

이상에서 이 말의 본래의 뜻이 상황에 따라 변하거나 모호해진 것을 볼 수 있었다. 그러면 오늘을 사는 우리는 이 말씀을 어떻게 우리의 것으로 받아들일 것인가 하는 물음을 제기할 수 있다. 이것은 홀로 해결할 수 있는 과제라고 보지 않지만 한두 가지 제안과 입장을 밝히려고 한다.

우리에게는 평화보다 칼이 중요하다. 칼과 불과 더불어 잘못된 질서를 파괴하는 것이다. 잘못된 질서의 파괴 없이 평화를 말하면 그것은 거짓평화밖에 되지 않는다. 예수가 바리사이파에게 회칠한 무덤이라고 했는데 이미 미가도 거짓 예언자들의 역할을 회칠하는 것이라고 했으며, 이것은 진실을 은폐하는 행위를 말한다. 오늘의 불공평한 기득권을 인정해 둔 채 운위되는 평화는 평화일 수 없다. 그런 뜻에서 우리는 제1세계인들과 더불어 평화의 공동체를 이루는 것은 불가능하다. 우리가 참평화의 공동체를 이루려면 그 전에 투쟁을 통해서 모든 불의한 기득권의 질서가 붕괴되어야 한다. 그것은 바로 평화의 실현에 앞서야 하는 것이 정의 실현이라는 말이다.

예수가 세상에 칼을 주려고 왔다는 것은 오늘의 우리에게 중요한 고백이 되어야 한다. 우리는 스스로 예수가 주는 칼을 들고 오늘의 불의와 싸워야 할 것이다.

그런데 그러한 결단을 흐리게 하는 것은 무엇인가? 그것은 무엇보다도 자본주의가 가져다 준 가치기준이다. '보다 더'라는 욕심 위에 세워진 사회질서는 과거 가부장시대의 혈연관계보다 더 무서운 장애가 된다. 그러므로 그런 현실에서 해방되는 칼이 필요하다.

　37절 이하에서 반복되는 '나'를 정의(칼)로서 해석하여 읽어야 할 것이다. 그러므로, 그것보다 더 중요시되는 어떤 것도 용납해서는 안된다고 이해되어야 한다. 정의보다 더 사랑하는 것은 거부되어야 한다. 또한 38절 역시 자기 십자가를 지고 정의(나)를 따르지 않는 사람도 내게 합당치 않다고 읽어야 한다. 그럴 때 "네 십자가를 지고"는 그리스도 고백적인 것이 아니라 각기 선 자리에서 정의를 구현하기 위해 죽을 각오를 하라는 말로 받아들여야 할 것이다.

　끝으로, 그러면 오늘에 있어서 정의가 무엇인가를 물어야 한다. 그 대답을 한마디로 표현하면, 역사의 예수에게 돌아가는 일이라고 할 수 있겠는데, 그 예수는 하느님나라(Shalom)와 민중(가난한 자)을 직결시켰다. 그에게 있어서 죄와 의는 민중의 시각에서 결정된다. 민중이 해방되는 것이 바로 정의의 실현이며, 거기에 샬롬이 있다.

우리는 모두 사찰당하고 있다
— 빌라도의 사찰

감시 혹은 사찰

타이쎈(G. Theissen)이라는 하이델베르크 대학 신약학 교수는 사회학적으로 예수 공동체를 연구한 책을 내놓음으로 갑자기 세계적 학자로 지목되었다. 독일계의 학자란 원칙적으로 자기 전문에만 몰두하며 학문적 논문만 쓴다. 그런데 타이쎈은 갑자기 소설 한 권을 써냈다. 그 제목은 Der Schatten des Galiläers인데 마침 내가 독일에 초청받았을 때 이 책이 출간되어 서점에서 불티나게 팔리고 있었다. 나는 그와 교류가 있는지라 이 책을 받아들자 단숨에 읽어 나갔다. 그래서 그 책을 우리말로 번역하게 하여 세상에 내놓은 것이 한국신학연구소에서 낸 『갈릴래아 사람의 그림자』다. 그런데 오래전에 읽은 이 책의 내용이 새삼 생각난 것은 바로 윤석양 군이 폭로한 보안사의 감시 대상자 기록 카드가 폭로된 것과 때를 같이한다. 저들의 감시망에 그렇게 많은 사람들이 걸려 있다는 것은 모르는 바 아니었으나 이른바 6.29선언으로 출발한 이 정권이 여전히 국민을 적으로 삼고 작전의 대상으로 삼고 있었다는 것은 묵과할 수 없는 일이다.

그런데 바로 이 때 타이센의 그 책이 생각난 까닭은 그 작품의 발상이 로마총독(빌라도)이 식민지통치에 감시대상자들을 정하여 그들의 동태를 파악하기 위하여 비밀정보원들을 두는 데서 출발하기 때문이다. 그런데 그 비밀정보원은 바로 로마통치에 반대하는 세력들을 잘 알거나 거기 가담했던 자가 적격인 것이다. 그래서 빌라도는 그런 적임자를 물색하고 있었다. 그때 이스라엘 민중들이 반로마 시위를 해서 많은 사람들이 로마군에 체포되었다. 시위한 중요한 이유는 빌라도가 수로(水路) 건설비를 충당한다는 명목으로 성전의 재산을 가로챘기 때문이었다. 그중에 갈릴래아 지방의 수도인 세포리스에서 곡물상을 하는 안드레아라는 청년도 끼어 있었다. 그는 한 로마 장교에게 심문을 계속 받았는데 저들의 관심사는 에쎄네파, 젤롯당원들 그리고 예수와 그의 일당에 대한 정보였다. 심문하는 장교는 그가 교육받은 사람일 뿐 아니라 갈릴래아 도시의 중류 이상의 이스라엘 집안 사람이고 히브리말과 로마의 말을 잘 알고 있다는 점 등에서 그를 정보 스파이로 이용하기에 적절한 인물이라고 판단하고 그의 상관인 총독 빌라도에게 끌고 간다.

빌라도는 부하들이 올린 정보 내용을 훑어보고 있다가 그에게 한번도 시선을 주지 않은 채 말문을 연다. 그는 대뜸 안드레아가 심문에서 중요한 것을 감추었다고 협박했는데 그것은 그가 일 년 동안 어디엔가 숨어 지낸 사실이었다. 안드레아는 사실 반노스라는 광야의 은둔자를 찾아서 그 밑에서 일 년 동안 지낸 일이 있었다. 그 당시 이스라엘의 뜻있는 사람들 중에는 산이나 광야에 은둔해서 저항할 준비를 하는 세력들이 많았다. 이처럼 협박할 수 있는 구체적 정보를 손에 쥐고 빌라도는 그의 목을 졸라 자기의 목적에 이용하려는 것이다. 그리고 그는 그가 유죄임을 단언하면서 로마로 압송도 할 수 있다는 협박 등으로 공세를 취한 다음 협상을 제의했다. 빌라도는 "나는 너에게 한 가지 제안을 하고 싶다. 지금 이후로 이 나라 안에 있는 어떤 특정종교의 움직임에 관해서 나한테 은밀히 알려 주겠다고 약속해 준다면 너를 당장 자유로운 몸이 되게 해주마"고 했다. 이 장면은 윤석양 군이 당한 처지와 그렇게 닮았다.

그리고 그는 "현재 너희의 종교에는 많은 변화가 일어나고 있는 것 같다. 민중 속에서 뭔가 싹트고 있는 조짐이 보인다…예언자와 설교자들이 이 땅의 곳곳에서 활동하고 있는데 그러한 새로운 운동들의 내용이 어떤 것인지를 파악하기가 우리에게는 몹시 어렵다…나는 이 나라의 안전은 바로 그러한 단체들에 달려 있다고 본다"고 말한다. 이로써 그의 목적이 뚜렷하게 드러났고 또 그의 판단은 정곡을 찌른 것이기도 했다. 그리고 그의 다음 말은 안드레아의 가슴을 서늘하게 한다. "우리는 너에게 종교적 순교자의 위엄을 만들어 주겠단 말이다. 그런 다음 우리는 너를 석방해 준다. 그러면 모든 신앙단체들은 너를 신뢰할 수밖에 없고 너는 그들 속을 마음대로 활개치고 다니며 그들의 내막을 알아내어 보고서를 작성할 수 있을 것이다."

참 교활한 음모다. 그를 종교적 피해자로 만들어 사찰의 대상에게 깊숙이 들어갈 수 있게 하여 사찰요원을 만들겠다는 것이다.

안드레아와 빌라도 사이에서 여러 고비의 줄다리기가 있었으나 결국 그는 거미줄에 걸린 작은 날벌레처럼 꼼짝 못하고 타협해야 했고 구체적인 사찰대상은 에쎄네파를 중심으로 세례자 요한 그리고 예수라는 지시를 받는다.

갈릴래아 지방은 빌라도의 통치구역이 아니었다. 그러나 그의 사찰의 대상은 오히려 그쪽에 있었다. 까닭은 그 지대가 반로마의 불온지대였기 때문이다. 이렇게 해서 안드레아는 뜻하지 않은 정보요원이 되어 두 달에 한 번씩 빌라도에게 정보를 제공하기 위해 사찰 행각에 나선다.

예수의 경우

복음서를 읽어 가면 언제나 그를 감시하는 적대자가 그림자처럼 따라다녔으리라는 짐작을 할 수 있다. 그들을 일괄해서 "바리사이파와 율법학자"라고 하고, 그들이 지령에 따라 움직인다는 뜻으로 "예루살렘에서 내려온 자들"이라고 밝히고 있다. 양식사학파들은 이런 단서를 단 얘기들을

"대결설화"라는 틀 속에 묶어 놓고 그것은 현실과 상관없는 편집작업이라고 처리해 버렸다. 즉 예수의 말의 뜻을 돋보이게 하기 위한 가상의 인물설정이라는 것이다. 그러나 예루살렘에서 갈릴래아로 보냄받은 자들이란 말이 정보부, 치안본부 그리고 보안사의 사찰의 그물 속에 걸려 있는 현실에 사는 우리에게는 그렇게 간단히 처리되지 않는다.

예수가 십자가에 처형된 이유를 찾아 수없는 사람들이 수많은 논문을 썼다. 복음서는 바로 로마의 전성기에 씌어진 것들이기 때문에 애당초 많은 제약을 받을 수밖에 없는 상황의 산물이다. 십자가에 처형된 것을 은폐할 수 없는 한 그것은 로마제국에 의한 처형임을 부정할 길이 없다. 그러나 로마를 정면으로 원수라고 규정하기에는 너무도 이름 없고 힘이 없는 예수의 민중들이었다. 그 대신 로마와 제휴한 바리사이파나 예루살렘 세력에 그 죄를 규명할 수는 있었다. 까닭은 저들의 중심인 예루살렘이 함락됨으로 그 세력은 더 이상 공포의 대상이 아니었으니까! 그래서 "예루살렘"이라는 이름을 로마나 총독의 주둔지인 가이사리아 필립보 대신 사용할 수 있었다. 그러면 예루살렘에서 내려온 xxx는 결국 '로마의 정보요원'이란 뜻을 담고 있었다고 추측할 수 있다. 이러한 고충이 노출된 것은 체포나 재판과정 서술에서도 볼 수 있지만 마르코복음 10장에 있는 수난 예고에서 "인자가 대제사장들과 율법학자들의 손에 넘어가게 되겠고 그들은 그를 죽이기로 결정하고 이방

사람들의 손에 넘겨 줄 것이다"라는 서술에서(10,33) 볼 수 있다. 대제사장과 율법학자들은 유다교, 예루살렘 세력의 상징인데 저들이 로마정권에 넘겨 준다는 직접적 표현을 피해서 '이방사람들'에게 넘겨 줄 것이라고 서술한다. 이방인들이라고 번역된 '에트노스'는 엄밀하게는 민족이란 뜻이다. 이것은 로마를 가리키는 민중의 밀어다.

마르코복음에 따르면 처음에는 무리들이 예수에게 모여들고 그의 소문이 퍼지기 시작하는 보도 다음 그 무리의 성격을 2장 4절에서 처음으로 오클로스라는 말로 공개한다. 그리고 곧 그 뒤를 이어 사찰자들이 등장하는데 그들을 율법학자들(2,6)이라고 한다. 여기서는 저들의 전면이 노출되지 않는다. 그 후부터 바리사이파와 율법학자 또는 바리사이파와 헤로데당 등이 계속 예수운동에 사찰자로 따라다닌 것으로 되어 있다. 저들의 이름이 무려 15회나 거론되는데 저들은 중요한 사건 때마다 개입한다. 그중에는 두 차례 예수가 저들에 대한 경각심을 일깨우는 말들도 포함되어 있다(8,15;12,38). 그뿐 아니라 예수를 죽일 음모를 꾸몄다는 말이 두 번 나오는데 갈릴래아에서는 바리사이파와 헤로데당이 제휴한 것으로 서술되고(3,6) 예루살렘에서는 대제사장과 율법학자들이 제휴했다고 한다(14,1). 그리고 저들의 사령탑을 드러내는 말로 "예루살렘에서 내려온"이란 표현이 3장 22절에 나타나고 있다.

흥미있는 것은 갈릴래아 지방에서는 바리사이파가 주동

이 되는데 예루살렘 영역에서는 대제사장이 앞장서며 바리사이파는 전혀 언급되지 않는다는 사실이다. 바리사이파는 동시에 율법학자인데 위의 서술경향으로 미루어 현장에 파견된 사찰자의 대명사요 대제사장은 저들을 파견한 거점을 상징한 것이라고 상상할 수 있다.

저들은 주로 율법문제로 예수를 사찰하거나 그림자처럼 따라다니면서 협박을 했다는 서술이지만 그것만이 관심사였을 까닭이 없다. 그중에 카이사르에게 세금바치는 문제를 제기한 것도 저들이라는 대목을 보아 예수의 정치적 입장을 사찰했음에 틀림없다. 그렇지 않고야 그렇게 많은 과격한 반로마 투쟁자가 많았는데 하필이면 예수를 십자가에, 그것도 그리 급박하게 처형할 리가 없기 때문이다. 빌라도라는 인물의 잔인성이나 교만함을 미루어 보아(이러한 기록이 복음서 외에 충분히 전해지고 있다) 부패한 종교인들의 압력에 굴복해서 로마의 주권을 똥칠하는 행위를 했다고 볼 수 없다. 예수의 죄명을 "유다인의 왕"이라고 한 것이 바로 그것을 잘 입증한다.

이러한 상상을 하게 하는 또 다른 측면이 있다. 그것은 예수의 거동에 대한 서술에서 볼 수 있다. 그중에 그가 자주 숨었기 때문에 제자들마저 행방을 몰라 찾았으며 그는 주로 외국과 인접한 국경주변에서 넘나들거나 민중을 이끌고 광야로 갔으며 또 그가 줄곧 비밀을 지키라는 지시를 내리는 일이 있다. 복음서에서 그것은 홀로 기도하러 간 것이라고 하는가 하면 그의 비밀에 부치는 명령을 이른바 메시아비밀이라고 간단히 처리하는데, 그것이 메시아의 비밀일 수 있으나 곧 '정치적 메시아' 운동이라는 뜻을 배제해서는 납득할 수 없다. 그의 이런 행동을 예루살렘에서 낮에는 군중 사이에 끼어 활동하다가 밤에는 예루살렘 밖으로 나간 것으로 서술하는데 그것이 바로 사찰망을 피하는 행동이었다고 상상할 때 맥을 같이하는 것이라고 볼 수 있다(본인의 책 『갈릴래아의 예수』에서 이런 입장을 입증해 보려고 시도했다).

이러한 상상은 그가 사찰의 대상이었다는 시각을 뒷받침한다. 로마제국의 꼭두각시 노릇하는 헤로데 안티파스도 그 지위를 유지하기 위해 계속 졸개들을 풀어 사찰했는데(마르 6,14-16) 로마제국이야 당연하다. 우리는 예나 지금이나 폭력으로 쟁취한 불의한 정권은 사찰을 중요시했다는 사실을 재확인할 따름이다.

오웰의 『1984년』과 한국의 1990년

1948년에 낸 조지 오웰의 『1984년』은 기계문명을 최대한으로 이용하여 사회 전체, 마침내 사람의 사상 전체를 감시하게 될 전체주의 국가를 상상하는 정치소설이다. 동아일보 「횡설수설」에 발췌된 그 소설의 단면은 이렇다.

"창밖은 추워 보였다. 거리 저편에 한줄기 바람이 먼지와

휴지를 날리고 해는 빛나고 하늘은 맑은데도 사방에 붙은 포스터 외에는 도대체 색채란 게 없어 보였다. 검은 수염의 얼굴이 높직한 구석구석 어디에서나 내려다보고 있었다. 포스터는 맞은편 집 앞에도 붙어 있었다. 검은 눈이 윈스턴(소설의 주인공)의 눈을 매섭게 노려보면서 '太兄(당을 뜻함)은 그대를 감시하고 있다'면서 으르고 있었다."

"멀리서 헬리콥터가 지붕 사이로 스치며 쇠파리처럼 잠시 머뭇거리다가 선회비행하여 날아가 버렸다. 사람들을 창문으로 엿보는 경찰기였다…문제는 사상경찰이다. 윈스턴의 등 뒤에서 제9차 3개년계획의 초과달성에 관해 텔레스크린이 지껄이고 있었다. 이 텔레스크린은 저쪽에서 오는 걸 방송하는 동시에 이쪽 것을 전송해 간다. 윈스턴이 내는 소리는 아무리 작은 소리라도 모두 걸려 든다…물론 언제 감시를 받는지 알 수도 없다."

이 소설을 처음 읽었을 때는 소름이 끼쳤다. 그런데 이 시대는 오웰의 상상을 훨씬 넘어선 정보망으로 사람들의 삶을 조이고 있다. 그것은 기술문명이 오웰의 상상보다 훨씬 앞서 있기 때문이다. 지금 우리 상공에는 매 15분마다 외국 정찰기가 보이지 않는 높이에서 비행하고 있다. 그 높은 데서 축구공과 농구공을 구별할 만큼 정확하게 지상의 동행을 알아내고 있다. 전화통신은 물론 방 구석구석 어디에나 쥐도 새도 모르게 도청해 낼 수 있는 장치가 가능하다. 우리가 주민등록증을 받을 때 이미 전산의 그물 속에 맡겨져 버린 것이다. 그 주민등록번호만 알면 그의 삶을 그 어디에서

나 단추만 하나 누르면 포착할 수 있다. 이 첨단 기술은 마음만 먹으면 어떤 비밀도 드러낼 만큼 발달되어가고 있다.

그러나 그것을 이용하는 것은 사람이다. 어떤 집단이 정권을 잡고 어떤 목적을 갖느냐에 따라서 이 기술문명은 악마의 손이 될 수도 있고 천사의 역할도 할 수 있게 되었다.

우리는 오웰의 소설을 읽고 그것은 소련의 스탈린 시대를 반영했거니 했다. 지금에도 그것을 적용한다면 아마 북한체제에나 해당될 수 있으려니 하는 이가 많을 것이다. 특히 사상사찰 대목에서 그렇게 짐작하게 했다. 그러나 그게 아니다. 민주주의를 표방하고 있는 이 남한 사회도 그렇다. 그 기자는 지금의 우리 상황을 이렇게 집약한다. "지금 우리 주변에서도 안기부, 보안사가 행정기관에서 군부대에서 기업체에서 언론기관에서 종교단체에서 택시 안에서 위장 술집에서 집 안방 장롱 밑에서 정보를 수집하고 대화를 추적하고 감시하고 있다고 해서 야단이다." 이것은 실제로 공개된 사실을 집약한 것이다.

6.29선언으로 출발한 이 정부가 군사정권 이래로 첨예화된 사찰정치를 이렇게 하고 있다. 그것이 폭로되니까 국방부가 공식으로 한 변명은 유사시에 저들을 보호하기 위해서라고 했다. 보호하기 위해서? 그럼 정부요원이나 여권 인물들은 보호할 가치도 없어서 사찰명단에 올리지 않았나? 바로 이 점이 우리 사회가 지닌 문제의 심각성을 노출하는 것이다. 무엇보다 저들이 국민을 얼마나 무시하고 있

나 하는 것이다. 국민을 삼척동자로 취급하는 게 아닌가? 아니면 저들의 머리가 그렇게 나쁘다는 것을 드러내는 것이다. 거짓말도 그럴싸하게 못하는 저들에게 정권을 안겨주고 또한 정보권을 독점하게 했으니 어떤 어처구니 없는 일을 저지를는지 알 수 없기 때문에 큰 문제인 것이다.

정보부란 이름이 악명 높아지니까 전두환이 그 이름을 안전기획부라고 고치고, 또 보안사도 결국 보호하고 안전하게 한다는 간판인데 그것은 이 민족의 안전이나 보호를 위한 것이 아니라 바로 정권을 장악한 자신들의 안전을 위한 도구로만 사용하고 있으니 이게 큰 문제인 것이다. 그런데 새삼 놀라게 하는 것은 보안사의 범죄에 온 국민이 분노하는 마당에 자신이 바로 보안사 사령관이었으며 그 범죄 장본인인 노태우 대통령이 "범죄에 대한 전쟁"이라는 '중대'한 선언을 한 사실이다. 그 소리는 국민에 대한 선전포고라는 말 이상으로 들리지 않는다. 아니 오늘의 우리 사회를 문란하게 만든 게 누군데?! 국민의 분노에 대해서는 일언반구도 언급하지 않고 그 무슨 허술한 연극인가! 이렇게도 국민감정과 단절된 집단에게 칼을 잡히고 있으니 언제 무슨 어처구니 없는 일이 벌어질지?!

자성

불의한 가해자일수록 폭력에 의지하게 된다. 그것은 스

스로 불안하기 때문이다. 사찰강화란 자기불안의 노출이다. 참사람은 남에 대한 사찰보다 자성(自省)이 앞서는 법이다. 자성으로 자기 잘못을 노출하기를 두려워하는 자는 피해자의 반격이 두려워 사찰을 한다.

맹자는 하루 세 번씩 자성한다고 했다. 자성할 줄 모르는 자에게 칼을 쥐어 주는 것만큼 무서운 일은 없다. 우리는 백담사에 은신하고 있는 전두환이 얼마나 자성할 능력이 없는지를 잘 보고 있다. 바로 그러니까 잔악했던 것이다. 그런데 이 정부도 그 핏줄을 이어 받았다.

자성을 못하는 자는 결국 압력에 의해 굴복시키는 길밖에 없다. 그런데 이 정권의 자성을 촉구하기 전에 이런 집단에 칼자루를 쥐어 준 우리 국민 자신의 자성이 필요하다. 그것은 이미 저지른 일이라 되돌릴 수 없다면 오늘의 이 폭정에 대해 방관하는 지금의 자세에 대한 자성이 있어야 한다.

특히 그리스도인들에게 이 자성의 빛이 없는 것이 문제다. 도대체 수십 수백억의 건물을 짓고 매주 수만 명을 모아 놓고 설교나 하는 것으로 무얼 기대하는 것인가! 설교래야 모인 사람의 손톱 발톱을 뽑고 온 몸과 의식을 마비시킴으로 무감각하고 무능하게 만드는 것이 고작이 아닌가?! 그 죄에 대한 자성 없이 당신들이 구원을 받고 하늘나라에 들어갈 수 있다고 생각하는가?

윤석양 군은 자기 동료를 잡는 일에 협조해야 하는 막다른 골목에 몰렸다. 그것이 어쩔 수 없는 상황이라고 한대도 그것으로 속죄되지는 않는다. 그의 자성은 목숨을 건 행동으로 온 국민을 움직이게 했으며 빌라도의 후예들에게 치명적인 강타를 가했다. 우리는 빌라도에게 잡힌 저 안드레아의 꼴이 되지 않았는가? 불의에 대한 방관은 결국 방조죄다. 정부는 이른바 불고지죄로 국민들을 체포했는데 그것은 정권보호를 위한 것이었다. 그런데 이 불고지죄가 이 민족사회를 위하는 것이라면 타당한 죄목이다. 우리는 지금 불고지죄에 빠지고 있다. 이 정권, 이 사회의 재벌들의 불의를 뻔히 들여다보면서도 그런 것을 고발하지 않는 것은 하느님 앞에 불고지죄를 짓는 것이다. 그런 것들을 고발하지 않고, 평화니 화해니 사랑이니 하고 설교하는 것은 자기 죄를 은폐하는 것이다.

우리는 이 정부의 사찰의 대상이다. 그것과 싸워야 하는 까닭은 그것이 집권욕에서 나온 작태이기 때문이다. 그러나 우리는 사찰을 받아야 하며 받고 있다. 그것은 하느님에 의한 사찰이다. 당신의 이름이 이 정부의 정보기관의 사찰명부에는 없다고 안심할 수 없을 것이다. 그것은 바로 하느님의 사찰명부에 오르고 있다는 증거일 수도 있으니까!

단(斷)!

이 죄악을 어떻게 할까!

전정권의 비리가 속속들이 폭로됨에 따라 온 국민은 치를 떨고 있다. 전씨 일가만이 아니라 그의 처가의 근친들마저 총동원하여 사람들의 재산을 마구 빼앗고 생명을 위협한 사실들이 하나하나 드러날 때마다 국민들의 눈은 점점 커졌다. 전두환 씨는 정신에 이상이 있는 게 아닌가? 그렇지 않고야 단임을 그렇게 코에 건 처지에 진시황을 뺨칠 정도로 천년만년 권좌를 지키면서 살아갈 수 있다고 생각했나? 전국 곳곳에 그렇게 어마어마한 아방궁을 지었을까? 그렇게 욕심에 차 있는 사람이 그 자신이 발표한 정도의 축재로 만족했을 까닭이 없다. 신문을 통하거나 데모대의 함성을 통해 국민들의 목소리를 보고 들으면서도 이순자 씨는 사람들을 모아 놓고 억울하다는 분노를 터뜨렸고, 전두환 씨는 측근의 말이라는 형식으로 분노를 넘어서 이 나라를 완전 괴멸시킬 폭탄이라도 안고 있는 사람처럼 온 국민을 대항해 싸울 듯한 기세마저 보이더니, 청문회가 열려 그 죄악상이 만천하에 속속 폭로되니까 마침내 자기가 피땀흘려 번 돈으로 장만한 자기 집이라고 고집하던 연희동 집을 떠나 지금 백담사인가 뭔가 하는 절에 가서 칩거하고 있다. 그러면서 그는 자기의 모든 재산을 공개한다느니, 그 모두를 국가에 헌납한다느니 했다. 그러나 국민들은 그의 갑작스런 마음바꿈이 참회에서 온 것이 아님을 간파하고 있다. 그토록 완강하게 버티다가 광주사건을 밝히는 청문회 개최 직전에 '대국민 사과'다, 뭐다 떠들썩했던 저의야 뻔하지 않는가? 분명히 그는 총칼로 권좌를 뺏고 이 땅에 마피아의 대부로 군림하여 온갖 죄악을 저질렀다. 모든 마피아단들이 그렇듯 그 또한 이렇게 저렇게 죄악을 은폐해 놓고 할 말도 골라 놓고 있었을 것임에 틀림없다. 하지만 광주시민의 학살사건은 어떤 변명으로도 감출 수 없지 않는가? 그리고 가장 사랑하는 이들의 생명을 앗아간 원흉에 대한 저 많은 이들의 분노와 복수심을 어떻게 이겨 내겠는가? 그래서 그는 지금 같은 연극을 연출하는 것이 아닌가.

그런데 그가 저지른 죄악은 그 일가에 그치는 것이 아니라 각계 각층에 만연되어 있다. 그 진상이 점점 더 파헤쳐지는 날이면 이 체제를 근본에서 뒤흔들 만한 사건으로 확대될 수 있을 것이다.

이런 너무나 분명하고도 끔찍한 사건에 우리는 어떻게 대응해야 할 것인가! 국민의 여론은 크게 두 갈래로 나뉘어졌다. 그 하나는 전정권하에서 생긴 모든 죄악을 철저히 파헤치고 거기에 연루된 사람들은 가차없이 처벌해야 한다는 주장이다. 물론 전두환 씨도 예외일 수는 없다. 이것만이 혼탁한 이 민족사를 정리하고 새로운 출발을 할 수 있는 길이라고 보는 것이다. 이에 대해서 일벌백계를 들고 나오는 견해가 있다. 말하자면 벌의 범위는 최대한으로 축소해야 한다는 것이다. 전두환 씨와 그 일가에게 그만하면 큰 경고가 되지 않겠느냐 하는 입장이다. 이 입장에 선 사람들은 전두환 씨 일가의 범죄에 관용하고 싶어서가 아니라 그것을 철저히 척결하다보면 국기마저 흔들리게 되어 더 무서운 혼란이 올 것이라는 전제에서 하는 말이다.

이 둘 중 어느 쪽이든 우리는 지금 중대한 결단을 해야할 시점에 섰다. 우리가 결단을 하고 척결하기에 따라서는 새로운 전환점이 될 수도 있고, 그 반대로 돌이킬 수 없는 혼미상태로 빠져 들 수도 있을 것이다.

예수의 두 모순된 발언

우리는 예수에게서 일면 모순되는 두 가지 발언을 본다. 먼저 예수의 한 비유를 보자. 어떤 사람이 밭에 밀을 뿌렸는데 거기에 가라지도 함께 나왔다. 그 둘은 그 밭에서 함께 나란히 자란 것이다. 이것을 본 그 집의 일꾼들이 가라지를 뽑아 버릴 것을 요청했다. 그것은 물론 밀을 보호하기 위해서다. 가라지는 밀이 먹고 자라야 할 영양분을 가로챌 뿐 아니라 밀 자체에까지 악영향을 준다. 그러므로 가라지를 가차없이 뽑아 버려야 한다는 것이다. 그런데 이에 대해서 그 주인은 "가만 두어라, 추수 때까지 함께 자라도록 내버려 두어라"고 한다. 그 이유는 가라지를 뽑다가 밀까지 뽑으면 안되기 때문이라는 것이다. (마태 13,24이하) 이것은 하루속히 불의한 것을 처단하되 철저히 해야 한다는 입장에 제동을 거는 말로 볼 수 있다. 사실 가라지를 뽑다가 밀까지 뽑히는 경우가 인간 역사에도 얼마든지 있어 왔다. 대체로 어떤 집단이 순수한 동기에 의해서건 정권장악을 위한 수단에서건 과거를 청산하는 숙정을 하는 경우 예외없이 무고한 자들도 함께 다친다. 박정희정권도 전두환정권도 모두 정권장악과 더불어 숙정작업을 함께 펴 나갔다. 거기에 순수한 동기가 있었을 수도 있다. 부패한 세력을 도려내야 새 출발이 가능하며, 그것이 정권의 정당성을 국민들에게 시위하는 데도 필요했던 것이다. 그러나 그보다는 반대세력으로 이미 노출됐거나 아니면 그럴 가능성이 있는 사람들을 숙정의 대상으로 뽑아 냈으며 개중에는 본의 아니게 무고한 자들도 포함시키게 된 것이다. 올바른 의미에서의 혁명을 시도하는 경우에도 이같은 과오는 거의 불가피하다. 역사상의 많은 혁명, 사건에서 그같은 희생이 없었던 예가 없다. 무고한 사람의 피를 흘려서는 안된다는 입장을 고수하면 숙정이란 불가능하며, 그러면 새 역사는 시작될 수 없다. 그러면 예수는 이대로가 좋다는 뜻으로 이런 말을 했는가?

그런가 하면 그와 정반대되는 예수의 추상같은 말들이 있다. "네 손이 너를 범죄하게 하거든 그 손을 찍어 버리라"(斷). 네 발이, 네 눈이 너를 범죄하게 해도 찍어 버리고 빼 버려야 한다는 것이다. (마르 9,42 이하) 단(斷)! 칼날 같은 명령이다. 썩은 것은 조금도 남기지 말고 도려내라는 말 같다. 외과의사가 암부위를 수술하듯이, 조금이라도 그 부분이 남으면 도로 퍼질 테니까 철저히 끊어 내야 한다. 썩은 것은 철저히 도려내지 않으면 성한 부분을 계속 잠식해 들어간다. 이렇게 끊어 낼 때 어쩔 수 없이 성한 부분도 잘려 나가기 마련이다. 그래도 어쩔 수 없다는 것이다.

이것은 저 밀밭 주인의 태도와는 너무도 대조적이다. 밀 하나라도 상하게 하지 않기 위해 가라지를 뽑는 것을 금해야 한다고 말한 그가 어떻게 생살을 자르는 한이 있어도 썩은 부분을 도려내야 한다는 것인가. 이것은 전정권의 죄악을 철저히 규명하고 처단해야 한다는 주장과 그대로 맞아떨어진다. 예수는 더 나아가서 이런 말을 하고 있다. 비록 보잘것없는 한 사람에게라도 죄를 짓게 하는 자는 "그 목에 연자맷돌을 달고 바다에 빠지는 편이 오히려 나을 것이다." 이 표현을 직선적으로 말하면 목에 연자맷돌을 달고 바다에 빠져 죽으라는 것이다. 이 말을 전씨와 그 집단에게 그대로 적용시킨다면 이렇게 될 것이다. 비록 강도질을 했으나마 그래도 7년 이상 대권을 쥐고 호령하던 놈이면, 그만한 범죄가 국민에 의해 그렇게 지탄받게 된 이 마당에 더 무슨 쇼를 하며, 단칸방에서 비참하게 사는 양 칩거하는 방을 공개하는가 하면, 마치 출가하여 삭발한 왕이나 되듯 평생 생각지 않던 부처님 앞에 참회하면서까지 구차한 시늉을 하노냐! 할복을 해라, 할복을. 너만이 아니라 너와 운명을 같이하겠다고 청문회에서까지 시위하던 놈들도 구구한 변명을 늘어놓지 말고 할복을 해라. 그럴 용기가 없으면 목에 무거운 돌이라도 달고 바다에 뛰어들어라. 단(斷)! 네 미련을 '단' 하는 것이 사는 길이니라. 예수의 명령을 이렇게까지 구체적으로 적용하니까 예수의 상을 깨 버리는 것 같은 느낌도 있다. 그러나 이것은 분명히 예수가 발언한 말의 뜻이다.

그러면 위와 같이 상반된 내용을 어떻게 소화해야 할 것인가? 우리는 그의 발언을 좀더 세밀히 봐야겠다. 우리가 그 둘을 세밀히 관찰하면 상반 속에서도 공통점을 발견할 수 있다. 밀밭 주인은 그렇다고 가라지를 그대로 포용하라는 것이 아니다. 단지 그것을 청산하는 때를 기다리자는 것이다. 그것은 바로 추수 때다. 추수 때가 되면 먼저 가라지를 모조리 뽑아 단으로 묶어 불에 말끔히 태워 버리고 밀은 곳간에 거두어 들이라는 것이다. 이 주인은 가라지를 그대로 두거나 다른 데 사용하라고 하지 않는다. 완전히 태워 없애 버리라는 것이다. 단! 곡식과 가라지가 뒤섞인 현실을 언제나 감내하라는 것이 아니다. 밀은 곳간에, 가라지는 불에! 철저한 갈라놓음이다. 단! 이 추수의 때가 바로 심판의 때다. 이 심판의 때를 기다리라는 것은 밀 자체를 희생시키지 않고 가라지만 없애 버릴 수 있는 때를 기다리라는 말이다. 그때는 또한 밀이 가라지와 더불어 있지 않고 그 있을 자리(곳간)에 옮겨지는 새로운 마당이 열리는 때다.

이에 대해서 범죄하게 하는 요소를 사정없이 잘라 버리라고 한 다음 말들을 들어 보자. 그것은 썩은 발과 성한 발, 썩은 손과 성한 손, 썩은 눈과 성한 눈을 그대로 병존시키면서 지옥에 들어가는 것보다 그 썩은 하나를 도려냄으로 하느님나라에 들어가는 것이 낫다고 한다. 잘라 버리고 뽑아 버리는 단의 행위는 하느님나라에 참여하기 위한 행위다. 이 새 나라에서는 썩은 것이 병존할 수 없다. 단(斷) 없이 생명의 새 나라가 없다는 것이다. 이 점에서는 위의 이야기와 상통한다. 단지 위의 이야기에서는 단(斷)의 때를 기다리라는 데 대해서 여기서는 그런 명시가 없다. 그러나 '단' 해야 한다는 데는 역시 차이가 없다.

그러면 썩은 지체를 '단' 해야 할 때는 언제인가? 그것은 그 부분이 다시 소생할 가능성이 전혀 없을 뿐 아니라 마침내 전체를 썩게 하여 전체를 죽음으로 몰아갈 수밖에 없는 상태에 도달한 때다. 심판의 때란 바로 이런 때인 것이다. 상처난 부분이 도저히 소생하지 못하고 썩어 갈 때, 그것이 전체를 죽일 때 바로 그것이 단(斷)해야 할 찬(滿)때다.

단(斷)의 역사

민중과 더불어 에집트를 탈출한 모세는 목적지 가나안을 향해 대행군을 했다. 사십 년의 오랜 기간을 그 도상인 광야에서 그들과 함께 산전수전을 다 겪었다. 글자 그대로 피나는 행군이었다. 마침내 이 대행진의 종점에 이르렀다. 그 앞에 요르단 강이 흐른다. 그 강만 건너면 바로 약속의 땅, 젖과 꿀이 흐른다는 가나안 땅이다. 모세는 바로 이날을 위해서 사십여 년을 고투한 것이다. 감격에 벅차 그는 그의 민중과 함께 울음을 터뜨렸을 것이다. 그런데 그 지점에서 그는 그들을 아래에 두고 홀로 요르단 강 이쪽 모압평지에서 해발 800m의 아바람 산에 오르고 또 올라 느보 산 서쪽 봉우리인 비스가 절정까지 올랐다. 그의 시야에는 서해, 지중해까지 들어왔고 사해 남쪽의 소알 평지까지 들어왔으리라. 꿈에도 그리던 목적지가 이제 그의 눈앞에 전개되는 것이다.

야훼는 그에게 "이것이 내가 아브라함과 이사악과 야곱에게 맹세하여 그들의 후손에게 주겠다고 한 땅이다"(신명 34, 4)고 말한다. 약속된 땅, 그에게만이 아니라 그의 역대 조상들에게 약속한 땅이 바로 그의 눈앞에 전개되는 바로 저곳이라는 것이다. 마치 "내 약속은 헛되지 않았다. 네 눈으로 확인하라"는 듯이! 그런데 뜻밖의 단서가 붙는다. "너의 눈으로 보게는 해준다마는, 너는 저리로 건너가지 못한다." 이 무슨 마른 하늘에 날벼락 같은 말인가. 그보다 먼저 이 장면에 대한 약간 다른 기록이 있다. 거기에는 "너는 예리고 맞은편 모압 땅에 있는 아바림 산맥을 타고 느보 산 봉우리에 올라가서 내가 이스라엘 백성에게 주어 차지하게 할 가나안 땅을 바라보라"고 하고 "그 산에서 죽어라"(신명 32,48-50)고 야훼가 지시한다. 이것은 하느님이 그에게 신천지 가나안으로 들어가는 것은 허락하지 않았다는 말이다. 그것은 모세에게는 죽음보다 더한 선고가 아닐 수 없다.

왜 그랬을까? 그가 늙어서 기력이 쇠진했기 때문인가? 만약 그런 것이라면 그토록 수고한 이 선구자를 사람들이 들것에 메어서라도 건너가도록 해야 사람의 도리가 아니겠는가! 그러나 그것은 기력이 다해서가 아니었다. "그의 눈은 아직 정기를 잃지 않았고 그의 기력은 떨어지지 않았었다"(34,7)고 함으로 그 이유는 다른 데에 있음을 가리킨다. 그게 무엇인가? 위의 글에는 다음과 같이 그 이유를 말한다. "너는 씬 광야에 있는 카데스의 므리바 샘 가에서 이스라엘 백성이 둘러선 가운데 나를 배신하였다. 내가 하느님인 것을 이스라엘 백성 가운데 드러내지 아니하였다"고 한다(32,51).

그런데 그 사건은 모세가 책임져야 할 사건이 아니었다. 광야 배회 중 르비딤에 진을 쳤을 때 이스라엘인들은 마실 것이 없어 소동을 일으켰으며, 에집트에서 끌어내어 자기들과 아이들까지 목말라 죽게 할 작정이냐고 모세에게 대들었다. 그래서 이 사정을 하느님께 알리며 애걸했더니 호렙의 바위를 그가 가진 지팡이로 때려 생수를 나게 함으로 저들의 불만을 해소했다. 모세에게 무슨 죄가 있단 말인가! 실은 모세가 아니라 이스라엘 백성이 반항한 것이다. 저들은 해방의 대행진의 뜻을 망각한 반역을 한 것이다. 그럼에도 불구하고 모세에게 책임을 지운다. 본문에서도 모세 개인이 아니라 '너희'라는 복수를 씀으로써 개인의 책임이 아니라 이스라엘 백성의 책임을 그가 지라는 것이다. 그런데 그보다 전에 그가 여호수아라는 후계자를 내세워 이스라엘 백성 앞에 세우면서 "내 나이 백 스무 살이 지나 다시는 일선에 나설 수 없는 몸이 되었다. 야훼께서는 나에게 '너는 이 요르단 강을 건너지 못한다' 하고 말씀하셨다"는 말과 함께 여호수아를 향해 "힘을 내라. 용기를 내라. 야훼께서 이 백성의 선조들에게 주시겠다고 맹세하신 땅으로 이 백성을 이끌고 들어갈 사람은 바로 너다"(신명 31,1이하)라는 기록이 있다. 여기서 보면 모세 자신의 자각과 야훼의 뜻이 병행되어 있다. 이것은 야훼의 뜻이 곧 모세 자신의 결단이라고 해석할 수 있는 부분이다. 그에게는 비록 장엄한 행군이었으나 광야생활 40년 동안 오염되고 범죄한 과거를 '단'해야 한다는 결연한 의지가 드러나 있다. 그러므로 그는 새 세대인 여호수아에게 지휘봉을 넘기고 바로 광야 40년의 종점인 이쪽에서 자신의 죽음과 더불어 낡은 역사를 묻어 버리려는 각오를 한 것이다. 그러므로 그는 이 단(斷)의 현장인 느보 산 봉우리에서 죽었다. 얼마나 장엄한 최후인가!

이것은 체념적이며 비극적인 장면이 아니다. 그 봉우리는 이제 한 발만 내딛으면 도달할 수 있는 신천지를 목전에 둔 봉우리다. 신천지, 새 시대를 눈앞에 둔 사실이 모세의 최후를 그처럼 장엄하고 아름답게 만든다. 그는 이스라엘 백성의 책임을 왜 자기가 져야 하는가라는 항의도, 40년을 기다린 저 땅을 밟아 보기만이라도 해겠다는 애원도 하지 않는다. 새로운 큰 역사, 새 삶을 위한 '단'! 그것이 모세의 죽음이다. 그러나 성서기자는 결코 이것으로 모세의 위대함을 나타내려고 하지 않는다. 그것은 모세 자신의 결단이 아니라, 하느님의 '단' 즉 심판이라고 한다. 하느님은 역사를 이끌어 가면서, 최후의 궁극적인 때에 '단', 즉 심판을 하신다는 것이 성서에 일관된 신념이다.

이같은 모세의 상 앞에 오늘 이 땅의 지도자로 자처했던 그리고 자처하는 자들의 모습은 얼마나 초라한가! 이 민족의 죄악을 다 책임지라는 것이 아니라, 자신이 이 민족에게 진 죄에 대한 책임을 지라는 것인데 그걸 회피하기 위해서 발버둥치는 저들의 모습은 얼마나 비열한가! 비록 자신이 사복(私腹)을 채운 일이 없다고 해도 자신이 전체를 책임지고 있을 때 자신과 그 처가의 일가 친척이 달라붙어 부정을 한 사실이 드러났으면 그 책임을 져야 할 게 아닌가. 그보다도 더 용서할 수 없는 것은 광주학살사건을 비롯하여 수많은 양심들을 짓밟은 사실이다. 그 사건들에 대해 그 자신이나 그의 졸개들이, 그가 직접 간여했느니 안 했느니 또는 수가 많다느니 적다느니 따지는 데 혈안이 되고 있는 것은 차마 눈뜨고 볼 수 없다. 일본장교의 부하였으면 못된 버릇만 배우지 말고 모든 책임을 지는 사죄의 행위로서 할복은 못하더라도 그 용기 정도라도 흉내냈어야 하지 않나!

그런데 또 하나 문제는 현정권의 역사에 대한 몰지각한 작태다. 전정권의 죄악이 저들에게 얼마나 짐이 되고 있나. 그런데 그것을 '단' 하지 않고 구렁이 담넘듯 넘어갈 수 있다고 생각한다. 전정권 비리나 광주사건 청문회에서 저들은 하나같이 과거를 은폐하려는 데 전력을 기울이고 있다. 그러면 그럴수록 국민들은 전정권과 자신들을 일치시켜 보게 되는데도 말이다. 결국 과거가 단지 과거만이 아니라 현재로서 그들 자신에게 엄존하고 있다는 사실을 고백하는 것 이상이 아니다. 그러나 역사는 이를 용서하지 않는다.

지금 우리 역사는 찬(滿) 때, 곧 '단'의 때다. 단 없이는 절대로 이 고비를 넘길 수 없을 것이다. 저들이 사는 길은 글자 그대로 "네 손이 범죄했거든 찍어 버리라"를 그대로 실행하는 길뿐이다. 그래야 비록 한손만 남더라도 살 수 있다. 죽는 과정 없이 살아날 길은 없다.

끝으로 이런 맥락에서 예수의 민중은 예수의 십자가처형을 어떻게 이해했는지를 살펴보자. 저들은, 예수 자신은 아무런 죄도 없었는데 하느님이 인간의 모든 죄를 대신해서 그를 처형했다고 해석한다. 하느님이 결국 예수를 죽였다는 말이다. 그것은 하느님은 '단'의 하느님이라는 것을 극적으로 나타내는 신념이다. 예수시대의 이른바 묵시문학사상에서는 하느님은 이 오염된 역사를, 이 세계 전체를 멸망시킴으로써 '단' 할 것이라는 환상을 보았고 또 그것을 전했다. 그런데 예수의 민중들은 예수의 십자가 죽음에서 묵시문학이 말하는 우주적인 종말 즉 '단'의 사건이 일어났다는 것이다. 그런데 묵시문학은 우주적 심판으로 모든 것의 종말을 말한다. 이에 대해 예수의 민중은 하느님이 인류의 죄의 역사를 '단' 하기 위해 예수를 '단' 함으로써 인류를 죄에서 해방시켰다는 것이다. 그러므로 그 사건은 심판으로서의 단이면서 동시에 해방과 구원의 단이라는 것이다.

그런데 예수의 측면에서 그린 복음서에서는 이 이야기가 다르게 그려져 있다. 복음서의 예수는 그가 수난을 당하여 죽을 수밖에 없다는 당위성을 거듭 강조한다. 그러므로 그는 그의 죽음의 지점이 될 예루살렘을 최후의 목적지로 삼는다. 그러나 그 예수는 고뇌한다. 게쎄마니 동산의 이야기는 이 장면을 잘 서술한다. 꼭 이 길을 걸어야 하나? 왜 내가 이 죽음의 잔을 들어야 하는가! 이러한 번뇌는 결국 이것이 하느님의 뜻이라면 복종해야 한다는 결론에 도달한다.

결단(決斷)이다. 새 나라를 위해서는 반드시 심판이 앞서야 하는가! 그것 없이 새 세계는 올 수 없다는 말인가! 그렇다. '단' 없이 새 역사는 시작되지 않는다. 이것이 하느님의 경륜이다. 이 사실을 재확인한 예수는 예루살렘에서의 어처구니없는 재판과 잔인무도한 형벌 앞에 아무런 말 없이 침묵으로 일관한 것이다. 이로써 그는 인간적인 미련을 '단' 한다. 이 엄숙하고도 필연적인 단의 역사 앞에 예수라는 한 개인은 "나의 하느님, 나의 하느님, 어찌하여 나를 버리셨습니까?"라는 자기 파멸의 비명으로 끝을 맺는다. 그러므로 예수의 민중은 이 죽음에서 낡은 역사의 단, 죄의 역사의 '단'을 본 것이며 동시에 그것을 기점으로 새 역사의 시작을 경험함과 동시에 해방을 경험한다.

살림운동은 죽임의 세력과 투쟁이다

주검

언젠가 구라파에서 강연을 마친 다음 질문을 받았다. 그 중에 한 사람이 한국은 여러 종교들이 수백 년 또 천여 년을 공존하고 있다는데 당신은 어떻게 불교 유교와 그리고 그리스도교를 특성적으로 이해하고 있느냐고 물었다. 그 질문은 나의 강연내용과는 동떨어졌으나 내가 서구의 사고를 비판한 탓에 전혀 무관한 것은 아니었다. 그러나 나는 비교종교학 따위에 별관심이 없고 또 잘 모르는 남의 신앙세계를 함부로 비판하거나 개입할 의사가 없기에 그런 생각은 별로 하지 않았다. 그러니 내게는 느닷없는 질문이 된 셈이다. 그런데 언뜻 대답할 단서가 생각났다. 그날의 강연은 독재정치와 관련된 생명의 문제였기 때문에 쉽게 생명과 상반되는 죽음의 문제가 떠올랐다. 잠깐 생각끝에 나는 이렇게 대답해 보았다.

"가령 '死'의 문제를 생각해 봅시다. 그들에게 공통점이 있는 것을 전제하고 비교적 강조점이 다른 것을 지적한다면 이런 것일 수 있습니다. 유교는 '주검'(死體)의 문제에 더 관심합니다. 그래서 그 어떤 문화권에서보다 죽은 자의 시체에 대한 의식이 발달됐습니다. 의식만이 아닙니다. 그 시체를 묻은 다음에도 자식은 3년을 그를 추모하여 그 묘 곁에 초막을 짓고 고행하기도 하며, 두고두고 제사를 지냅니다. 물론 그 무덤 쓰는 데도 최대한의 배려를 합니다. 이에 대해서 불교는 '죽음'의 문제에 관심의 초점이 있습니다. 그들은 사람의 일생을 생노병사로 집약하는데 결국 생의 다음은 죽음에로 도달하는 과정입니다. 이 죽음이 人間苦의 마지막 단계요 또 무상의 근원적 상징입니다. 그러므로 저들의 종교적 사변이나 교리는 이 '죽음'에서 출발하여 어떻게 하면 이 '죽음'을 넘어서느냐에 있습니다. 니르바나는 결국 이 죽음을 넘어선 해방된 상태라고 하겠습니다. 이에 대해서 그리스도교는 '죽임'에 관심의 초점을 모으고 있습니다. 그들의 상징이며 모든 신앙이나 교리의 바탕이 십자가인데 그것은 바로 그리스도가 죽임당한 사형틀이 아닙니까?"

얼떨결에 한 이 대답은 오래전 일이지만 그 후에도 이 생각은 오래 남아 있었다.

나는 무수한 주검을 본 세대다. 무엇보다 전쟁에서 그랬는데 주변의 가까운 이들의 주검도 많이 보았다. 시체를 좋아할 사람은 없다. 아무리 가까운 사람이었다고 해도 일단 주검이 되면 얼굴을 덮어 버리지 않나. 그것은 위생적 동기도 있겠으나 주검은 보기 싫은 것이다.

많은 주검 중에 몇 년 사이에 연로한 어른들의 주검을 봤는데, 그중 나를 통곡하게 한 것은 함석헌 선생의 주검이다. 서울대학병원 영안실에 누인 그에게 많은 조객들이 몰려왔다. 입관한다는 날 나는 교통사정으로 허겁지겁 바로 직전에 도착했는데 측근 한 사람이 기다리고 있다가 나를 재촉해서 들어선 그 앞에 그의 시체가 이미 뚜껑만 안 닫은 채 관에 누워 있었다. 그런데 나는 통곡을 했다. 그것은 그의 입을 두터운 가제로 꽉 막은 것과 그의 손발을 꽁꽁 묶은 것을 봤기 때문이다. 한평생을 부러진 바늘 하나 갖지 않은 채 오직 저 입으로 그리고 저 손으로 난폭하고 부도덕한 정권을 쉬지 않고 질타한 바로 저 입과 저 손을 저렇게 봉하고 비끄러 매다니! 바로 그게 너무도 원통하고 또 무상해서 통곡했던 것이다. 이미 병실에서 운명했을 때는 그 시체의 볼을 만지고 손을 잡아보고 이별의 조용한 눈물을 흘리는 것이 고작이었는데 이번은 그게 아니다. 그러니 그 눈물은 그 시체에 무슨 정감이 가서 그랬던 것은 아니다.

어머니가 돌아가신 시신과 이틀밤을 함께 지냈으나 그 시신을 볼 마음이 일지 않았다. 이런 심리를 변명해서 사람들은 사람이 죽을 때 정을 거두어 가기 위해 무섭게도 여기게 하고 추하게 보이기도 한다고 하나 시체에 대해 매정해지는 것에 대한 변명이리라. 어쨌든 유교 전통으로 그 후손들은 얼마나 고달픈가. 무덤을 고르는 데서부터 장례 과정 그러고도 두고두고 없는 재산 쪼개어 매년 밤새 제사를 지내야 하니. 그런데 그런 수고는 여자들이 온통 맡아 하건만 여자는 제사의 예를 돌리는 데서까지 제외된다. 이것은 정말 사람을 강제하는 풍습이다. 사람을 혈통으로 꿰매기 위해 하는 것인데 그것을 관철하기 위해 조상숭배를 자손들의 화복과 관련시키는 미신까지 만들고 있다. 이거야말로 남자 위주의 발상에서 나온 것인데 그렇다면 그 수고는 남자들만 하면 될 것 아닌가.

죽음

죽음은 확실한 사실이요 또 삶이 얼마나 덧없는지를 가장 극명하게 드러내는 숙명적인 것이다. 그러나 죽음이 무엇인지는 끝까지 베일에 싸여 있다. 공자가 사후에 대해 묻는 이에게 차가운 대응으로 삶에 대해서도 잘 모르는데 죽음 다음의 일을 어찌 아느냐고 잘라 말했는가 하면, 장자는 삶은 氣가 모이면 있고 死는 기가 흩어지면 생기는 현상이라고 하나 그것은 죽음을 설명한 게 아니라 기를 말한 것이요, 대부분의 종교들은 죽은 후의 다른 양식의 새로운 삶을 환상적으로 설명하거나 죽어도 죽지 않았다는 설명을 위해 온갖 설명을 꾀한다. 그러나 그중 공자의 대답이 가장 정직한 것이다. 죽어 보지 않는 한 그 다음을 알 길이 없으며, 죽었다 되살아온 사람들의 얘기가 무성하나 그들 역시 아주 죽어 보지는 못한 혼미 속의 의식작용을 말할 것이다. 확실한 것은 죽음이고, 그것으로 이 삶의 성격을 이해하려는 노력이나 하는 것은 삶을 설명하기 위한 확실한 거점을 찾다가 사람은 죽음에 이르는 존재라는 것으로 설명하는 것은 "종교적인 것"을 거부하는 이들의 한계다.

나는 죽음에 대해 관심 없다. 그것이 지금의 삶에 어떤 영향을 미치지도 않는다. 까닭은 내가 아무리 애를 써도 내 힘이 미치지 못하는 것에는 정력을 뺏기지 않겠다는 의지를 기른 탓인지 모른다. 아주 죽지 않기 위해 세상에 없는 불노초를 구해 오라고 사람들을 만방에 보내 죽게 한 진시황은 미친놈임에 틀림없지만, 되도록 죽음을 뒤로 미루어 보려고 오래 살 수 있는 짓이라면 무슨 짓도 다한다는 요새 돈푼깨나 모은 놈들의 꼴은 정말 못 봐주겠다. 산 사슴의 뿔을 자르고 솟아나는 피를 마신다지 않나. 손에 대기도 끔직해 하는 지렁이를 구워 먹든지 삶아 먹지 않나, 심지어는 곰쓸개즙을 먹기 위해 산 곰의 배를 갈라놓고 입을 대고 핥아먹는 놈들까지 생겨나니, 이러다가는 살기 위해서 사람인들 안 잡아 먹으랴! 결국 죽지 않으려는 욕심이 눈을 멀게 하고 인간되기를 포기하게까지 한다. 그래봐야 결국 죽음은 못 피할 것을!

죽임

문제는 '죽임'이다. 그리스도교는 예수의 죽임당한 사건에서 출발했다. 그 증거물로 십자가를 걸고 다니고 교회 건물마다 그것을 내걸고 심지어 장식품으로까지 둔갑하고 있다. 그것이 '죽임'이라는 사건을 상징하지만 점차 그 뜻마저 잊어버리고 있기는 하지만!

그런데 문제는 그렇게 함으로 해결되지 않고 있다. 예수를 죽인 로마제국도 망하고 물론 빌라도도 없어졌으나 그 일은 그것으로 일단락된 게 아니다. 그 죽임당함의 사건을 나자렛 예수의 개인에게 일어난 것으로 묶어 두면 우리에게 아무런 의미도 없다. 그 사건은 우선 집단적 사건으로 이해해야 한다. 그 개인에게 국한된 사건이 아니라 인류에게 일어난 사건이다. 그런데 어째서, 긴긴 인류 역사에 계속 사람 죽이는 일이 연속됐는데 하필 그의 죽임당함이 그토록 큰 문제로 두고두고 우리에게 절대적 물음으로 다가오는가! 그것은 물론 그를 따르던 민중들의 특이한 인식과 운동에 기인된 것이다. 그들은 예수에게 일어난 죽임의 사건을 계속 있어 온 다반사로 처리(체념)하지 않고 이 사건을 철저히 물고 늘어진 것이다.

그런데 저들의 전략은 전례가 없던 것이다. 그때 첼롯당이라는 반로마결사대가 있었다. 저들은 죽이는 자들을 죽이는 것으로 죽임의 문제를 해결하려고 했다. 그러나 죽이는 싸움에서는 강자가 이기는 것이기에 저들은 결국 로마라는 죽임의 세력에게 몰살당함으로 장엄한 최후를 맞이했다. 그 밖의 사람들은 죽이는 강한 세력에 맞서 싸울 힘이 없으니, 없었던 일로 하고 굴종하고 타협하고 말았다. 그 대표적인 단체가 바리사이파다. 그에 반해 예수의 민중은 전혀 다른 전략을 폈다. 한편으로는 저들과 정면 충돌을 피하고 ― 그래봐야 승산도 없고 궁극적 해결의 길이 없으니 ― 전체가 그 죽임의 증인으로 나섰다.

단적으로 표현을 한다면 우리는 예수가 죽임당한 것을 본 증인들이라는 것이다. 정치범으로 죽임당한 사건의 증인으로 나서는 것은 위험하다. 그들도 불온분자로 처형될 수 있으니 말이다. 그러나 그들은 쉬지 않고 장소를 가리지 않고 그 증인으로 퍼져 나갔다. 그런데 예수는 십자가에 죽임당했다고 명시함으로 그 죽임의 장본인 즉 살인자가 누구인지를 잘 나타냈다. 십자가 처형은 로마제국이 식민지의 반란분자를 처형하는 처형대였으니까! 그러니 결국 우리는 로마가 예수를 죽이는 것을 보았다는 증언을 그들이 가는 곳마다 퍼뜨린 것이다.

또 한편으로는 예수의 죽음은 그 개인에게 국한된 사건만이 아니라 인류와 관련된 것이라는 주장을 반복했다. 즉 로마가 우리를 모두 죽이려는 것을 예수가 대표로 처형당했다는 것이다. 그러면 로마는 인류를 죽이는 악마의 세력이라는 결론이 된다. 이렇게 직설적으로 한 말인데, 저들은 약자들이기 때문에 공적으로 말할 때는 우회적인 방법으로 표현한 것이다. 그러나 공적으로 대표성을 지니지 않은 예수의 민중들은 이런 직설적인 말을 주저없이 입에서 입으로 전했음이 틀림없다. 그런 흔적이 복음서에 뚜렷하게 나타나고 있다. 한마디로 저들은 그들의 처지에 따라 약간씩 차이는 있었으나 로마가 살인집단이라는 것을 쉬지 않고 반복했던 것이다.

그들은 집요했다. 저들은 모이면 애찬을 나누었다. 그것은 예수의 죽임을 이긴 부활을 축하한다는 뜻이었다. 그런데 그들은 예수의 최후의 만찬을 '죽임'의 사건과 결부시켰다. 예수는 떡을 자기 살이라고 하고 포도주를 자기의 피라고 하면서 나누어 먹게 했다. 그것을 먹고 마신다는 것은 뭘까? 결국 그의 죽임당함에 참여한다는 뜻이 아닌가. 바울로는 바로 그렇게 이해하고 '나는 예수의 부활에 참여하기 위해 그의 고난에 참여한다'고 했다. 그의 고난에 참여한다는 것은 그의 죽임당한 사건에 참여한다는 뜻 아닌가. 그것에 참여한다는 것은 우리도 죽임당함으로 化身하겠다는 뜻 아닌가. 그것은 동시에 그러므로 우리는 우리를 죽인 세력에 대해 산 증인으로 계속 고발하겠다는 결의요, 그것은 동시에 살림의 운동이 아닌가! 부활의 증인이란 결국 살림운동이요 그것은 현실적으로는 죽임의 세력과의 투쟁 선언이 될 수밖에 없다.

오늘의 죽임의 현장

우리는 모두 죽임의 목격자들이다. 그 죽임은 한두 사람씩이 아니라 집단적 학살의 목격자다. 광주의 학살이 바로 그런 게 아닌가. 우리는 시퍼렇게 살아 청운의 꿈에 부푼 학생들의 죽임을 목격한 사람들이다. 박종철, 이한열, 그리고 강경대의 죽임의 목격자들이다. 그런데 박종철이 죽임당한 것은 연막에 가리워질 수도 있었다. 한 젊은 의사의 양심적 증언이 아니었던들! 그렇다면 우리의 현장에서 고발되지 않은 묻혀진 죽임당한 사건이 얼마나 많은가. 강경대 군은 평화적 시위에 가담했다 도망가는 것을 여러 전투경찰이 집단적으로 짓이겨 죽인 사건이다. 김귀정은 정말 압살당했는가. 그러나 죽인 자는 없는가. 우리는 70년 11월 13일 전태일 사건 이후 연이은 분신 또는 투신 '자살' 사건의 목격자들이다. 그런데 한때 저들의 죽임당함을 계속 증언하다가 잠잠해졌다. 그러다가 이 정부 밑에서 강경대 군의 죽임당함을 계기로 다시 분신 '자살' 사건이 연속된 것의 목격자들이다. 정말 저들이 자살했나! 그래서 아무도 책임질 사람이 없는가! 저들은 정신이상자들인가. 그렇지 않고야 왜 느닷없이 분신자살을 하나! 아니다, 자살이 아니다. 저들도 죽임을 당했다. 저들을 막다른 골목에 몰아넣은 권력집단이 바로 저들을 죽인 장본인이다.

숨이 막힌다. 기가 막힌다. 제 편 아닌 무리들이 제 권리를 행사하는 것을 두려워하는 사람들은 권리주장의 순이 나오기가 무섭게 잘라 버리고, 국민이 기를 펴고 기지개를 펴려고 하면 사정없이 기를 눌러 버린다. 그러므로 기에 따라서 움직여지는 운동도 모두 숨통부터 막아 버린다. 이 땅이라고 인물이 없으랴마는 운동의 선봉에 설 만하면 공안정국의 협박으로, 악법의 악용으로, 어용여론의 재판으로 매장해 버리고, 그 일만을 전담하는 기관들이 있어 국민의 세금을 감시도 받지 않고 그것을 위해 마음대로 쓴다.

산업사회를 만든다고 노동자들을 마구 착취하고, 강대세력에 의존하여 정권을 유지하려는 권력의 비호를 받아 성장시킨 것은 극소수의 자본가다. 그 결과 국민 사이의 균열이 걷잡을 수 없이 심화되고, 이웃과 이웃을 소통하게 하던 모든 작은 길들은 자본가를 위한 고속도로에 의해 차단되듯 인간관계는 날이 갈수록 차단되고 사람의 유일한 젖줄인 대지와 물과 공기가 죽어 가고 있다. 그래서 인간과 자연은 원수가 되어 간다.

한마디로 우리를 죽이는 힘은 예수를 죽일 때와는 비교도 안될 만큼 여러 가지 형태로 사람을 포함한 모든 생물을 죽이고 있다. 누가, 어떻게 이 죽이는 힘을 막을 수 있을까!?

제2의 창조

요한복음은 중요한 선언을 한다. 신(logos)이 육(肉)이 되어 우리 안에 사니…은혜와 진리가 충만하더라. (1, 14) 이것은 제2의 창조 선언이다. 제1의 창조는 창조자가 초연한 자리에 있으면서 말씀으로 세상을 '쟁이'처럼 만들었다. 그러므로 창조자와 피조물이라는 질적 거리가 있었다는 신조를 가능하게 했다. 그러므로 그 창조자는 위에서 축복도 하고 벌도 주는 군림하는 힘이다. 그런데 요한은 바로 그 말씀으로 존재한 신이 육이 되었다는 것이다. '육'이란 우리 동양에서도 가장 천하고 무상한 것의 상징으로 쓰여지는 말이었지만 희랍에서도 그러했는데, 더욱이 그때 한참 성했던 영지주의자들은 '육'을 인간의 감옥처럼 인식하여, 파괴하고 그것에서 탈출할 때만 구원을 받는다는 신조를 유포하고 있었다. 그런데 신이 바로 이러한 육이 되었다는 것이다. 사람은 '육'이라고 하지 않는다. 사람은 육+알파다. 그런데 그 알파가 빠진 사람은 이미 사람이 아닌 가장 더럽고 미천한 층을 가리킨다. 그렇다면 신은 신으로서의 자신을 포기한 것이다. 그러므로 '우리' 속에 흡수되었다. 바로 그렇게 된 그 육에서 하느님의 아들의 영광, 진리가 충만하더라는 고백을 한 것이다.

이것은 신이 고고하게 군림하는 자리를 버리고 희로애락

의 현장에로 왔다는 것이다. 왜? 사람을 살리기 위해서, 살림운동에 가담하기 위해서. 그러기 위해 그는 맨밑바닥으로 온 것이다. 아니 밑바닥이 된 것이다. 그것이 바로 예수의 사건이라는 것이다. 예수의 사건이 민중의 사건이라면 하느님은 민중으로 살림운동의 현장에 온 것이다. 그렇다면 그 길은 예정됐다. 그것은 죽이는 자에게 죽임을 당하는 길이다. 지금까지 민중이 그랬던 것처럼.

예수의 민중은 위에서 말한 대로 바로 이 사건을 중심으로 운동을 일으켰다. 그런데 한 가지 중요한 사실이 있다. 그것은 그 민중이 바로 그 신처럼, 예수처럼 '죽임' 당함에 가담했다는 의식이다. 그의 피와 살을 먹음으로 원한에 찬 죽임당한 자들이 됐다. 그런 그들이 죽임당한 것은 인류 전체가 당한 것이요, 그들을 죽인 장본인은 구체적으로 누구라는 것을 천하에 계속 쉬지 않고 퍼뜨림으로 죽이는 세력과 대결해 나갔다. 최후만찬을 그들은 그렇게 인식한다. 그러므로 최후만찬에 참여하는 것은 결사대에 가담하는 것과 같다. 바울로가 이 경험을 언어화했다. 나는 예수의 고난에 참여하고 있다. 나는 날마다 죽고 있다. 그것은 그와 더불어 살기 위해서라고 반복해 말한다. "그의 부활에 참여하기 위해서"는 "살림운동에 참여하기 위해서" "죽임의 세력과의 투쟁을 위해서"라는 말이다. 그러나 요한의 이해처럼 그것은 언제나 '우리 안'에서의 싸움임을 잊지 않을 때 바른 인식에 서는 것이다.

민중은 '환생'한 예수?

I.

 습성이라는 것이 사람을 노예로 만든다. 그중에도 재래적인 가치관에 사로잡혀서 그것을 당연한 것으로 아는 것이 많다. 가령 영웅주의가 그런 것이다. 과거에는 역사를 한 영웅이 만들어 낸다고 확신했다. 한 전쟁에서 승리했다고 할 때 실제로 싸운 것은 졸병들이요, 그들의 피를 대가로 얻은 것인데, 그 전쟁을 유발한 한 영웅이 홀로 싸워 승리한 것 같은 표현과 역사 서술을 해왔다. 이게 바로 재주는 곰이 넘고 돈은 떼놈이 받는다라는 말의 실질적 동의어가 아니겠는가? 이 버릇은 어떤 중심 인물에게만 모든 관심을 쏟고 이른바 '주변'의 사람들이라든지 역사적 혹은 자연적 조건들은 아주 무시해 버리게 만들었다.

 무슨 책을 읽거나 사물을 보는 데에 있어서도 바로 그런 연유로 인해 주변적인 것에 대해서 무관심한 버릇이 습성화되어 애당초에 그런 것들은 눈에 들어오지도 않을 만큼 편견이 생겨 버린다. 나는 오랫동안 예수에게만 집중하고 그가 대상으로 하는 사람들 그리고 여러 조건들은 모두 예수를 부각시키는 도구 정도로 무시해 왔다. 그러나 민중을 만나고부터는 복음서를 보면 예수를 둘러싸고 있는 사람들에게 주의를 기울이게 되었고 그러면서 훨씬 더 구체적이며 입체적인 예수를 발견할 수 있었다.

그런데 이런 영웅주의 말고도 어떤 책에나 얘기에서도 그 큰 줄거리에만 관심하고 그 줄거리를 형성하는 주변적인 것으로 보이는 사실을 완전 무시하는 습성이 있다. 이것을 일종의 주제주의(主題主義)라고 할까? 그래서 가끔은 바로 이 주제에서 소외된 사실에 주목함으로 한 시대의 상황이나 혹은 한 인물의 본질적 문제들의 일단을 문제로 삼아 보려고 한다.

II.

마르코복음 6장 14절에서부터 16절까지를 읽어 보자.

예수의 이름이 널리 알려져서 헤로데 왕이 그 소문을 들었습니다. 그리고 사람들 가운데 더러는 "세례 요한이 죽은 자 가운데서 살아났다. 그래서 그가 이런 기적을 행하는 것이다" 하고 더러는 "그는 엘리야다" 하고 말하고 또 더러는 "옛예언자들과 같은 한 예언자다" 하고 말했습니다. 그러나 헤로데는 예수의 소문을 듣고 "내가 목을 벤 그 요한이 살아난 것이다" 하고 말했습니다.

이것은 극히 짧은 단락이다. 그런데 이 단락에서 일반적으로 사람들의 뇌리에 박히는 주제가 무엇일까? 세례자 요한을 불법으로 죽인 안티파스의 불안과 공포가 그 주제가 될 것이다. 우리는 얘기 속에 그런 주제를 무수하게 알고 있다. 매맞은 사람이 때린 사람보다 다리를 뻗고 잔다는 말이 있다. 어떤 일에 비록 승리를 했다고 해도 상대방을 괴롭히고 불의한 방법을 사용한 이 승리자는 아무리 독한 사람이라도 자기 한 일에 대한 자책에 고민하는 법이다. 그래서 자기가 가해한 그 상대방이나 자기가 한 일이 꿈에도 나타나고 허깨비로도 나타난다고 한다.

그런데 이 단락에는 그런 주제에서 밀려난 그 시대에 보편화된 사실이 있다. 그것은 사람이 환생한다는 신념이다. 예수가 활동을 시작하니까 사람들은 단순하게 갈릴래아의 나자렛에서 온 이 사람이 무엇을 어떻게 한다고 생각도 하기 전에, 안티파스가 자신이 저지른 불의를 시정할 생각은 않고 그를 공격한다고 처형한 세례자 요한이 환생한 것이라고 예수를 보았다. 아마도 예수가 안티파스에게 복수할 것을 바랐는지 모른다. 어떤 사람들은 한 이방 여인에게 놀아남으로 이스라엘 민족의 신앙의 대상인 야훼 대신 바알종교를 끌어들일 뿐만 아니라, 나봇이라는 한 농부에 대한 그의 잔인성에서 보는 것처럼 사욕을 위해서는 국민 아니 인간의 생명을 마음대로 학살하는 아합에게 대항해 싸우다 지쳐 버린(갑자기 사라져 버린) 엘리야가 다시 살아난 것이라는 신념도 상당히 퍼졌을 것 같다. 이 신념은 살인자 안티파스까지도 현실로 받아들여 예수의 소문을 듣고 "내가 목을 벤 그 요한이 살아난 것이다"고 말했다는 것이다. 그는 환생을 믿은 것이었다. 이런 얘기는 필립보 가이사리아 도상에서 있은 예수와 제자들과의 대화 속에도 그대로 반영되고 있다. (마르 8,27-30 공관)

루가복음 12장 8절에는 다음과 같은 구절이 있다 : "내가 너희에게 말한다. 누구든지 사람들 앞에서 나를 안다고 하면 인자도 하느님의 천사들 앞에서 그를 안다고 하겠다."

이 구절은 가장 오래된 것으로 예수 자신의 말이라는 것을 비판적인 학자들도 의심하지 않는다. 그런데 복음서에는 예수의 입을 통해 인자라는 말이 자주 나오는데 그것은 일인칭과 삼인칭으로 나누어진다. 1인칭으로 된 것은 구약의 예언자들에게서 흔히 보듯(가령 에제키엘) 단순한 의미의 '나'를 대신한 말로 사용되어 온 것이다. 그것이 어떤 특수 존재를 나타내려는 것이 아니라는 점은 예수 자신이 자기에게 이 명칭을 쓰지만 제자들은 단 한 번도 쓰지 않은 데서 알 수 있다. 그런데 3인칭의 경우에는 전혀 다르다. 그것은 다니엘서 7장에 나타나는 바로 메시아적 세계 심판주 같은 특수한 존재를 의미한다. 그래서 사람들은 이 두 경우를 엄격히 구별해 왔다. 그런데 루가복음 12장 8절의 경우는 그렇게 간단치 않다. 여기에서는 지금의 나와 장차 올 인자를 구분하면서도 그 연대성을 분명히 하고 있다. 그런데 그때 당시의 일반화된 신념을 바탕으로 이 뜻을 재고해 볼 필요가 있다. 예수가 환생한 엘리야라든지 세례자 요한이라는 신념과 연계시켜 보면 바로 '나는 장차 인자로 내림할 것이다' 하는 선언이라고도 볼 수 있을 것이다.

그런데 잊어서 안될 것은 이런 인자를 말하는 예수 자신은 한계의 존재라는 것이다. 때리면 맞고 찌르면 죽는 그런 한계적 존재 말이다.

예수는 삶의 마지막 단계에 들어서면서 거듭 자신은 죽었다가 살아날 것이라고 선언했다. 이것은 더군다나 수난의 도시 이제 십자가에 못박힐 예루살렘 도상에서 한 말이라는 것이 중요하다. 예수는 무엇인가 목적이 있어서 예루살렘으로 향하고 있었을 것이다. 그런데 그 목적을 겨루어 보기도 전에 죽을 것을 예언한다는 것은 무엇을 의미하는가? 만일 죽는 것이 모든 것의 끝이라면 예루살렘행은 그 이상 어리석은 행위일 수 없을 것이다. 그런데 예수는 사흘 만에 다시 살아날 것이라고 한다. 여기서 우리는 그 제자들과 마찬가지로 당황하지 않을 수 없다. 왜 살아날 능력이 있다면 죽을 필요가 있느냐고. 그것이 베드로의 입으로 행동으로 대변된 것이다. 그러나 예수는 죽어야 산다는 자세가 단호했다. 그러므로 자신의 죽음의 길을 가로막는 제자에 대해서 사탄이라고 할 정도였다.

그러나 또 다른 측면에서 우리는 의문을 제기할 수밖에 없는 점이 있다. 예수가 그 예언처럼 정말 살아난다는 것이 확실했는가? 그러나 이른바 수난사에는 그가 다시 살리라는 어떤 가냘픈 기대도 반영되어 있지 않다. 겟쎄마니 동산에서의 처절한 기도, 불법한 재판 과정에서의 철저한 침묵, 십자가에 처형되는 현장, 그 현장에서는 유신론자들이 이제라도 그 십자가에서 뛰어내리라 그러면 우리는 너를 믿겠노라고 기대와 조롱이 섞인 요구를 해왔으나, 예수는 한낱 나무에 달린 채 못과 창에 찔려 피를 흘리는 일반적인 인간 이상의 모습을 보이질 않았다. 그 마지막은 절규로 끝난다. 아무리 봐도 사흘 만에 다시 살아난다는 신념을 가진 자의 수난의 모습은 아니다. 그것만이 아닙니다. 그의 제자들도 역시 마찬가지였다. 그같은 비통한 죽음으로 끝나는 스승을 바라보는 제자들일지라도 만일에 그가 사흘 만에 살아난다는 사실을 신념화했다면 끝까지 당당했을 것이고, 그같은 비열한 모습을 보이거나 도망해 버릴 까닭이 없다. 심지어 끝까지 예수의 죽음을 지켜 보고 최후의 증인으로 남은 여인들 마저도 예수가 다시 살아나리라고는 추호도 기대하지 않은 것으로 서술되어 있다. 예수가 죽은 다음다음 날, 즉 안식일 새벽에 예수의 무덤을 찾아갈 때에 그의 부활 따위를 기대한 흔적은 전혀 없다. 저들은 가는 길에 단지 죽은 시체를 가로막은 돌을 치울 걱정과 그들의 사랑의 표시로 그 시체에 향유를 발라 줄 생각만 했던 것이다. 수난사 전체에는 죽음이 끝이라는 것 이상 아무 것도 다른 요소가 반영되어 있지 않다.

그런데 마르코복음서의 서술법은 특이하다. 예수가 다시 살리라는 기대 따위는 가지지 않은 여인들이 무덤 안에서 예수의 시신을 발견하지 못했다. 즉 빈무덤만을 본 것뿐이다. 이것을 사실로 전제하고 생각할 때 여러 가지 가능성이 있다. 어떤 사람들이 '특히 그를 사랑하던 사람들이' 그의 시체를 훔쳐 갔나? 아니면 가사상태에 있던 예수가 기력을 회복하여 어디로 피신했나? 아니면 죽었던 그가 정말 살아났나? 예수의 수난예고를 전제로 하면 그 여인들이 예수의 예언을 잊어버렸다거나 믿지 않았던 것을 참회하는 한두 마디의 말쯤은 있음직한데, 그러한 흔적도 없다. 단지 절망적인 허탈상태에 빠져 있는 그들 앞에 한 청년(천사가 아닙니다)이 "놀라지 말라. 그대들은 십자가에 못박히신 나자렛 예수를 찾고 있지만 그는 다시 살아나셨고, 여기 계시지 않다. 보라, 여기가 예수의 시체를 모셨던 곳이다. 그대들은 지금 제자들과 베드로에게 가서 전에 예수께서 말씀하신 대로 그는 그들보다 먼저 갈릴래아로 가실 것이니 거기서 그를 뵐 것이라고 전하라"고 했다. 그는 한 메신저 역할을 한 셈이다. 이 메시지에서 다음의 몇 가지를 지적할 수 있다. 첫째는 죽었던 예수가 정말 살아났다는 것이다. 둘째는 그 살아남이 결코 정신적이거나 영혼 따위 등 어느 부분으로 살아난 것이 아니라 전체(whole Being)로서 살아났다는 것이다. 셋째는 그런데 다시 살아난 그는 죽은 현장인 그 곳에서가 아니라 민중과 함께 하던 갈릴래아에서만 만날 수 있으리라는 것이다. 끝으로 주목할 것은 이 청년이 그 여인의 잘못을 지적하는 점이다. 그것은 예수가 있어야 할 곳을 제대로 알지 못했다는 것이다. 즉 십자가에 처형되어 죽은 예수는 당연히 무덤에 있을 것이라는 생각은 잘못이라는 것이다. 루가에는 이 말이 책망조로 강화된다. "왜 산 자를 죽은 자 가운데서 찾고 있느냐?" 그런데 그 마르코복음 기자는 십자가에 못박혔다고 말하지 죽었다는 말은 쓰지 않는다. 이 점에서는 루가의 표현도 같다. 한가지 더 유의해야 할 것은 우리말로 마르코복음 16장 6절의 "다시 살아났다"고 번역된 희랍어 원문 자체에는 다시라는 말도 없고 "살아났다"는 말로 번역된 '에게이로'는 보통 일어난다는 뜻으로, 자다가 일어난다, 앉았다가 일어난다, 병들었다가 건강해진다, 심지어 전진한다는 의미로 쓰여진 말이다. 그러면 분명히 무덤을 탈출한 예수(죽음에서 일어난 예수)는 어디에서 어떻게 실재한다고 믿었는가?

마르코복음서 기자는 이 메시지를 마지막으로 붓을 놓는다. 그는 갈릴래아에서 부활한 예수가 현시하는 따위의 표현을 하지 않는다. 이 점은 물론 그 후에 기록된 마태오, 루가, 요한과 전혀 다른 것이다. 마르코는 그 복음서를 쓸 때에 갈릴래아나 혹은 예루살렘에서 부활한 예수가 현시했다는 전언들을 알고 있음에 틀림없다. 그런데 왜 그는 그런 얘기는 완전히 침묵해 버렸을까? 마르코와 그 집단은 예수의 다시 사심을 후에 다른 세 복음서에서 수록되었던 것같이 이해하지는 않은 것으로 보인다. 그렇다고 그가 정신적인 계승 따위를 말하려는 것이라고는 결코 생각할 수 없다. 그것은 그가 몸을 뺀 어떤 부활을 생각지 않은 것으로 입증된다. 말하자면 전체로서의 일어남(살아남)을 생각한 것 같다. 이런 시각에서 볼 때 다시 주목을 끄는 것은 그가 처음 동지를 규합했던 그 자리에서 그 사람들은 다시 만나자고 한 사실이다. 저들은 갈릴래아에서 어쩌면 다른 복음서들에서와 같이 부활한 예수의 환상 따위를 보았는지 모른다. 그러나 그런 것이 그들에게 그렇게 중요하지 않았던가 보다. 요는 저들은 예수의 부활을 자기들의 일어남을 뺀 어떤 사건으로 받아들이지 않았다는 것이다. 사실상 부활 경험을 한 다음에 저들은 변신하였다. 저들은 어제의 베드로도, 요한도, 안드레아도 아니었다. 자기 생명을 구하기 위해서 예수를 배신하고 도망쳐 버린 그들은 물론 더욱 아니었다. 저들은 불사조와도 같은 신념을 갖고 과감히 일어났다. 마치 제2, 제3의 예수인 듯, 저들은 우리 안에 예수가 환생했다는 신념에서 도로 일어난 것이 아닐까?

III.

환생이라는 말은 기독교권 내에서는 아주 어색하게 들릴 것이다. 이런 표현을 쓰고 있는 나 자신도 이 말에 익숙하지 않다. 나는 여기서 교리화하는 노력을 할 생각은 전혀 없다. 그러나 예수와 바울로를 통해서 이런 시각의 가능성을 생각해 볼 수 있다: "우리가 언제나 예수의 죽으심을 우리 몸에 짊어지고 다니는 것은 예수의 생명이 우리 몸에 나타나게 하려는 것입니다."(고후 4, 11)

예수의 죽으심을 우리 몸에 짊어지고 간다는 것은 현실적으로 무엇을 뜻할까? 그것은 예수의 고난은 이미 과거사지만 지금 그를 따르는 사람의 고난 속에 현재적 사건으로 환생했다는 말이 아니겠는가? 그 까닭은 그의 고난을 자기 몸에 현재화 함으로 "예수의 생명이 우리 몸에 나타나게 하려는 것입니다." 우리의 생명이 아니라 예수의 생명이다. 그 예수의 생명은 일반적인 죽음의 관점에서 보면 과거사인데 그 생명은 죽지 않았다는 것이며 지금도 여전히 우리 몸에 나타나게 하려 한다는 것이다. 몸에 환생하게 하려는 것이라는 말로 바꿀 수 있을 것이다.

로마서 6장은 이런 얘기로 가득 차 있다. 4절이 그와 거의 같은 표현을 하고 있다. 단지 차이는 세례를 받는 것이 그 구체적인 관건이라는 단서가 붙어 있을 따름이다. 즉 세례받음으로 그의 죽음에 참여하고 나아가서는 그와 함께 묻힌다는 것이다. 그러므로 살아난 예수의 생명 가운데 우리도 살게 하려는 것이라고 한다. 여기서도 역시 예수의 죽음과 그가 말한 생명이 부활사건을 뜻한다면 이미 과거사지만 세례를 받음으로 그것이 우리에게 현재화 즉 환생한다는 것이다.

갈라디아서 2장 20절에는 다음과 같은 좀더 구체적인 말이 있다: "나는 그리스도와 함께 십자가에 달렸습니다. 이제 사는 것은 내가 아닙니다. 그리스도께서 내 안에서 사시는 것입니다." 바울로는 믿음으로 십자가의 사건을 자기 삶 안에 환생시킴으로 그와 더불어 죽은 것만이 아니라 그의 생명을 이미 받았다고 한다. 그런 의미에서 그는 "이제 사는 것은 내가 아닙니다" 하고 그것을 더 강조해서 "그리스도께서 내 안에서 사시는 것입니다"라고 결연한 신념을 토로한다. 바울로는 거듭 이미 나는 죽었다, 내가 사는 것은 그리스도가 내 안에 사는 것이다라고 말하며, 그런 의미의 말을 "그리스도 안에"라는 말로 반복하고 있다. 그러면 우리가, 바울로가 말하는 그 자신의 삶을 자기 안에서의 그리스도의 환생이라는 말로 바꾸어 이해하는 데 별로 무리도 없을 것이다.

이런 의미에서 바울로는 일반적인 관념으로 죽었다(과거)는 예수와 오늘의 자신의 생명(현재)의 연대성을 확신하고 있다. 그런 의미에서 그리스도와 그를 따르는 사람들 사이를 엄격히 질적으로 구분하려는 과거의 서구의 신학적 수고는 타당성이 없다. 아니, 그리스도의 삶은 우리 삶 안에서 이어지고 있다. 바울로는 주저없이 예수를 죽음을 이긴 삶의 첫 열매라고 하고 그를 따르는 우리를 그 다음의 열매라고 했다. (고전 15, 20-21) 이것은 부활 문제를 논하는 데서 언급된 것인데 거기서는 그리스도가 부활했으니까 당연히 우리도 부활한다는 신념으로 꽉 차 있다. 또는 그는 그리스도가 상속자이듯, 우리도 똑같은 권한을 보유하고 있다는 선언에 주저하지 않는다. 이 주장 속에는 그리스도가 하느님의 자녀인 것처럼 우리도 그의 자녀라는 그리스도와의 동등의식이 내포돼 있다. (로마 8,17)

그런데 이러한 연대성, 바꾸어 말하면 환생의 사건은 어떻게 가능한가? 그것은 성령으로 가능하다는 것이다. 이 대전제가 로마서 8장 9절에서 11절까지 반복된다.

다음에는 요한복음서에서 이런 사고의 틀을 찾아보기로 하겠다. 요한복음에는 "그리스도를 믿는 사람은 영원한 생명을 얻고…이미 죽음에서 생명으로 옮겨져 있다"(요한 5,24)고 선언한다. 11장 25절에는 "나를 믿는 사람은 죽어도 살고 살아서 믿는 사람은 영원히 죽지 않습니다"고 한다. 죽음은 이제는 더 없다는 선언이다. 죽임은 불가능하다는 것이다. 생명은 영구하다는 선언으로서 바울로와 꼭 같다. 그런데 문제는 '나를 믿는다'는 것이 무엇인가 하는 것이다. 만약 우리가 쉽게 한 구절로 대치한다면 "나는 생명이요" 하는 것처럼 그가 생명이라는 것을 믿는다는 것이 될 것이다. 사실상 요한복음은 의례적으로 (공관복음서와 달리) 예수를 생명으로 표시한 데가 많다. '생명의 샘', '생명의 떡', '생명의 나무' (포도나무), 그리고 특히 죽은 라자로를 살려 일으키는 얘기와 더불어 그는 죽지 않는 영원한 생명임을 극적으로 강조하고 있다. 요한은 이 생명의 환생의 길을 성령의 내림과 직결시키고 있다.

예수의 처참한 죽음에 극도로 실망한 제자들, 체념 속에서 마침내 에제키엘 골짜기의 마른 뼈다귀같이 된 제자들에게 생명인 (산) 예수는 성령(pneuma)을 불어넣음으로 그들에게 하지 못한 과제를 인계해 준 것으로 되어 있다 (20,22). 성령을 불넣었다는 것은 창세기 2장 22절에 흙으로 만든 인간에게 불어넣은 것, 에제키엘이 환상으로 본 마른 시체들이 다시 제모습을 찾아 핏줄이 이어지고 살이 차 오르고 가죽이 생긴 다음에 "숨아!"라고 하면서 그것을 산 것으로, 즉 생명체로 바꾸는 것을 보았다는 것과 맥을 같이하는 것이다.

그리고 그 예수는 이 역사에서 사라져 버렸다. 그러면 남은 것은 이 프뉴마를 받은 제자들뿐이다. 그리스도는 어디에서 영원히 살고 있나? 저들은 한결같이 그는 그의 공동체 속에서 살고 있다고 보는 것이다. 그런 의미에서 바울로는 교회는 바로 그리스도의 몸이라는 선언을 한 것이다. 그것은 그리스도가 집단 속에 환생했다는 뜻이 될 것이다. 바울로도 거의 예외없이 그리스도인의 고난과 부활의 환생을 말할 때 우리라는 복수를 사용하고 있다.

이런 계보(정신)를 이은 사도행전에 비로소 이것이 극적으로 표면화된다. 이미 도망쳤던 제자들이 예수를 처형한 예루살렘으로 모여든 일, 그것도 유다 사람들이 운집한 오순절에 모여든 자체가 그들이 죽음에서 살아났다는 증거이기도 하다.

그런데 저들은 그 모임에서 결정적인 사건에 참여하게 된다. 그것은 집단적으로 성령을 받은 것이다. 이것이 교회의 탄생의 날이기도 하며 동시에 그것은 적대자의 상징 같은 예루살렘에 뿌리를 박는 계기이기도 하며, 이스라엘 아니 예루살렘, 아니 성전에 감금됐던 하느님을 해방시켜 온 세계를 위한 하느님으로 환생시키는 계기가 되었다.

이것을 우리는 수난사에서 당한 예수의 고난이나 그의 무능과 대조하면 더 큰 의미를 읽을 수 있을 것이다. 예수가 예루살렘으로 올라간 것은 분명히 어떤 목적이 있었을 것인데 가시적으로는 패배 이상의 아무런 결과를 가져오지 못했다. 그것과 소위 오순절 성령 사건은 얼마나 대조적인가! 그런데 바로 이 오순절 사건은 환생한 예수의 사건이 아니겠는가? 그러므로 그가 예루살렘으로 진격해 올라간 목적이 죽음이라는 쓰디쓴 과정을 거쳐 민중 속에 환생함으로 이루어진 것이라고 볼 수 있을 것이다. 적어도 이것이 예루살렘을 예수 없이 저희끼리만 진격함으로 오순절의 사건을 일으킬 수 있는 예수의 민중들의 신념이 아니었겠는가? 그것을 단순하게 성서는 예수의 부활을 믿음으로써라는 간단한 표현으로 대신한 것이다. 그러나 현실은 예수는 그 민중 속에 환생함으로 그는 죽지 않고 그의 목적을 실현시켜 나가는 한 장면을 보여 주는 것이다.

IV.

 우리는 이상에서 그것이 부활이라거나 다시 산다거나 또는 환생이라고 부르거나 간에 이런 신념을 관철시키는 데는 다음 두 가지 역사적 배경을 상정할 수 있다. 하나는 이 역사는 반드시 정의로운 목적을 향해 간다는 목적론적 사관을 가진 민족이나 집단에게 가능하다. 둘째는 역사발전에 인간이 주역으로 참여할 때만이 가능하다는 확신이다. 그런데 이 역사가 가야 할 방향대로 가지 않고 불의한 자들의 횡포의 장으로 변하므로 그 목적이 불투명해진다. 그와 더불어 책임을 져야 할 사람은 그 희망이 한(恨)으로 변한다. 그러나 비록 자기의 힘의 한계를 느끼면서도 목적의식을 포기하지 않거나 자기의 해야 할 일을 소명처럼 받는 사람이 어떤 형태로나 그 염원이 계승되어 완성되는 그날을 희망하는 것은 당연한 일이다.

 가령 부모가 자기 생에서 이루려는 간절한 소원이 좌절되었을 때, 그 자식이 대를 이어 그 일을 완성하기를 요구하든지 아니면 정신적인 후계자를 양성함으로 그의 뜻을 관철하려고 하는 것이 사람의 상정이다. 그런데 그런 의지가 가장 진하게 드러나는 것이 환생이라는 신념이다. 그것은 혈연적인 전승이나 또는 정신적인 계승과 같은 어느 부분을 인계해 주는 것 같은 양태가 아니라 구체적인 개인이나 집단이 그의 목적 또는 한을 풀지 못한 그 역사에 어떤 형태로든 변신하여 다시 나서 그 일을 계속하겠다는 신념이다. 이런 점에서 볼 때 부활사상도 한의 역사를 무시하고 그 실상을 파악할 수 없을 것이다. 그 한은 물론 힘 없는 자의 한이다. 어떤 가진 것으로 문제를 척결할 수 없는 자의 집요한 투쟁의지의 반영이다.

민주 사회를 이룩하기 위해서 한국 민족만큼 자기 정부에 의해서 박해를 받고 억울한 죽음을 그토록 많이 당한 경우도 쉽지 않다. 특히 4.19 이래로 죽음을 무릅쓰고 전선에서 싸우다가 희생되어 가거나 아니면 불의한 구조적인 악에 대항할 어떤 것도 갖지 못했기에 자기 몸을 불살라 민족제단의 제물로 삼는 일이 속출한 민족사를 나는 다른 데서 듣지 못했다. 노동자들도 그 뒤를 이었다. 저들이 오죽 한에 맺혀 있으면 스스로 자기 몸에 불을 그어 댔을까. 그러나 그런 자기 희생을 단순히 자학적인 행위라고 규정해 버리면 저들의 뜻을 모독하는 것이다. 아니 저들이야말로 반드시 옳은 민족 사회가 이루어지고 만다는 신념을 그렇게 나타낸 것이다.

4.19 이후, 70년 전태일의 분신자살 이후 수많은 수난사 가운데 광주학살사건이나 또는 분신자살하여 민중봉기를 유발한 때가 돌아오면 사람들은 어떤 형태로든 그날을 기억하여 어떤 형식으로나 행사를 치룬다. 지난 5월은 광주학살사건 10주년으로서 다른 때보다 특별한 의미를 두고

긴장 속에서 행사를 치뤘다. 그런데 그런 류의 행사에서 무엇을 기대하거나 얻는가. 크게 나눈다면 진혼제 같은 제사형식을 취하거나 그때의 상황을 얘기로 되살려 사람들의 희미해진 기억을 되찾게 하고 죽은 자들의 정신을 이어 받겠다는 노력 정도로 보인다. 그러나 환생이나 부활이라는 신념은 이런 것과는 차원이 다르다. 전태일이나, 광주사건의 박관현이나 송광영이나 김세진 등의 죽음을 단순히 추모하거나 정신적으로 그들의 절규를 이어받는다는 정도가 아니라 전태일, 박관현, 김세진, 송광영이는 반드시 살아나서 그들이 절규하던 내용을 성취한다든지 아니면 어떤 다른 존재로 변형하여 환생함으로 그 싸움을, 목적이 이루어질 때까지 계승할 것이라는 신념이 우리의 것이 된다면, 우리의 역사의 모습은 급속도로 변동될 것이다. 칼을 가진 자가 법까지 무시하면서 자기의 적대자를 죽여 버리면 일은 끝난다고 안심해도 되는 사회라면 누가 그 횡포를 막을 수 있을까?

세례자 요한을 죽인 헤로데 안티파스가 예수의 행태에 대한 소식을 듣고 자기가 불의한 동기로 처형한 세례자 요한이 환생했다고 하는 민중들의 염원과 신념 앞에 떨 수밖에 없는 그런 풍토가 우리에게 있다면, 가령 광주의 대학살 사건의 10년이 되는 오늘까지 그 가해자들이 계속 거짓말로 이 민족을 기만하는 것 같은 일은 있을 수 없을 것이다. 우리 역사나 전설에서는 (억울하게 죽은) 부모의 원수를 갚기 위해 일생을 무술을 닦고 그 원수를 찾아 전국을 헤매다가 마침내 그 목적을 달성했다는 얘기는 많다. 그래도 이스라엘 민중들이 믿었던 것과 같이 뜻을 이루지 못한 채 죽었거나 처형된 이가 다시 다른 모습으로 환생해서라도 그 일을 이루리라는 그런 집요한 기대와 믿음이 우리에게 있다면 투쟁에 있어서 체념이란 있을 수 없으며 소수라는 고립의식에서 좌절하지 않을 것이다. 따라서 이 횡포의 역사는 그만큼 빨리 단축될 것이다.

**그래도
다시 낙원에로 환원시키지 않았다**

저자 · 안병무

초판인쇄 · 1995년 8월 20일
초판발행 · 1995년 8월 30일

발행인 · 채수일
발행처 · 한국신학연구소
등록 · 제 5-25(1993. 6. 29)

한국신학연구소
충남 천안군 병천면 병천 6리 산 33번지
0417 61 9802-3 · FAX 0417 64 1306

서울 영업부
서울 강남구 포이동 168-4(주광빌딩 2층)
02 578 6744 · 571 3519 · FAX 576 7861
대체구좌 · 011809-31-0511642

값 6,000

ISBN 89-487-0189-4 94230
ISBN 89-487-0187-8